地球倫理への旅路

力の文明から命の文明へ

服部英二

北海道大学出版会

表紙／町 春草の書「希望」

別丁扉／東方に開かれた窓、ベネツィア・サンマルコ聖堂の天井画。
建築の全てがビザンツ様式

装幀　芥 陽子

はじめに

「一本の草を熟視し、一本の大樹に見入り給え。そして、それは虚空の空中に注ぐ、屹立する、一条の河にほかならぬことを、心に思い見よ。」

ポール・ヴァレリーが、水を讃えた断章である。水が天に向かって流れる。私も、一度、その音を聴いた。白神山地のブナの大木に耳を当てたとき、確かにその音を聴いた。

思えば、およそ木々の若葉は、水が太陽の光を慕って天空に差し出した手だ。幼子の手の形をしているではないか。

太初の水の上を一条の光が走る。と、一陣の風が吹く。風のささやきの中での、水と光の出会い、その出会いからいのちは生まれた。海は四〇億年のいのちの揺籃であった。

ヴァレリーは、その透徹した知性と共に、光と、海と、そして大自然と語り合う感性を具えていた詩人だ。その家は地中海に面していたので、彼は早朝のまだ暗い海に入り、波の間から昇る太陽を見るのを常としていた。書斎に戻ると、自らコーヒーをひき、その香ばしい二杯を飲み終えると、机に向かった。午後は一切執筆することがなかったという。

彼の眠る南仏セートの町の小高い海の墓地からは、紺碧の地中海が見渡せる。光のさんざめくその蒼に、ふと白い羊たちが現れる。ムートン・ブラン、風が生み出す白波だ。この瞬間を彼は詠んだ。

Le vent se lève!... il faut tenter de vivre!

「風立ちぬ、いざ生きめやも」この一節を、堀辰雄はそう訳した。

だが、「海の墓地(シムチエール・マラン)」というこの長い詩を読む人は、この最後の句の少し前、この詩人が投げかけている深い問いを読み取らねばならない。

Zénon! Cruel Zénon! Zénon d'Êlée!
M'as-tu percé de cette flèche ailée
Qui vibre, vole, et qui ne vole pas!
Le son m'enfante et la flèche me tue!
Ah! le soleil...
Quelle ombre de tortue
Pour l'âme,

ゼノンよ、酷なるゼノン、エレアのゼノンよ
汝、羽持つ矢にて、われを射貫ぬけり
矢羽根震わせ飛び来たり、されど飛ばず
かの音われを産めども、矢は我を殺せり
ああ太陽よ……
我が魂に宿るは
かの亀の妙なる影か

はじめに

Achille immobile à grands pas!　　アキレスは、駆けれど、動かず

「ゼノンよ、エレアのゼノンよ、おまえは一体何をしてくれたのだ！」

ヴァレリーが投げかけた、残酷なゼノンの逆説（パラドックス）への問いこそが、まさに、私がこの書で取り上げなくてはならない人間理性への問いなのだ。

「矢は決して的に届かない。なぜなら矢が放たれた地点と的の中間点を通らねばならず、その中間点と的の間にはまた中間点があって、それが永遠に続くから。」

「アキレスは亀に永遠に追いつくことが出来ない。何故ならアキレスが亀がいた地点に達したとき、亀は少しでも前に進んでいるからだ。それが永遠に続く。」

ヴァレリーの心には、このゼノンの論理の矢が突き刺さっていたのだ。ひびきが私を産んだのに矢は私を殺した！　アキレスは動かない！

澄明な理性の詩人の心中に浮かんだ、エレア派の二元的論理すなわち分別知に対する根源的疑問が、この詩に籠められている。そしてそれを引き継いだ近代科学の論理に対する疑問が「ああ太陽よ」の一言に込められている。

理性とは何なのか？　科学主義の近代とは何であったのか？　進歩とは何であったのか？　人と人、そして人と自然との真の出会いを生み出すものは何なのか？

はじめに

東方の大陸では、老子が述懐している。
「人法地、地法天、天法道、道法自然」（人は地にのっとり、地は天にのっとり、天は道にのっとり、道は自然にのっとる）
究極の道（タオ）も、更に自然（じねん）を規範としているのだ。
ではその自然とは何か、これが私の問いになる。

国際連盟の知的協力委員会で、フランスを代表してヴァレリーはこう述べている。
Que serait une Société des Nations sans une société des esprits?
「精神の集まりなくして、国々の集まりに意味はあるのか？」
いまも問われるべき根本的な問いだ。

母なる地球と共に、人類の生存そのものが問われる事態に直面しているいま、心ある人々と共に、私は、今まで自分が如何に考え、如何に行動したかを振り返り、それが果たして現在の地球と人類が直面する根源的問題に関わっていたのか、少しでも世界的意識の形成に役立ったのか、すなわち政治の場ではなく「精神の集まり」になにかを残してきたのか、を問うてみたいと思う。

二〇二〇年六月

服部 英二

目次

第2章　通底する価値を探る……39

第3章　聖性と霊性の変遷　一神教と多神教……83

第2部　人類文明の多様性　「あわいの智」へ

凡　例

一、本書は、地球と人類が脅かされている今日の危機の根底には倫理の問題があるとする著者の「間の哲学」に基づき、一書を編んだものである。
一、特に、ユネスコという場を中心としてなされた著者の歩みと考えを示すために、書き下ろしの論考と講演論文とを集成して構成した。
一、数多い講演論文の中から読みやすさに配慮して編集者が選び出した第6章と第7章は、今日の時点から加筆修正した。その初出情報は該当箇所に記載している。
一、第3部に、本書のエッセンスを簡潔に示す著者のアカデミア賞受賞記念講演を収録した。これは初出のままである。
一、人名や地名のカタカナ表記は、原音を基準としたが、慣用の表記に従ったものがある。
一、本書に収録した写真図版は、パブリックドメインのほかは、著者および関係者が撮影したものである。
一、本書の刊行にあたり、非営利一般財団法人京都フォーラム（矢﨑勝彦理事長）の支援を得た。記して感謝する。
一、本書の装幀は、芥陽子が担当した。

第1部

地球倫理への道

通底する価値を求めて

第1章　科学と文化の対話

ユネスコの使命

二一世紀は精神性を取り戻さなければならぬ。さもなくば、その世紀は存在しなくなるであろう。

アンドレ・マルロー

黙示録の世界

今日われわれは、まさに「黙示録」を目の当たりに見る状況にある。我々が直面しているのは、母なる地球と人類自身の存亡の危機だ。それは、経済や金融の危機という物質生活の危機にとどまるのではなく、文明そのものの危機に他ならない。

この事態にあって、地球上で今、意識ある人々の心中に、新しい何かが、混沌とした意識のまま、深い不安と共に、やみがたい一つの希望を持って生まれようとしている。

「果たして科学は伝統との対話を再び見いだすのだろうか?」と。

それを予告しているのは、哲学でも神学でもなく、現代の最先端を行く基礎科学、とりわけ量子物理学と生物科学である。このことは一九七〇年代から徐々に言われ始めたことなのだが、知識層には感じ取られてはいても、主権国家体制を保持する権力者たちや経済界のリーダーたちには意図的に無視されている。なぜならそれは現在の物質文明とグローバリズムという市場原理主義に大きな価値観の変革を迫るものであるからで、今まで近代文明の創造者として世界をリードしてきた西洋発の資本主義社会には、本能的にそれを避ける傾向があることは否めない。

科学と精神文化の乖離こそが人類の生存にとっての最大の問題なのだ、と私は思うようになった。この二つは果たして対話が可能なのか？　いつかこの二つは知の収斂に至るのだろうか？　この問いは、すでに一九六〇年代、カルチエ・ラタンを逍遥した頃の若き日に私の脳中に絶えずあった。

そのことと連動していたのが、当時まで常識とされた「東西」という文明の分け方であった。アジアの国からパリに留学したものが直面して戸惑うのが「西洋の理性・東洋の神秘」という、当然のように使われていた二分法だ。「文明」はこの前者に起こった、そしてそこから世界に広まったという思い込みは、当時ほぼすべての人に共有されていた。

だからこそ明治時代、福沢諭吉も「文明開化」を叫んだではなかったか。さらにこの思い込みは、西欧の精神的優位性としても認知されていた。クラーク先生の薫陶を受けた新渡戸稲造は、西欧にはキリスト教というバックボーンがある、日本にも精神的なバックボーンが必要だ、と『武士道』を書いた。こうした我々の明治時代の先輩たちには西欧における科学・技術の進歩と精神文化の乖離を危惧した様子は見られない。

一つの言葉

パリの石畳を歩きながら、そんな思いが絶えず心中に谺(こだま)する声となっていた私が出会ったのは、一つの言葉だった。それは私のこころを根底から揺さぶるものだった。

一九六〇年代のパリ、エトワール近くのとあるカフェテラスでのことだ。

三〇代はじめの私はミシェル・ランドムという知日家の作家ととりとめないおしゃべりをしていた。ところが話題が「伝統」という語に触れたそのとき、彼はこう言い放ったのだ。

「日本は伝統を維持している。西欧(オクシデント)は伝統と断絶した社会だ！」

私にとって、それは衝撃の言葉だった。

え！　西欧は伝統との断絶を経験した社会だというのか？　では、幕末の日本の前に現れた西欧とは本当の西欧ではなかったのか？　ぼくの国はペリーの黒船に驚愕して開国し、明治維新という西洋化を行い、その文明を模写し、それに追いつき追い越そうとしてきたではないか。明治の先達たちの心中には、師範たる西欧の本質に関わる、スティグマ（聖痕）とも言うべき過去の痛み、価値の断絶の姿はひときも浮かんでいなかったではないか。世界を圧したその近代文明は西欧の伝統に基づく文明に違いない、との思い込みがあった。眩いほどのその近代文明は、一八〇〇年の伝統を持つキリスト教の倫理と古典ギリシャの理性の止揚という確たる座標軸を持ち、その伝統の上に築かれていると信じ込んでいた節がある。だからこそ日本人はあの鹿鳴館的開国を行ったのだ。武士たちはまげを切り、良家の娘たちは急遽あつらえたロングドレスに身を包んでワルツを踊った。その欧米を知ろうと密航を企てた吉田松陰は投獄され、少しく西欧文明に疑念を抱いた西郷隆盛は城山で果てた。岩倉使節団も欧米で過ごした一年余り、多くを学びはしたが、それらの地で出会った人々の伝統との断絶には気がついていない。そのころ、「科学的」というマジックワードが世界を圧していた。それは一九世紀には、科学主義という強力な思想となっていたのだが、それが「進歩 Progress」という概念と結びついていた。故に明治人が求めたものも進歩であった。

しかしながら、パリのカフェテラスでのその知日家の衝撃の一言に触発され、西欧文明を別の角度から見直して行くうちに、私の心中にはその真の姿が徐々に浮かび上がってきたのである。


人類史の二万分の一の時間帯に起こったこと

……一九世紀から二〇世紀にかけて頂点に達した機械論的科学主義は、研究対象をあくまで理性に徹した観察者の外に置く主客二元論であり、そこから生まれた盲目的な「進歩」の概念が物質的な文明論を生みだした。そこから、二つの対立するイデオロギーが生まれてくる。文明のグローバル化の中に「成長」を見る科学技術的な歴史観と、反対に文化の独自性とその価値を尊重し「多様性」を守ろうとする立場である。こうした根深い対立思想の背景には、科学と文化伝統は本質的に相容れず、越えがたい深淵に阻まれている、といういわれなき思い込みがあった。

この二つの明白に相反する立場の出現は、過去三〇〇年ほどの間——それは実は人類史の二万分の一の時間帯に過ぎないのだが——西欧発の科学が古来のホリスティックな(全一的な)、自然観から離れたことによる。しかし最近になって、量子力学をはじめとする最先端の科学は、宇宙には科学が放棄した先人たちの宇宙観に近いある種の全一的秩序――ホールネス――が存在することを発見するに至った。万有の相関と相互依存を説くその新しい全一論によれば、全は個に、個は全に遍照するのである。この存在論では、人間は大自然の一員として母なる地球と共に永遠の死と再生を繰り返す存在として再把握される。……

この文は、後で紹介する一九九五年の国連大学でのシンポジウム「科学と文化：未来への共通の道」の導入部として書いたものだが、このことにわたし自身が気がつくまでには、実は相当な時間がかかった、と今は告白する。

一九七三年初頭からユネスコ本部の勤務に就いた私の前には、僥倖とも言うべきか、まるで自分を誘うような事柄が次々に立ち現れてきたのだった。五分野を統括する部署にありながら、理解ある上司と同僚のおかげで比較的自由にプロジェクトを立ち上げる自由を与えられていた私は、自分のやろうとしていることが、期せずして世界に波紋を広げ、やがて「文明間の対話」、「トランスディシプリナリティー」、「文化の多様性に関する世界宣言」、果てはＳＤＧｓにまで繋がるものになるとは、当初は予想もしていなかった。

以下に紹介するのは、私がなぜ地球倫理という概念にたどり着いたのか、その道程の素描である。いま思えば、その場(トポス)はパリに、そしてユネスコにあった。

ユネスコの出自

国連教育科学文化機関 UNESCO の前身は、第一次世界大戦後に生まれた国際連盟内に創られていた「国際知的協力委員会 International Committee of Intellectual Cooperation」である。ジュネーヴに本部を置いたこの委員会には、人類の未来の道を探るべく、ベルグソン、アインシュタイン、ヴァレリー、マリー・キューリー、ホイジンガ、タゴール等のそうそうたる顔ぶれが参集した。その幹事を務めていたのが国際連盟事務次長の新渡戸稲造である。この知的委員会はしかし、第二次世界大戦の勃発と共に消滅する。

その大戦中の一九四三年、ナチス・ドイツ軍空爆下のロンドンで、英国文相エレン・ウィルキンソン女史が招集した「連合国文相会議」（実は亡命政権の集まり）は、戦後の教育復興をいかにすべきか、を考えるための会議だったが、次第に「このような悲惨な事態がなぜ起こったのか」を問う議論に発展してゆき、最終的にそれは「お互いの文化に対する無知」による、との結論に達したのであった。一九四五年一一月に、ロンドンで採択されるユネスコ憲章は、「戦争は人の心のなかで始まる。故に人の心のなかにこそ平和の砦を築かねばならない」という有名な文章で始まるが、それはこの空爆下の文相会議の議論を、ユネスコ設立総会での基調演説で、時のアトリー首相が披露し、それをアメリカ代表で詩人のアーチボルト・マクリーシュが書き直したものだ。

実はそのとき、知的協力委員会の再建としてのユネスコが議論されていたことを知る人は少ない。しかしこの委員会がそれだけの人を集めながら期待されたほどの成果を上げられなかった理由がその財政的脆弱さであったとの反省から、今度は加盟国政府が財政を保証し、世界の知識人に自由に議論してもらうフォーラムにしよう、という理想論が形をとり、それと同時進行の形でアメリカが強引にニューヨークに誘致していた国連 Organization of United Nations の専門機関となることが決まったのだった。翌一九四六年、パリに本部が置かれたこの知的機関は発足する。フランス代表にはアルベール・カミュも名を連ねた。

しかしこの、加盟国政府が金は出すが口は出さないという理想論はやがて勃発する朝鮮戦争と共に崩壊し、ユネスコは「政治化」して行くことになる。その詳しい経過は私の鶴見和子との対談『「対話」の文化』(藤原書店)でつまびらかにしているので参照されたい。

私にとって大切だったのは、ユネスコに勤務して最初に行ったのが、「国際的知的協力こそがユネスコの使命だ」という主張だったことだ。

初代事務局長ジュリアン・ハクスレーの行った「東西プロジェクト」とは、従来の西から東への一方通行であった文化情報の流れを是正し、東側の文化を西側に知らしめる、そのためにインド・中国・日本等の文学をユネスコの補助金で英仏訳する、というものであった。その事業が一応の成果をあげ、例えば日本文学の代表としての川端康成のノーベル文学賞にも繋がったのだが、六〇年代からは東西に代わる南北の軸が、当時の事務局長ルネ・マウによって導入されることになった。ユネスコの主要事業は途上国の教育援助に移っていった。つまりその頃続々と独立を果たしたアジア・アフリカの旧植民地の要望に応えたわけである。私が入った一九七〇年代初めも、途上国援助を語らねば、ユネスコに非ず、という風潮があった。

この中にあって、知的協力活動こそがユネスコの使命だ、という私の主張はかなり大胆なものであったらしい。しかし、幸いこの主張に同意してくれる同僚は年々増えていった。

近代的「進歩」は正しかったのか？

私の胸中に去来していたのは次のような問いであった。

——人類が蓄積した精神的遺産である伝統文化と、ますます専門化していく現代の科学の間には大きな断絶があり、この二つは相容れる余地のないものと見なされてきた。一九世紀以来、科学技術に依存する「進歩」が文明の標語であった。しかしこの標語こそ戦争の世紀となる二〇世紀を用意したものではなかったか？

——過去のたった三〇〇年、人類史から見れば突出したこの時代、それを作り上げた西欧近代文明が、実は西欧自身の伝統ではなく、むしろその西欧が自己本来の伝統を拒否した精神に因るものであったのなら、我々が生きている現代の解釈も変わってこなければならない。幕末の日本の前に現れた、四隻のペリーの黒船、それに象徴される西欧は本来の西欧ではなく、その直前に変質していた西欧であった、と気がつかねばならぬ。するとわれわれが未来世代に残すべき世界とはどのような世界なのか、を考え直さなければならないのではないか？

このような妄想が頭の中で回転していた時、私は気がついた。

一九七〇年代の末、東洋ではなく、まさしく科学革命を行ったヨーロッパとその延長であるアメリカの知識人の中に新しい何かの鼓動が聞こえ始めていたではないか。自分たちの生きてきた価値の転換に対する漠然たる不安と止みがたい希望が渾然一体となって、それは生まれつつあった。

「科学は伝統の智と、深みにおいて再会するかもしれない」と。

その声は哲学者でも神学者でもなく、最先端の科学者から立ち上がっていたのである。

コルドバ・セミナー

一九七九年、賢人ミシェル・カズナヴを擁するフランス文化放送 France Culture が、かつての文明の交差路の一つアンダルシア、それも八世紀、メスキータというイスラーム最大の文化センターが置かれた古都コルドバで開いたセミナー Science et Conscience は、私には一つの衝撃であった。シュペングラーによって没落を予言され、袋小路に入り込んでしまったかに見えた西欧で、真摯な反省の理性が、未来を探り出すべく動き出していたのだ。

この妙なる仏語の題名を「科学と良心」と訳してしまうと味気ない。Science すなわちラテン語のスキエンティア(知)とそれの Con(出会い)なのだ。「識と良識」とでも訳すべきであろうか?

西欧とは過去に伝統との断絶を経験した共同体である、ということを受け止めるのは、近代文明を創出したと自負する西欧人にとっては、相当な勇気を要することである。しかし歴史的に見ると、絶えず不死鳥のように蘇ってきた西欧の強靱な理性がここに見られる。

実は西欧の伝統との断絶は、ルネサンス以来の自然科学の勃興に由来し、神学が二重真理説によってかろうじてその命脈を保った時にすでに始まっていたのだ。異端審問・魔女狩りがおこる。ペストの流行と共に黒魔術が横行する。このあたりの妖しい中世の黄昏の情景は、芥川賞を受けた名著『日蝕』で、平野啓一郎が、恰も金の星々を鏤（ちりば）めた蒼穹を想わせる錬金術的な筆致で描き出している。

一七世紀の科学革命、それから派生する一八世紀末からの産業革命、さらにフランス革命は、長い間崩れそうで崩れなかった、宗教と科学の二重真理という虚構にとどめを刺した。フランス革命は王権を倒しただけではない。カトリックの教権も葬り去ったのである。

西欧はこの時、何を失ったのか？「超越」すなわち「聖なるもの」との関係である。それは人間が内なる生の「意味Sens」を失うことを意味する。Sensとは「方向」のことで、心が同じ方向を向いている人間の集団が共同体なのだが、その向かうべき一点が崩れたのだ。

そこで西欧はキリスト教の神に代わる新しい神を生み出した。それがDéesse Raison（理性という女神）である。つまり勝者となった科学の拠り所、Ratioすなわちロゴスを神の座につけることであった。「Bon Sensは人間に一番平等に分かち与えられている」とは、その主著『方法叙説』の冒頭にデカルトが記した言葉である。このBon Sensとは「良識」ではない。彼自身によるラテン語版を見ると、まさしくRatio「理性」なのだ。

理性は古代ギリシャで育成されたものである。しかしギリシャでは、理性はイデアに向かって飛翔するものでこそあれ、神に代わるものではなかった。ところが神と戦い、その座に就いた近代的理性は、あたかも被造物をみる神のような目を、一つの実体として提示することになる。Cogitoである。すなわち主体である人間理性は、客体である自然を外から見る観察者となる。その結果、精神と身体、人間と自然は対極に分断される。この二元論の上に機械論的世界観が形成されて行く。Claire et distinct（明証性）とは外から見る視覚的指標だ。唯一その存在が疑い得ないものとしての「考えるわれ」、このデカルトの主体＝一人称の理性は、この時代の世界観に哲学的基礎を与えたものとなった。しかも彼に先立つコペルニクスやガリレイの地動説、彼に続くニュートンの物理学、ダーウィンの進化論、さらに産業革命を加速させたエジソンの数々の発明は、この新しい世界観の正当性を揺るぎないものとした。一九世紀から二〇世紀にかけて頂点に達する科学主義は、人間社会にバラ色の未来を描いた。この時代、「進歩 Progress」という言葉は、現在の「自由 Freedom」と同じく絶対の言葉で、そこに少しでも疑いの目を向けた、例えばボードレールのような人は、（阿部良雄の報告によれば）新聞のコラムを持ちながら、自分の文章の一部が編集部によって削除されるという憂き目をみたのであった。

科学は価値を問わず

ここで注意すべきは、近代の科学主義は、基本的に「価値を問わない」、すなわち「善悪」の問題に関わらないことを前提にしていた、ということである。科学は自然を観察し、分析し、要素に還元し、産業化に手を貸すにしても、倫理を問う立場にはない、という暗黙の了解があった。では、それはどこから起こったのか？　中世の黄昏、聖書の説く真理と勃興しつつあった自然科学が到達した真理の間に齟齬が起こった時である。それを両立させるには二重真理説を立てるほかなかった。すなわち倫理に関わる真理は教会、倫理に関わらない真理は科学、とする「棲み分け」である。これは、真理という語が絶えず倫理を含む東方の思考とは対蹠する。

神学に打ち勝った科学的理性は、発射台を離れたロケットのように天空に飛び出したのだった。科学革命がヨーロッパという一地域にのみ起こった理由がここにある。

この、科学は価値を問わず(Value free)という立場こそが、のちに化学兵器、核兵器という非人道的大量殺戮の道具に道を開いたものだ、と私は信じて疑わない。農作物の収穫量を増やすために母なる大地を汚染していく化学産業も同根だ。ヴェトナム戦争で使われ、無数の奇形児を産みだした非人道的な「枯れ葉剤」は、レーチェル・カーソンの『沈黙の春』が糾すものと同一線上にある。それにも増して非人道的な Hiroshima・Nagasaki はアメリカの恥だが、同じく国際語となった Minamata は日本の恥だ。後述するヴェニス・シンポジウムで、ノーベル生理学・医学賞のジャン・ドーセが「科学者の責任と倫理」を強く主張したのは、このことに対応したものだった。マンハッタン計画を是認したアインシュタインも、それを指導したオッペンハイマーも、原爆の惨状を目にした時、科学者としての自己と人間としての自己の相克に苦しみ、後にそれを告白している。

科学が倫理を問う学問に立ち帰るにはどうしたらいいのか、私はそれを模索した。

一九七九年のコルドバ・セミナーは、一つの啓示であった。そこに集った参加者が教えてくれたのは、人文科学ではなく、精密科学のほうでは、すでに「伝統との新しい対話」の可能性を示唆している、ということだった。特に量子物理学の開いた新しい存在論には大きな期待を寄せうる、と私は感じた。もし現代哲学が、この領域に注目しなかったとすれば、思うにそれは哲学がアリストテレス以来の論理学に固執して、根源的に「分からない」ものを拒否してきたからであろう。

それはこういうことだ。理性とは「ことわり」また「分別」というように「分ける機能」である。従来の哲学を含む科学は、それが理性的・客観的である限り、何人にも「分かる」ものであった。それに対し、アインシュタイン、プランク、ニールス・ボーア、ハイゼンベルクに始まり、ジョフレー・チュウ、ヘンリー・スタップ等のバークレーグループに至る最先端の理論物理学は「主客未分」の領域に立ち入るものであり、二元論的理性にとっては定義的に「分からない」のである。「主・客」は、分かたれた存在であるからこそ主・客なのだ。

ところが、あとで紹介する二〇〇五年のユネスコ本部でのシンポジウムで明らかになるが、量子物理学の存在論を一言で表す言葉はこうだ。

"In the great drama of existence we ourselves are both actors and spectators."

「実在というこの壮大なドラマにおいて、われわれ自身は役者であり、同時に観客である」（ニールス・ボーア、ハイゼンベルク、スタップ）

ここに、近代の病であった二元論は根底から破られているのだ。対象と観察者の相関、主客の不可分性、素粒子の時空を越えた交信等は、新しい理性の把握したものであった。それがコルドバに参集したF・カプラ、D・ボーム、カール・プリブラム等をして、限りなく道教のタオに、またヴェーダ、ウパニシャッド、さらに大乗仏教の世界に近づけて行くものであった。科学者による文化伝統の「思いがけない発見」が予感された。

もちろん古典的科学者の方からは、彼らを科学者の立場を放棄したものとする厳しい批判が起こったが、それは当然のことだ。それが革新的思想の宿命なのだ。大切なことは、これらの基礎理論学者が、自らの専門領域での知の限界を知り、その打開を他の領域との対話の中に見いだそうとしていたことだ。ただ、コルドバ・セミナーは、新しい学の可能性を指し示すものとして、確かに画期的なものであったのだが、それぞれの発表の羅列に終わり、結論には至らなかった。その後、ヨーロッパでまた日本で行われた数少ない同種の試みは、あるいは混乱のうちに、あるいは東西対決という形で終了せざるを得なかった。特にこのような場では、ニューサイエンスをもって、東洋思想の西欧に対する優位を立証せんとする誘惑は心して避けなければならないのに、そのような試みがなされ、不要な反発を招いた例もあった。

従ってこの領域でこそ、全世界の人々が納得するだけの国際会議を開くのがユネスコの使命ではないか、と私は考えたのだった。それがユネスコの公式事業としての「科学と文化の対話シンポジウムシリーズ」の第一弾となる一九八六年のヴェニス・シンポジウムである。

ヴェニス・シンポジウム

しかしこのような試みをユネスコの名でそれを行う限りは、学的な批判に耐えるだけの普遍性と学際性を保証する必要があった。つまり世界の諸文明圏が参加者の構成に反映されていること、更に主要な学問領域がカバーされていることだ。それに加えそのための場所、すなわちトポスの選択も重要だ。そしてテーマも。

パリの識者達と相談し、テーマはLa science face aux confins de la connaisance: le prologue de notre passé culturel (Science and the Boundaries of Knowledge: the prologue of our Cultural Past. 科学と知の限界：人類の過去の文化への序章)と決めた。

トポス(会場)のことをあれこれ考えていると、同僚のイタリア人、ルチオ・アチネリがヴェニス(ヴェネツィア)を推薦すると言い、ジョルジオ・チニ財団の事務総長エルネスト・タレンチーノを紹介してくれた。ヴェニスを訪れる人が皆、サンマルコ広場の船着き場から大運河(グラン・キャナル)越しに見ている、サン・ジョルジオ・マジョーレ島の、あのとんがり帽子の鐘楼を持つ中世の僧院、そこをこの財団は本拠としている。

そうだ、ヴェニスこそヨーロッパの東方に開かれた窓ではなかったか！　文明間対話の絶好のトポスだ。

私は直ちにヴェニスに飛び、タレンチーノに会った。そしてその僧院の聖堂の大会場ではなく、羊皮紙の古書が並ぶ、こじんまりとした図書室をシンポジウム会場として選んだのだった。机を囲めるのはたかが二〇人ほど、傍聴席は一〇席ほどしかない。それでもイタリア側は、そこに英・仏・伊の同時通訳キャビンをおいてくれるという。「シンポジウムに適した人数は一七名」との教皇ヨハネ・パウロ二世の言葉を思い出していたのだが、さらにはアウグスティヌスの頃の人里離れた僧院でのシンポジウムのやり方が脳裏にあった。その頃のシンポジウムは、人里離れた僧院に数日籠もり、傍聴者なしで行われていたのだ。

あとで驚いたことは、ヴェニス・シンポジウムの翌一九八七年、イタリアでのG7首脳会議が、まさしく私が選んだこの図書室で行われたことだった。

会場はここだ、開催日はヴェネチアで唯一観光客が減る三月、日程は参加者の到着日から出発日を含めると六日間としよう。

では誰をそこに呼ぶのか。最も頭を使ったのが招待者のリストだった。

ユネスコの自然科学部長ウラジミール・ジャーロフ、コルドバ・セミナーを行ったミシェル・カズナヴ、フィガロ紙のジャーナリストで知日家のミシェル・ランドム、フランス国立科学研究所の理論物理学者バザラブ・ニコレスク等はまるで自分が当事者であるかのように次々に推薦する学者の名を上げた。ブーツストラップ論のジョフレー・チュウも候補の一人だったが、アメリカ人は命を狙われるとの奥さんの反対で参加不可。同じくバークレーグループの俊才ヘンリー・スタップが招待された。ノーベル賞受賞者も二人選ばれた。

実はこのシンポジウムにもう一人名を連ねたはずの大物がいたことをここに記しておきたい。ミルチャ・エリアーデだ。この人との奇遇は、パリのサンルイ島だった。パリ発祥のこの島の画廊で'Venise de Turner'という展覧会があるというので出かけて見ると、そこにルーマニアの劇作家ウジェーヌ・イヨネスコがいるではないか。彼とはオデオン座を主宰するジャン・ルイ・バローの楽屋で顔見知りだった。あ、しばらくと挨拶すると、イヨネスコはにこやかに、連れのルーマニア人の老紳士を紹介してくれたのだが、それがなんとエリアーデだったのだ。ターナーの描く光溢れるヴェニスの風景画に囲まれたその出会いは天の采配か、いささか唐突であったが、私は勇気をだして、彼にヴェニス・シンポジウムの構想を告げ、参加を促した。あなたが見ているこのヴェニスでやるのですよ、と。するとエリアーデは、今はすべてを断っている身だが、ユネスコがやるのなら考えてみよう、とロンドンの連絡先をくれた。

準備が進むほどに、私はエリアーデの秘書とのやりとりを通じて彼の参加を確信した。ところが一九八五年の秋、衝撃のニュースがメディアに流れることになる。エリアーデのロンドンの家が火事となり、彼の全記憶が詰まった書斎が全焼したというのだ。すぐにロンドンに電話してみると、彼の憔悴ぶりは筆舌に尽くしがたく、もはやヴェニスどころではなくなったのだった。

しかしこうした不幸にも関わらず、多くの人の協力で決まった参加者リストは、アジア・アフリカ・ヨーロッパ・北米・南米を代表する一五カ国一七名であった。これを宗教的に見ると、キリスト教・ユダヤ教・イスラーム・ヒンドゥー教・仏教がカバーされている。

ホーリー・シーすなわちバチカンのユネスコ代表フラナ卿を通じて、はやくにこの会議の重要性を認めていた教皇ヨハネ・パウロ二世は、特別メッセージを寄せ、「科学と信仰が、将来、独自性を保ちながら、その相補性を認めること」そして「哲学に新しい確かな根拠が与えられること」への希望を表明した。

参加者の中にはノーベル生理学・医学賞の長老ジャン・ドーセ（仏）、数学者でブラジルの科学研究所を統括するU・ダンブロジオ、脳科学者でノーベル賞委員会長のD・オットソン（スエーデン）、量子物理学バークレーグループの中核ヘンリー・スタップ（米）、モルフォジェネティック・フィールド（仮訳、形態生成磁場）という衝撃的な仮説を唱えた生物学者ルパート・シェルドレイク（英）、タゴールの愛弟子で社会活動家の詩人マイトレーヤ・デヴィ夫人（インド）、情報工学の論客ルネ・ベルジェ（スイス）、宇宙物理学のN・デラポルタ（伊）、数学物理学者D・アケアポン（ガーナ）、古代エジプトのパピルスの船を再現し大西洋を横断した人類学者S・ヘノベス（メキシコ）、「意味論の池（バサン・セマンティック）」を唱えたイマジネール研究所のG・デュラン（仏）等がいた。七六年のノーベル物理学賞受賞者アブドゥス・サラム（パキスタン）は、直前の体調不良で来られなかったが、用意していた発表原稿を代理者に託していた。

この会議の日本代表としては、私は中村雄二郎を呼ぶことにした。それは彼のパトス論が必ずやこの主題に何かをもたらすとの確信と、仮に禅が問われた場合にも、西田哲学をいわば外から捉えた彼の分析がこのような国際会議では「伝達可能性（コミュニカビリテ）」を持つはずだとの判断によるものだった。事実この日本哲学界を代表する頭脳は、「北方的知と南方的知」というテーマで、フランス語での発表を行ったのだが、ヴェニス会議に呼ばれた日本の哲学者として、その後各国の学術会議に次々に招かれるようになる。また中村は帰国後、このシンポジウムについて五つもの論文や論考を朝日新聞や岩波書店などの紙誌に発表している。彼の行った別の論評はフランスのオピニオン紙、ル・モンドにも掲載された。私が東大出版会のＵＰ誌（一六五号）にヴェニス・シンポジウムの報告を書いたのも中村雄二郎の依頼によるものだ。

基調報告はパリの国立科学研究所の理論物理学者、バザラブ・ニコレスクとスリランカの文化人類学者Ｓ・グチナラケによって行われたが、後者が「西欧中心的文化像のひずみ」を指摘し、それは限りなく正しいのだが、紀元前に遡るインドからギリシャへの知の移転の事例をこと細かくあげた時には、私が恐れていた、しらけた空気がすこしく流れた。

それに対し、前者ニコレスクの基調報告は、「最新の物理学の生み出した世界観は、世界の文化伝統との無限の対話の可能性を開いている」ことを説くもので、スタップの「量子論における全一的（ホリスティック）な人間の把握の展望」、オットソンの「左右の脳間のダイナミックな相互作用」の証言と共にこのシンポジウムに基調音を与えるものとなったと言ってよい。

開会までの私の懸念は、従来のいずれのセミナーにも増して多様性を持つこの会が、果たして一つの結論に至るだろうか、ということだった。しかし世界の学界を代表してここに参集した人たちは、東方に開かれた窓ヴェニス、その記憶をとどめるサン・ジョルジオ・マジョーレ島の僧院というトポス、知的協力委員会の再生たるべきユネスコという主催者、それらの出会った萃点とも言うべきこの場に、開かれたこころの交流の場を見いだし、見事な知の収斂を見せてくれたのである。

初日夜の懇親会を経て、二日目からは皆が友達であった。毎朝ホテルからマジョーレ島に渡る水上バス、バポレットの甲板で、俊英にして問題児のシェルドレイクに「貴方の説く生態の時空を越えた交信、ロンドンのラットが新しい動作を習得すると、瞬時にニューヨークのラットが同じ動作を始める、という実験は魅力的だが、それを人類文明の同時多発的現象で例証したらどうか？」と言ったことを思い出す。彼は会場でも「自然の法則もまたHabitの累積」と言って皆を驚かせた。

私はわざとフリーにしている三日目の午後、一つの宣言案を書くようニコレスクと少数の参加者に依頼した。もちろん後で修正は入ったのだが、これが最終日に満場一致で採択され、世界に衝撃を与えたヴェニス宣言Venice Declarationである。以来、私の関与する国際会議では、最終宣言は事務局が用意するのではなく、参加者自身の手による、という伝統が生まれた。

ヴェニス宣言

最終日に採択されたこの宣言は、その要点として、

(1)　最近の科学（特に物理学および生物学）の革命によって開かれた世界像と、人文科学等われわれの日常生活を律している古典的科学のそれとの間には大きなギャップがあり、それは有害であるのみならず、ひいては人類生存を脅かすものとなっている。

(2)　科学はそれ独自の発展の中で、今や他の諸々の知の形態と対話できる段階に達した。科学の世界諸伝統との思いがけない出会いは、新しいヒューマニズム、さらに新しい形而上学への展望を開いている。

とした上で、最も重要な用語に達する。それが第(3)項で、その全文はこうだ。

(3)　あらゆる全体化の企て、あらゆる閉じられた思考、あらゆるユートピアを退けるとともに、我々

は、精密科学、人文科学および芸術・宗教の間のダイナミックな交流におけるトランスディシプリナリー（領域横断的）な研究の緊急の必要性を認める。ある意味で、この領域横断的アプローチは、左右両脳間のダイナミックな相互作用によって、我々自身の中に書き込まれている。自然とイマジネール（想像界）を、宇宙と人間を結びつけるこの学は、我々を一層実在に近づける。それにより、現代の様々な挑戦に我々はよりよく対処できるようになろう。

ここで初めてTransdisciplinaryという語が登場している。この語は実は一九七〇年代、教育学者ジャン・ピアジェが使っているが、ユネスコの公式文書に記されたことにより、以来、国際的に認知された用語となる。Interdisciplinary（学際性）をさらに越え、芸術とも宗教とも対話する開かれた学の概念はこのヴェニス・シンポジウムで誕生したのだった。

この第(3)項に続いては、

(4)　従来の教育が旧態然たる機械論的世界観を継承しているが、偉大な文化諸伝統と調和する最新の科学的ヴィジョンを取り入れた新しい教育方法が求められる。

(5)　自己崩壊に繋がる現在の危機は、科学者の責任を浮き彫りにしている。科学者はその発明の応用を決定できないにせよ、それを静観していてはならず。正しい情報をもって常に世論に訴える必要があり、更には多角的・領域横断的な指導的機関を設置することが望まれる。

と科学者の責任に言及し、

(6)　ユネスコは今回のイニシャティブを継続し、今後もトランスディシプリナリーな省察の機会を提供してほしい。

と結んでいる。

興味深いのは、このような「通底の知を探る」動きが、神秘主義の伝統を持つドイツではなく、デカルト的理性のフランスを中心に起こった事である。

このヴェニス宣言のインパクトは、私の予想を超えるものだった。ユネスコ・プレスはもとより、仏・伊の主要紙で報道され、ヌーベル・オブセルヴァトワール誌等は特集を組んだ。ミシェル・ランドムに至っては「科学と知の限界・ヴェニス・シンポジウム」のテーマで単行本まで出した。それどころかヨーロッパの各地で次々に研究会が開かれていくのだった。一番驚いたのは、翌年、ヴェニス宣言そのものをテーマとして、ブラジリアで一五〇〇名が手弁当で参集する集会が開かれたことだ。

バンクーバーで人類生存のアジェンダを問う

第二回の「科学と文化の対話シンポジウム」は、一九八九年の九月、バンクーバーであった。カナダのユネスコ国内委員会からの強力な申し込みを受けて、カナダ・ロイヤル・ソサエティの協力で開かれた、ブリティッシュ・コロンビア大学でのセミナーだ。そのテーマは「二一世紀に向けての人類生存のアジェンダ」であった。

私は、秋の訪れを告げるバンクーバーの自然の美しさにしばし酔ったのを思い出すが、それとは反対に地球環境問題の深刻さが問われたシンポジウムとなった。ここで活躍した人たちとしては、約半数を占めたヴェニス・シンポジウム経験者のほかに、カナダの環境学者ディグビー・マクラーレン、モロッコの未来学者マーディ・エルマンジャラの名を挙げることができる。

バンクーバー宣言は、

「地球の生存は、今や人類の中心的かつ直ちに解決すべき問題となっている。地球の現状は予断を許さないもので、科学・文化・経済・政治すべての領域での迅速な行動と全人類の意識の涵養を必要としている。我々が知るべきは、地上のあらゆる民族が、共通の敵と一致して闘う必要がある、ということだ。その敵とは、環境のバランスを崩す行為であり、また、われわれが未来世代に残すべき遺産を削減する行為である。」

という前言に要約されるものだ。

これは一九九二年のリオデジャネイロでのUNCED「国連環境・開発会議」、通称「地球サミット」の三年前のことである。ユネスコの多くの刊行物には、この宣言が引用されることになる。

ちなみに中村雄二郎はここでも、空海の両界曼荼羅の思想を紹介、その「五大に響きあり」の言葉と共に、マックス・プランク研究所がキャッチした土星の音波が、人間の胎児が母の胎内で聞いている鼓動に近いことを録音テープで聞かせ、人々を驚かせた。

このバンクーバーで、ブラジルからの参加者ウルビタン・ダンブロジオが、それに続く会議を自国に招聘したいと訴えたので、第三回は一九九二年、アマゾン河口のベレンで、地球サミットの三カ月前に開くことが決まった。そこではバンクーバーの手がけたテーマをさらに発展させ、「二一世紀に向けての環境倫理 ECO・ETHICS」を論じることも決められた。

アマゾン河口のベレン・シンポジウム

この会議には、私はテーマからみて、日本代表には鶴見和子さんが最適だと考えた。事実彼女は討論の内外で素晴らしい国際人ぶりを発揮し、尊敬を集めると共に、南方熊楠という世界レベルの、しかし世界的に知られていないエコロジーの先駆者を紹介、アニミズムという欧米で軽視された概念の見直しを求めたのだった。

しかしこの会議の運営のほうは、お義理にも立派とはいえないものだった。一つは、その数年前から同時進行的に三〇カ国を動員した「シルクロード：対話の道総合調査」計画を実行していた私自身が、その頃、心身共に極限状態に達していた、ということがあった。さらにダンブロジオを委員長とする組織委員会も、リオやブラジリアとは勝手の違うこのアマゾンでは、必要な機材が調達できず、会場はベレン博物館講堂のステージの上に机を並べたのみとなった。同時通訳の設備もない。プログラムを印刷することもままならぬ状態で、これは私の永いユネスコ勤務の中でも初体験であった。

しかし、州知事や国務長官も出席し、地元の学者や実行委員長の懸命の努力と誠意の前で、参加者の当初の戸惑いは解消し、いつしか会議は英語だけの、それこそ膝をつき合わした親しい話し合いの場に変身していくのであった。鶴見さんと話し合ったのだが、果たして日本流の完璧に組織された会議が、この会議に勝るのか疑わしい、との結論だった。

そうした親しさを生み出したベレンだが、宣言案は難航する。バンクーバーではエルマンジャラがコンピューターを駆使してまとめ上げたのとは対蹠的に、ここでは各自が手書きで出したものを長老マクラーレンやスタッフが徹夜でまとめ上げねばならず、どうしてもパッチワークの感を拭いがたいものだった。それを見るや、チリ出身でパリのエコール・ポリテクニックの教授フランシスコ・バレラが、「人間の声になっていない」と叫び、私もそれに同意したため、それまで「ヴェニス宣言に帰れ！」と叫んでいたダンブロジオが、別室に閉じこもり、一気に書き上げたものが最終日に読み上げられたのだった。だからこれは正式に採択されたものとはいえない。

このようにハラハラするような思い出を残すベレン・シンポジウムだったが、よくみるとやはり前進の跡も見てとれるのだ。バンクーバーでの「人間と自然の調和」から更に進んで、「人間と自然の全一性（Wholeness）」という哲学的に極めて重要な理念がここで言葉となっている。さらに後にユネスコで宣言となる（少数民族も含めて）「文化の多様性が、人類の存続には不可欠である」という認識も「女性の役割の重要性」とともに、ここベレンで現れたものなのだ。リオ・サミットの直前のことであった。ちなみにベレンとはイエスの生誕の地ベツレヘムのポルトガル語読みである。

東京シンポジウムへ

三年ごとに行ってきたこの「科学と文化の対話シンポジウム」は、ヨーロッパに始まり、北米・南米を回ったので、次の一九九五年はアジアの番だ。それには東京がいい、と私は思った。ただそれは自分の定年退官後になる。しかしこれまでに築いた人的絆と世界の学界の熱意で継続は可能ではないか、と漠然と感じていた。

残りの二年間は嵐のように過ぎた。新しく生まれたトランスディシプリナリーの考え方を巡る数々の催し、そこには後で単独本になるスイス・ロカルノセミナーも含まれていたのだが、それとは別に、マイヨール事務局長とジャニコ官房長から、おまえの退官前の一九九三年、パリで日本文化祭をやってはどうか、という提案を受けた。そうか、それもやろう。私はそのテーマを「文化間の対話」と定め、フランス・日本のユネスコ国内委員会の心強い支持のもと、日本大使館・国際交流基金・パリ市・フランス文化省・日本ユネスコ協会連盟の協力を取り付けた。

「文化間の対話」というこのテーマの象徴的作品として最初に私の頭に浮かんだのは、駐日大使だった詩人ポール・クローデルが能にインスピレーションを得て書いた「女と影 Femme et son ombre」だった。それを観世栄夫に演じてもらい、その舞台装置は勅使河原宏に頼むことにした。草月会はこの機会に北山の大茶会も再現、安藤忠雄、ル・コルビジエの愛弟子シャーロット・ペリアン等の創作になる茶室はユネスコの庭を埋め尽くした。天野宣の圧倒的な和太鼓も響いた。白神山地を世界遺産に登録した青森県は津軽三味線を、島根県は並河万里の写真展「神々の揺籃の地出雲」を出展した。自分でも驚いたのだが、結局ユネスコ本部の全フロア、日本大使館の広報部展示場、シャンゼリゼーのロンポアン劇場を主会場とし、ペンクラブ会長大岡信が国際的連歌を試みたパリ市提供の「詩人の家」を含め、協賛事業も含めるとパリの二四会場、一五日間の事業になって行ったのだった。時のシラク・パリ市長は盛大な歓迎会を開いてくれたが、この日本文化祭の成功は、彼が大統領に就任後、「フランスにおける日本祭、日本におけるフランス祭」の提案となる。

このような自分の、一見この書の主題とは離れた事業を僭越ながらここに記したのは、痛烈な一言を残すためだ。それはまさしくトランスディシプリナリーのシンポジウムをこのパリ日本文化祭にも組込み、ベルナール・フランク、平山郁夫の講演に続いて行ったのだが、それが結果的には成功と言えなかったからだ。ここに招かれた日本代表は芳賀徹だったが、この東大教授が私に残した一言が耳を離れない。「トランスディシプリナリーの追求は、まず一人一人が専門を持たないと成立しない！」

これは、私がのちに「統合の知」を語るとき、常に念頭に浮ぶ言葉だ。

このパリ日本文化祭以外に、ルーブル美術館と共に、Great Louvre という 3DHivision 映像の制作にも携わったこの慌ただしい二年間、私には退官後のことなど考える余地もなかった。ただ最後となる自分の誕生日に、家族とともにマイヨール夫妻とクストー夫妻をホテル・クリヨンでの夕食会に招き、密かに国際公務員生活に別れを告げようとした、つもりだった。ところがいよいよユネスコを去るその日の朝、私の机の上には一通の手紙がおかれていたのだ。見るとそれはマイヨールからで、これまでの仕事への感謝と共に、是非これからも自分の顧問として、特に「科学と文化の対話」の面で協力してほしい、とあった。

東京シンポジウムが俄然現実味を帯びてきたのは、この手紙による、と言ってよい。なぜなら私は今まで通りユネスコの名で、従来のパートナー達と話し合いができたからだ。ベレンから三年後の一九九五年九月、会場は東京の国連大学がよかろう。その年は、この国連の研究機関の創立二〇周年、それはまたユネスコの創立五〇周年にも当たる。その記念事業にしよう。そしてそれは、過去の「科学と文化の対話シンポジウムシリーズ」の集大成とならなければならない。

日本ユネスコ国内委員会の会長も務め、常に私を応援してくれた前京大総長西島安則、もはや戦友の感の中村雄二郎、鶴見和子の各氏とまず密接に相談、ユネスコ本部はもちろん、文部・外務両省、国際交流基金、そして国連大学自身と密接な協力関係を築き、準備会議を重ねた。

テーマは「Science and Culture: a Common Path for the Future. 科学と文化：未来への共通の道」と決まった。基調講演者としては、日本からは前年のノーベル文学賞受賞の余韻覚めやらぬ大江健三郎、それに世界的地球環境学者ジャック＝イヴ・クストーが選ばれた。

一九九五年というこの年に何が起こったのか、それも語らねばならない。この年のはじめフランス政府は、それは核実験禁止条約の発効の直前であったのだが、一〇回の核の地下実験を南太平洋のムルロア環礁で行う、と発表したのだった。

駆け込み実験である。大江健三郎はそれへの抗議を示すため、フランスへの招待を辞退した。しかしこの原爆実験に第一番に抗議したのはオーストラリア人でも日本人でもなく、フランス人であるクストーであった、と知っておく方がよい。そのため彼は盟友シラク大統領と決別、国からの役職をすべて辞退すると告げていたのだ。

東京シンポジウムは、奇しくもこの二人が所信表明する機会となった。満場を埋めた聴衆の前で、大江が語った題は、「平和への文化のために」(後に『日本の「私」からの手紙』岩波書店に収録)、そしてクストーの「文化と環境」と題した講演は、後で述べるように大きな影響を残すことになる(クストーを含むこのシンポジウムの全員の発言全文は、『科学と文化の対話』麗澤大学出版会に収録)。鶴見和子の「南方曼荼羅――未来のパラダイム転換に向けて」は、藤原書店刊行の『鶴見和子曼荼羅Ⅸ　環の巻』の巻頭を飾るものとなった。

このユネスコ創立五〇周年記念シンポジウムのために来日したマイヨール事務局長が、開会式で、ホスト役のデソウザ国連大学学長に続いて行った演説も傾聴に値する。特に「見えざるものを見るもののみが、不可能を可能にする」との言葉は、のちに採択される「東京からのメッセージ」の冒頭を飾るものとなった。

続くパネリストには、普通なら基調講演者となるべき人々が並んだ。エドガー・モラン(仏)、カール・H・プリブラム(米)、レム・V・ペトロフ(ロ)等、五大陸を代表する学者である。ホストカントリーである日本からは、第一回のヴェニス・シンポジウム以来三度目となる中村雄二郎、二回目の鶴見和子、わたしと共に構想を練ってくれた西島安則、国際日本文化研究センター所長であった河合隼雄、それに日本の先端技術を代表して、富士通会長の山本卓真(日本ユネスコ協会連盟会長)も加わった。

東京からのメッセージ

それぞれ個性ある、まさにトランスディシプリナリーな議論が交わされる中、私はヴェニスに習って、カール・プリブラムとヘンリー・スタップに、内容のある「東京からのメッセージ」を起草するよう頼んだ。メッセージとしたのはあまりにも多発される「宣言」という語を避けたに過ぎない。最終日に満場一致で採択されたこのメッセージには、簡潔ながら世界的にインパクトを与えたある表現が使われている。

まず第一に、「一七世紀に始まり一九世紀にピークに達する機械論的科学主義が、三〇〇年にわたり、主・客を峻別し、自然を征服すべき客体と見なすことにより、盲目的な進歩の概念を生み出し、画一的な物質文明を作り出した」という明確な指摘がある。そして、

「この思想は、文化的独自性を擁護し、多様性を尊重する立場との間に決定的な溝を作り出し、科学は文化伝統と本質的に相容れない、という歴史的認識を形作った」とする。

またここで、デカルトやニュートンに象徴されるこの科学主義は、実は西欧本来の伝統ではなく、人類の発生から考えると実に「一万分の一の時間帯」に起こった特殊な出来事に過ぎない、ということも明記された。この極めて特殊な時期、自然を客体とし、それを観察する主体から切り離した西欧の科学は、そこに前述のように「価値を問わず」という大前提を設定していた。クストーや大江健三郎が断罪した核兵器・化学兵器の出現は、まさにこの Value free という基本的な科学の立場に依存していた、という認識が鮮明になった。

第二に、「二〇世紀の新しい科学は、量子物理学をはじめとし、宇宙にはかつて古代の知恵が抱いて

いた自然観に近い〈全一的秩序〉Wholenessが存在することを発見した」との認識が明記された。

最後の部分の英文とその和訳はこうだ。

A core characteristic of this new enlightenment is an appreciation of a fresh approach to unity in diversity. Natural and social sciences have long held an idea that took hold in the visual arts: the whole is greater than, and different from, the sum of its parts. According to this idea, new attributes emerge as components come together in the special arrangements that signify a whole. But, science now has uncovered the existence of a totally different holistic aspect of the universe. **This new holism recognizes the enfoldment of the whole in its 'parts' and the distribution of the 'parts' over the whole.** Thus our message reflects the concept of Mahayana Buddhism which represent a powerful holistic vision of the future of human existence within nature.

この新しい啓蒙思想の中核をなす特徴は、多様性の中の統一への新たなる取り組みを評価することにある。自然科学と人文科学は、長らく、最初は美術の分野で説かれた考え、すなわち、全体は、部分の合計より大きく、また異なったものだ、という考えを持っていた。この考えによれば、構成要素が特殊な配列で全体を構成するとき、新しい属性が生まれるのである。だが更に、科学は今や宇宙の全く異なった全一的な相の存在を明らかにしている。この新しいホリズム（全一観）は、**全体には部分が包含され、部分は全体に行き渡っていることを認識する。**従ってわれわれのメッセージは、自然の中での人間存在の未来に力強い全一的ヴィジョンを提示している大乗仏教（曼荼羅）のコンセプトを反映するものである。

私が「全は個に、個は全に遍照する」と訳したこの立論は、ホログラムや折り紙を高く評価したカール・プリブラムやヘンリー・スタップの「主客未分」の量子物理学の中核をなすもので、それが奇しくも日本側の三人、河合隼雄・鶴見和子・中村雄二郎が期せずして取り上げた大乗仏教の「曼荼羅」の思想に対応することを、この場に集った世界の知性は認めたのだった。これは一宗教名を出すことを避ける国際機関の主宰する会議としては極めて異例のことであった。

第三に、このホリスティックなヴィジョンによって初めて「多様性の中の統一」という理念も理解される、との認識がある。この多様性の重要性については、調査船カリプソ号を駆使して七つの海の海底の世界を万人に開示したクストーの言葉が決定的となった。地上と海の生態系の相互作用までも解明してきた、この『沈黙の世界』の作者は、こう述べたのだ。

「(南極のように)生物種の数が少ないところでは生態系は脆い。(赤道直下のように)種の数が多いところでは生態系が強い。」つまり生物多様性が減ずるほどにエコシステムが脆弱になることを発見したのであった。そして、全参加者に衝撃を与えたのが次の言葉である。

「この法則は文化にも当てはまる!」

すると、文化の多様性は、もはや単なる「寛容」の対象ではなく、すべての民族の存続に関わる「必要条件」として認識されねばならないのだ。

この発言に感激した鶴見和子は、その晩年、南方熊楠とクストーのことしか語らなくなったほどだ。

文化の多様性に関する世界宣言

二〇〇一年の秋、ユネスコ総会は、満場一致で「文化の多様性に関する世界宣言」を採択するが、その第一条に、東京シンポジウムでのクストーの指摘が活かされている。

「文化の多様性は、自然界に生物多様性が必要なのと等しく、人類にとって不可欠である。」

この宣言が世界人権宣言に次ぐ重要な宣言である、とはフランスを始めとした多くの国の代表が語ったところだ。

またその他にも、クストーのこの東京シンポジウへの参加は、思わぬ成果を引き出したことを記しておきたい。

クストーは東京に着くなり、私に、マイヨールと二人だけで会わせてくれ、という。ほかには時間がないので、私はマイヨールのホテルでの朝食会をセットした。その時の話し合いをクストーは後で語ってくれたのだが、それはこうだ。

実はフランスが核兵器の駆け込み実験を行うことを政府が発表した日、クストーは偶然国営テレビで自分の番組を持っていた。そしてなんと生放送でそれに対する抗議を表明したのだった。実はそのシラク大統領は、クストーの「未来世代の権利」の主張に感銘を受け、彼を議長とする未来世代の権利国内委員会を造ったほど彼を支持していた人で、盟友と言ってよい関係だったのだ。

しかし、原爆の実験を再開したその大統領を断罪し、抗議の表明として国家からのすべての役職を辞めると宣言したクストーは、その未来世代の権利国内委員会議長の職もやめざるを得なくなったのだ。

東京での朝食会でクストーがマイヨール事務局長に頼んだのは、「未来世代の権利のための国際委員会を造り、ユネスコにその事務局を引き受けてほしい」ということであった。ピンチはチャンスとはこのことであろう。マイヨール事務局長はそれを承諾、パリに帰ると直ちにＭＡＢ（人と生物圏）の部長にその組織作りを命じたのだ。このクストーとマイヨールの関係だが、マイヨールが事務局長に選ばれた直後、私はクストーをユネスコ本部のレストランに招待、二人を引き合わせている。その日以来、二人は肝胆相照らす仲となっていたことがここで作用したのだ。ＭＡＢの部長はクストー財団のなかに自分の分室を開くほどこの協力関係に力を入れ、それは一九九七年のユネスコ総会で採択された「未来世代のための現代世代の責任宣言」として結実する。東京というトポスが生んだ一つの成果といえよう。ただ残念なことに、それが採択されたのはクストーが亡くなった三カ月後であった。

東京シンポジウムはまた、二〇世紀を律した「戦争の文化」に対する「平和の文化」の創造の必要性を語った。そして、そこでは女性が重要な役割を負う、と明記している。

そこではまた、「東西」という単純な、反省なき言葉が心して避けられ、世界的に見てまさに一瞬とも言うべき近代合理主義の時代こそが、人類史に突出した時代ではなかったか、この時代にすべての文明が深みにおいて分かち合えたはずの「通底の価値」が失われたのではないか、という根源的な問いが、未来を見つめる知性の中に生まれつつあるのを感じさせるものとなった。私はこのトランスディシプリナリーな知の交流の場に、新しい理性の光を見るのである。

大江健三郎は、この場で、ミヒャエル・エンデの述べたテーヴァ Tewa という言葉を引いた。ヘブライ語で「船」はテーヴァという。しかしこのテーヴァという語にはもう一つの意味がある。それは「言葉」なのだ。……あのノアは、方舟すなわち言葉によって救われたのだ、と。

言葉は歴史の現れなのである。

このシンポジウムの報告委員を務めたばかりでなく、翌年 *Colloque de Tokyo: LA MUTATION DU FUTUR* (Ed. Albin Michel)『東京シンポジウム：未来の変革』という著を世に問うたミシェル・ランドムは、「ヴェニスと東京のこの二つにシンポジウムは、今世紀の最重要なシンポジウムであった」、とし、特に東京からのメッセージは、「格調高く、強く覚醒を訴えるもので、明確に過去と新しい未来の分水嶺を画すもの」と述べている。

古典的科学主義を厳しく批判したトランスディシプリナリーというこのアプローチは、理性の否定ではなく、実在の多元性の深層に迫る新しい理性の開花である。開かれた理性が、袋小路に入り込んだ現代世界に、やっと突破口を開いた、と見ることができよう。ここに立ってこそ、マイヨールが表現したように、「未来を書く」ことが出来るのかもしれない。

この東京シンポジウムを終えて、私の思いは、普遍 Universal とは何であったかの問いへ、そして通底の価値の模索へと徐々に広がって行くのだった。また、前述のリオ地球サミットで浮上した Sustainability (持続可能性) という語が世界に流布して行くのを見るにつけ、私の胸中には、この日本にあった「とこわか」という言葉が、一つの思想になり得るかもしれない、という思いが去来するようになった。

アーノルド・トインビーは伊勢を訪れた時の感慨を次のように書き止めているではないか。

「この聖なる地で、私はすべての宗教に通底する一なるものを感じる。」

また、アンドレ・マルローは、こう述べているのだ。

「伊勢は、ピラミッドやカテドラルにも増して、雄弁に永遠を物語っている。」

第2章　通底する価値を探る

世界がぜんたい幸福にならないうちは個人の幸福はあり得ない
宮澤賢治

ことば

言葉は世界を変える。言葉が歴史を造る。そのような思いが募ってきたのは、二〇世紀の終わり頃からだったろうか。

歴史があって、その解釈があるのではない。歴史とは言葉が紡ぎ出した作品すなわちナラティヴなのだ。ある出来事は書かれる。その他の出来事は書かれない。また、その書くという行為には必ず解釈が伴う。従って歴史解釈以外に歴史という独立した客体的実体があるのではない。歴史解釈が歴史なのだ。

物語は一つの視座を求める。紀元前、二つの歴史が書かれた。一つは西方、ヘロドトスによる地中海中心の歴史、もう一つは東方、司馬遷によるシナ大陸中心の歴史だ。その二つの芽は、一方が西洋史、もう一方が東洋史として成長していく。日本に造られた大学の歴史科もこの名称を継承した。（この二つの視座に日本は入っていなかったので、別個に国史＝日本史という学科が出来た。）中央アジアは欠落している。後に現れる世界史はこの二つのどちらかの延長として書かれた。両者とも関心は王朝（都市国家）の盛衰にあるので、それは覇権争いの歴史となり、近代に近づくほど戦争の歴史となった。世界史と言われるものは、戦争の勝者によるナラティヴ、あるいは負けてもなお勝者の側に立ちたいものによるナラティヴである。

歴史解釈は時代によって変わる。

一九世紀、ナポレオンは英雄であった。そのめざましい制覇と進軍は一時、大革命を経験した国による封建的な近隣ヨーロッパ諸国の近代化の象徴とされた。ベートーベンは当初、交響曲「英雄」をナポレオンに捧げるべく書いたのだ。しかし、この音楽の天才にとって、彼が思い描いた英雄の姿はやがて幻滅に変わり、その献辞は消されることになる。しかしナポレオンの「進軍」が「侵略」と訂正されたのは、やっと第二次世界大戦の後、仏独を中心として、もう二度と戦争は繰り返すまいと願う国々、やがてEUにまで成長していくヨーロッパの国々の間で「共同教科書」が編纂された時であった。

このパン・ヨーロッパの姿を最初に構想したのは、一九世紀オーストリアに生まれたリヒャルト・クーデンホーフ＝カレルギーであった。彼の父ハインリヒがその妻となる光子に出会った日本では二〇世紀、「大東亜共栄圏」という、一見、EUの構想にも通じる地域協働体の理念が掲げられ、それに呼応するアジア人も生まれた。だが日本の敗戦と共に、それは日本帝国主義によるアジア諸国の侵略の理念であった、と解釈が変ったのだった。歴史は絶えず言葉によって動く。枢軸国 Axis であった日本は、連合国機関 United Nations に入れてもらうため、それを「国際連合」と訳した。まるでそれがジュネーヴに置かれ、日本もその設立に貢献した「国際連盟」League of Nations の生まれ変わりであったかのように。

「自由と平等」liberté, égalité という美しい理念は、一七八九年のフランス革命で生まれたものだが、この二つの言葉は、第三の「友愛」fraternité というフリーメイソンの標語でかろうじて繋がる矛盾概念であった、と気がつくべきである。「自由」は自由資本主義陣営、「平等」は社会主義陣営の基礎概念となった。第二次大戦後、米ソ両陣営間の冷戦時には、いわゆる「恐怖による均衡」によってかろうじて核戦争は回避されたが、一九八九年末のベルリンの壁の崩壊により、旧ソ連圏の社会主義体制が自己崩壊すると、自由 Freedom を掲げる一極性の高気圧、Pax Americana(アメリカによる平和)が世界を覆い、それは四半世紀以上続くことになった。

「自由と民主主義」という標語の正当性は何人の疑義も許さないものであり、その上にリベラル・デモクラシーという一見理想的な政治形態が築かれた。しかしこの理念の上にどっかりと居座ったのは、日常のささやかな幸せを求める民衆ではなく、ジャック=イヴ・クストーがミスター・マーケットと呼んだ、資本主義に基づく市場原理主義であった。この原理主義は社会格差を助長し、人類を1対99の二種の人類に分けるという異常事態を招来することとなる。経済学者トマ・ピケティは『21世紀の資本主義』で、$r>g$、すなわち「資本の収益率は絶えず経済成長率を上回る」という定式を示し、格差を助長するアメリカ的資本主義によるグローバル化に数理的疑問を投げつけた。だが、トランプ氏のアメリカは、人類の存続にも関わる気候温暖化に対処するパリ協定から退出するのみならず、まるで前任者オバマ大統領の足跡を消さんかとするかのように、およそ人類の連帯を求める国際協定のすべてから脱退した。たとえ国連の場で、世界のトップ二一五〇人の所得が世界人口の三分の二に当たる四六億人の所得と同額である、と指摘されても、である。

世界は分断の時代に入った。

この章を書いている二〇二〇年春、新型コロナウイルスという見えざる敵が人類を襲い、全世界が恐怖の底にたたき込まれた。そこにかすかに人類連帯の兆しも見られたが、問題の根幹は解決していない。人類が母なる地球とともに破滅の崖っぷちに立っていることも忘れ、米・中は互いを責め合い、世界はグローバル化に逆行する動きを見せた。すべての国が自国の扉を閉じ、また国民を自宅に閉じ込め、まさに「過越(すぎこし)の祭」を人類全体で味わうこととなった。

この災禍はむしろ人類に自然が与えた警告であると捉えた方が良いのではないか？　一〇年前、地球システム・倫理学会はユネスコでのシンポジウム〝Making Peace with the Earth〟の和訳『地球との和解』を出したが、そこではローマ・クラブの一九七二年の報告書『成長の限界』の主筆デニス・メドウズが、七二年の警告通りに事態が進んでいることを例証すると共に、ルソーの社会契約論 Contrat social に代わる「自然契約論 Contrat naturel」を提唱したミシェル・セールが、現在世界に起こりつつある天変地異と大災害を予告している。

「人類によって切り刻まれた自然は、今、人類に報復すべく、沈黙のうちに再結集し始めている」と。極大を求めて来た人類は、天変地異により、そして、ウイルスという極小のものによって致命的報復を受けるかもしれない。

自然を支配すべき客体と考えた古典的科学主義と反省なき市場原理主義こそが、地球環境の破壊を招いたものに他ならないのだ。

しかし今、資本ではなく科学者の声を聞け、と地球のあちこちで若者達が声を上げ始めたことは、少なくとも希望の灯のように私には映る。

普遍から通底へ

一八世紀、Le siècle des lumières 啓蒙主義の時代、Universal（普遍）という言葉が生まれ、それが価値の尺度となった。光の世紀がその語を祝福していた。University という学の殿堂の呼称もそれと呼応するものだ。世界は今日に至るまで、「普遍」という語を疑うことなき価値としてきた。

だが、私の頭には忘れがたい二つの言葉がこびりついているのだ。

一つは、かつてユネスコでの同僚であり、モロッコに帰って「未来学」Futurologie という新しい学を提唱したマーディ・エルマンジャラがフランスのル・モンド紙に語った言葉、

「新世界秩序（ニューワールドオーダー）は死産児（モール・ネ）だった。我々がいかに努力しても〈文化的障壁〉を越えられない。」

もう一つは日本の宗教学者、山折哲雄が朝日新聞に語った言葉、

「国際会議に行くと、そこには〈普遍〉という黄金の尺度が引かれていて、なかなかそれが越えられない。」

われわれも何気なく使っているこの「普遍」という言葉を考え直さねばならない、と私は気がついた。語源に遡って考えてみよう。実はUniversalとはUni（一つに）verso（向かう）という意味を持つ形容詞である。すべてが一つの真理に向かう、それは素晴らしいことではないか？

だが問題はその一つがあらかじめ定められていることなのだ。普遍という時、その思考が向かうべきその一つとは〈論理的・男性的・西欧的〉というものなのだ。理性こそが至上の価値、という啓蒙思想が土台にある。一八世紀以来、この尺度によってOccident（West）以外の諸文明は野蛮とされたのだった。なぜならアジア・アフリカ大陸で永らく生を営んできた多くの民族は、理性だけではなく、感性と霊性を併せて生きていたからである。理性だけを上位に置くのではない文化を生きてきたからだ。さらに「女子供」という言葉が人間Manに及ばないものを指すものして通用してきた。

一九世紀、インドで生まれたイギリス人キプリングは「東は東、西は西、この両者、相まみえることなからん」（East is East, and West is West, and never the two shall meet）と言ってのけたが、実は東西という地理的区分は当時でも曖昧で、厳密なものではなかった。普遍という分母を共有し今はEUとなったヨーロッパ（北米を含む）をWestと呼ぶならば、Eastとはアジア大陸ではなく、また「東洋」という元朝以来の中華語が示すものでもなく、〈その他〉なのだ。West and the restなのだ。だから西方の北アフリカ、マグレブ地方のイスラム圏もEastに含まれる。つまり理性を至上の価値とし、科学技術を躍進させ、力の文明を築いた西欧と、その他大勢の神秘的＝野蛮な世界、ということだ。

この「普遍」という言葉では人類の明るい未来は開けない、と私は思うようになった。そして、思いを巡らせるうち、到達したのが「通底」Transversal という言葉であった。

パリのユネスコ本部で文化部長を務め、幻想的美術に、また結晶の美に惹かれて行った思想家ロジェ・カイヨワが使った言葉に Transversal という語があった。この日本語訳が、中村雄一郎とも議論したのだが、「通底」である。

通底は、普遍とは異なり、まず他なるものの存在価値を認めることに始まる。異なるものを異なるままに尊び、しかもその底に響き合うものを認めることだ。私の敬愛する鶴見和子さんは私との対談で、その曼荼羅の思想を「異なるものが異なるままに、互いに助け合い、補い合いながら、共に生きる道」と定義してくれたが、それに通じる。

この Transversal のアプローチはすべての文明との対話を可能にする。二〇〇一年、異なった文化の存在の必要性を確認したユネスコによる「文化の多様性に関する世界宣言」にも通じる。他者あってこその自己なのだ。もっとも、この「世界宣言」の英語表記は、一九四八年の「世界人権宣言」と同じく、未だに Universal Declaration なのだが……

しかし、振り返れば既に二五〇〇年前、孔子は、その言葉を使わずとも既に通底の思想を教えていたではないか。「和して同ぜず」と。しかもそれが君子の立場であると。通底とはハーモニーであり、他者の否定ではない。また折伏でもない。それに対し西欧に根付いた普遍のアプローチは他文化に対する折伏であり、論語のいう小人のあり方「同じて和せず」である。

ローマ帝国は拡大した属州の民に寛大であったという。しかしそのClementia（お慈悲）とは上から目線の寛大さであり、その属州の民を対等に見るものではなかった。彼らが自分の文化を捨てローマへ同化することが一級のローマ市民になる道であった。

私のこの考えに「素晴らしい。早くそれを登録してください」と反応してくれたのは鶴見和子さんであった。また片倉もとこさんは、国際日本文化研究センター所長としての最終論文で、私の通底の思想を高く評価してくれた。彼女は多文化の百花繚乱の世界を夢見ていた人だ。

ＭＩＴの言語学者ノーム・チョムスキーは、「言語の浅い構造は多様だが、深い構造は同一である」とUniversal Grammarの存在を説いたことで有名だが、数年前、上智大で交わした短い会話のあと、「あなたの言うUniversalは、私ならTransversalと言う」とメールしたところ、即座に「Very interesting」と答えを返してきてくれた。

この言語の深い構造は、まさしく文化人類学者クロード・レヴィ＝ストロースが南米でのフィールドワークを経て、「野生の思考」すなわち原住民の思考が、構造的には我々現代人の思考と一致する、と証言したことと結びつく。そして、この言語における浅い構造と深い構造の関係はそのまま文化に当てはまる、と私は考える。すなわちこの地球上の諸文化は、真の文化である限り、外面的には異なっていても、深奥では通底する、と私は主張したい。私はそれを「深みにおける出会い」と呼ぶ。

排中律から包中律へ

第1章で述べた学際を越えたトランスディシプリナリーというアプローチに関しては、ヴェニス・シンポジウム以来、数々の研究会が開かれた。その中の一つで私が最も評価したのが、一九九三年末のロカルノ・セミナーである。スイスのイタリア国境近く、神秘なマジョーレ湖を望む静閑なこの町は、かつてユングも滞在したところだ。

ここでの発表のうち、特筆すべきはヴェニスでも活躍したバサラブ・ニコレスクの発表であった。彼は理論物理学者の立場から、アリストテレス以来の古典的論理の弊害を指摘し、特に「あるものはAであると同時に非Aであることが出来ない」とする排中律(Logique de Tiers exclu)が、本体Realityの把握を阻害してきた。それに対し最新の科学の論理は「包中律」(Tiers inclu)と言うべきものである、そして真実Realitéにはいくつもの異なったレベル(次元)がある、と述べて参加者の皆を感嘆させた。「包中律」とは私の日本語訳であるが、英語ではIncluded middleとなる。それは、のちにオーギュスタン・ベルクが、山内得立の説いたインドのテトラ・レンマを引き、「容中律」と訳したものと一致する。

この、永らく疑いを入れなかった排中律のアルゴリズムによる近代文明の誤りの指摘は、直ちにバチカンの注目するところとなり、ニコレスクはローマに招かれることとなった。複雑系という物理学の存在認識が生まれるのは、この包中律の発見に寄るところが大きい。

実はこの同一律・矛盾律・排中律を不動とするアリストテレスの論理は、私がソルボンヌの博士課程に留学した時、最初に指導教官のポール・リクール教授にぶつけた問題でもあったのだ。

一九六一年の秋、初めてソルボンヌの構内で何百人の学生に囲まれたリクール先生に会ったとき、驚いたことに先生は「あ、あなたがムッシュ・ハットリか？　今度の土曜日、私の家まで来てください」と自宅のアドレスを書いて渡してくれたのだった。何千人というソルボンヌの学生の中で、何故私の名を？　その謎はやがて解けた。京大の西谷啓治先生が、ハットリのことをよろしくと密かに手紙を送ってくれていたのだ。しかも私には何も言わずに。それが西谷先生だ。

リクールさんに言われた土曜日、パリ近郊のそのお宅を訪れると、私は奥様にも紹介され、お昼までご馳走になった。そして一月に一度土曜日の午後、ここへ来なさい。その一週間前に一通のペーパーを出しなさい、と言われたのだ。その最初のペーパーだが、私は、西田幾多郎の「絶対矛盾的自己同一」も念頭に、おこがましくも自分なりの「般若（prajñā プラジュニャー）の智」という一文を提出したのだった。そこではAはAであると同時に non A である、と。リクールさんは私の前で考え込むことになった。素晴らしい先生であった。

ここで余計なことを付け加えておくと、プラジュニャーすなわち般若とは、南インド生れのタントリック系の女神で英語では Wisdom（智）を象徴する。それが北上してチベットに入ると、ラマ教の中で、カルナー（karuṇā）すなわち Compassion（慈悲）を表す男神との、おどろおどろした合体仏を形作るのだが、東進して単体でクメール文明にも入っている。クメール様式の般若波羅密多（プラジュニャー・パラミータ）像はパリのギメ美術館で見ることが出来る。

さらに余計なことを言えば、チベットやブータンの合体仏を「歓喜仏」と訳す人は、それを祀るチョルテン（仏塔）内の実態を知らない。男女二神の合体の相貌は憤怒相なのだ。そこには死と性の表裏一体を表す「悲」が表されている。

循環する時

ロカルノのセミナーに帰ろう。

私自身は、このセミナーで「時」の概念を取り上げた。「循環する時と直進する時がある」と。学生時代、私は京都の禅寺で円相を描く時を、インドで輪廻（サムサーラ） saṃsāra という循環する時を学んだ。さらにブータンでは、最も尊い曼荼羅はカーラ・チャクラ・マンダラ「時輪曼荼羅」であることを知った。聖なる寺で、高僧が数秒間だけ、その秘宝の帳（とばり）を挙げてくれたとき、私は息をのんだ。なんとそれは普通のマンダラと全く違い、まるで現代美術かと錯覚するような構図で、大地を表す方形を、五大を表す五色、すなわち地＝緑、水＝青、火＝赤、風＝黄、空＝白、の五色の輪が取り囲み、絡み合いながら、回転していたのだ。カーラ（時）はチャクラ（輪）となって廻る。

ブータンにこのような思想が入った八世紀、メキシコはユカタン半島のマヤ文明では、カラコルと呼ばれる法螺貝が特別の扱いを受けている。パレンケ遺跡の天文台がカラコルと呼ばれているが、それはその形からだけではあるまい。マヤ人は天文学と数学に長（た）け、金星の運行に一年を見ていた。そのハアブ暦（太陽暦）が割り出した一年は三六五・二四二〇日、現在の暦との誤差はわずかに〇・〇〇〇二日に過ぎない。そして祭祀暦であるツォルキン暦は20（手足の指の数）×13（天の一三神の数）＝２６０日、この二つの暦の歯車が噛み合いながら回転して還暦するのは五二年目となり、ここでスクラップ・アンド・ビルドが繰り返される。マヤ人が法螺貝に見ていたのは、その螺旋型、循環する時の象徴だったのだ、と私は気がついた。（ちなみにこの算法はトランプの枚数として現在も生きている。）

さらに昔、ヘロドトスがナイルの賜物としたエジプトもまた循環の時を生きていた。狼星シリウスの位置でナイルの増水を知り、ファラオは夜ごとに死に朝よみがえる太陽神ラーと同一視された。死せるファラオを運ぶ太陽の船がそれを証ししているが、さらに鮮明なのは王家の谷の歴代ファラオの墓に描かれた天井画で、天空の女神ヌートが夜太陽を飲み込み、朝吐き出している。

だがしかし、本当の循環する時の思想は、ユーラシアの東の果て、日本列島に生きていたのではなかろうか？　俳句は四季を歌う。四季を愛でること自体が循環の時の思想なのだ。そして一年は大晦日に洗い流され、元旦、若水と共に新しくすべてが始まる。こうしていのちは永遠の循環を生きる。

それを如実に表しているのが伊勢の式年遷宮である。二〇年に一度、神宮は白木の姿でよみがえる。これこそ、かつてアンドレ・マルローが述べたように、「ピラミッドよりも、カテドラルよりも、雄弁に永遠を物語る」ものではないか。

だが現代人は世界中でほぼすべて、時は過去から未来に一直線に流れ、帰らない、という時間論を漠然と生きている。

何時、そして何故、時は直進するようになったのか？　それを問いたい。

直進する時

その答えは聖書にあった。創造主としての神、「光あれ」と語る神、天地とすべての生き物がその言葉で創られた最後の六日目、神は土塊(アダム)から自分の写し(Imago Dei)として人間を造り、そこに息を吹き込む(animer)。またその連れ合いにイヴを造った神は、彼らに地上のすべての支配を任せ、休む。それが七日目であった。しかしこの天地創造の物語に現れる「時」は、永遠には続かない。神の作品は終末を迎えることになっている。その終わり方を予言するのが「黙示録」である。

「はじめがあり、終わりがある」この物語はヘブライ・キリスト教の根幹を形作るものだが、この極めて人間的な創造神の物語が、同時に直進する時を作ったのであった。創造主と被造物は別物である。その創造主の方は、キリスト教神学の進歩と共に「超越」という観念に姿を変える。自らキリスト者たらんと、険しい単独者の道をたどったキルケゴールはその『瞬間』という書で、歴史的時間の始まりを明かした。それは超越(transcendence)が内在(immanence)に関わった瞬間、始まった、と。その時間は超越が再び内在に関わる時、終わらねばならない。

創世記のこの極めて人間的な神は、一七世紀の科学革命時、パスカルを除いておよそ知識人の頭を離れて行く。

「神の存在が証明される」とその著*Meditationes*(省察)の題名に記したデカルトにあっては特に、それは限りなく小さな一点、巨大な機械仕掛けの世界を動かす最初の一押し(le premier moteur)の存在と化していく。そこにはもはや言葉を発した生身の神はいない。それ故にこそ、ポールロワイヤルの僧院での一夜、突如Feu（火）が顕現し、アブラハムの神の現存を悟ったパスカルは、デカルトを終生許すことが出来なかったのだった。

孤児となった西欧文明

既に古典ギリシャ時代、北方から渡来したオリンポスの神々を信仰することにより、地中海文明（ミノア文明）の大地母神Magna materを葬り去るという母殺しの罪を犯した西欧文明は、科学革命によってキリスト教本来の父なる神も殺したのであった。フランス革命は王権のみならず教権も破壊したことを忘れてはならない。ヴェルサイユ宮殿と同様、ノートルダム大聖堂は略奪の対象となり、あとはガラクタ置き場となっていたのだ。

両親を失ったものは孤児となる。ところが、科学技術の進歩にバラ色の未来を描いた進歩主義者たちは、ここで自分たちが葬り去った父なる神の言葉を持ち出したのだ。神は人間に「産めよ、増やせよ、地に満てよ。海の魚、空を飛ぶ鳥、地を這うすべての生き物を制御せよ」（Genesis 1-28）と言われたではないか、と。父殺しの犯人による、これほど不謹慎な引用はあるまい。

ところが、創世記の物語を持ち出して自然の収奪を正当化した彼らがこの時忘却していたことがある。あるいはそれを意図的に忘れようとしていたのかもしれない。それが同じ聖書が告知しているこの世の「終末」である。

終末論Eschatologyは、前九世紀あるいは七世紀、ペルシャに出現したゾロアスターの思想でもあった。光と闇の戦いをこの世の実体とするこの人の思想は、少なくとも前六世紀にはユダヤの民に届いている。バビロン捕囚の頃である。そのバビロンの都は当時既にゾロアスター教を国教としていたのだから、その思想が影響しなかったという方が不条理なのだ。大天使・小天使・悪魔等のイメージは明らかにこの文化移転で生まれている。モーゼの五書を民族のよりどころとしていた捕囚の民に、何時かは闇が破れ光の国が来る、との希望を与えたのがこの思想であった。そこでは時は直線を描く。

更にこのゾロアスター Zarathustra（ラテン語でザラシュトラウス、独語でツァラトゥストラ）の思想は、三世紀、同じくペルシャ生まれのマニ Mani によって、ガンダーラに現れた大乗仏教と、そしてペルシャまで到達したキリスト教とも習合し、マニ教となる。それはローマにも入る。やがてサマルカンドを中心に栄えるが、ウイグル族を中心に、この光の仏、摩尼の信仰はシルクロードを通って大唐の都長安にも達した。摩尼光仏の寺はいまも中国東岸の泉州に存在する。

こうした直進する時間の観念は、歴代の教理神学のよってさらに確立されて行くが、そのパラダイムはキリスト教会を否定したはずのヘーゲル、マルクスにも引き継がれる。さらに遡ればアウグスティヌスだ。カルタゴの大司教を務めたこの秀でた神学者は、四世紀のローマでキリスト教と共存していたマニ教に影響されつつ、その主著 *De Civitate Dei*『神の国』を書いた、と私は考えている。また私は幸運にも中世の羊皮紙に描かれたこの書の挿絵を見る機会があったが、そこには城塞都市 Civitas である神の国（光の国）が、隣接する悪魔の国（闇の国）と、弓矢をもって闘い、最後に勝利する、という構図が見て取れた。

私がロカルノ・セミナーで引いたのは西遊記の物語であった。三蔵法師の従者である猿の孫悟空が、自分の超能力を師に見せつけようと、筋斗雲という魔法の雲に乗り、一気に千里を飛んで、地の果てと思われるところで三つの山を見つける。その真ん中の山の中腹に、自分の名を書き付けて師のもとに帰って来る話だ。得意げな猿の冒険物語を黙って聞き終えた三蔵は、やおらその掌を開いて見せる。すると悟空が地の果てに書き付けてきたはずの名は、なんとその中指に書かれて居たのだ。その大冒険も所詮、仏の掌を出ていなかったわけだ。

これは中国の話だが、ヨーロッパでも同じことが起こっている、と私は言った。ヘーゲルもマルクスも、キリスト教を葬り去ったと言うが、彼らはやはり一つの掌を出ていない。それはアウグスティヌスの『神の国』という掌だ。そこでは時間は一直線に進む。ヘーゲルが世界精神 Weltgeist の弁証法による一方向への進行を説こうと、マルクスがその進行は下部構造によって起こると言おうと、それは「神の国」の直線的な時の進行の書き換えに過ぎない。故に行く手にユートピアを描いている。

誰しも気がつかないままにその中で考えている「思考の池」がある。他の池の存在には気がつかない。それをパラダイム「思考の枠組み」と呼ぶ。これが私の指摘であった。

この発言はヨーロッパ人にはかなりショックを与えたと見え、翌年パリの Le Mail 社から出版された *L'HOMME LA SCIENCE et LA NATURE* という本にそのまま収録されている。

実はこのヘブライ・キリスト教由来の直進する時の概念は、ここに挙げた歴史哲学者だけにとどまるものではない。カトリックの司祭ながら地質学者・古生物学者であった、フランスのテイヤール・ド・

シャルダンは「すべて上昇するものは収斂する」"Tout ce qui monte converge"と、世界宗教の帰一の可能性を説いたが、その究極の到達点Ωは、やはり直線の先にあった。また、ドイツの哲学者カール・ヤスパースは『歴史の起源と目標』と日本語では訳された書を残したが、その原語は、Von Ursprung und Ziel der Geschichte であり、Ziel とは目標であると共にゴール、つまり終点の意味なのだ。

この揺るぎない直線的時間論に基づく哲学を揺るがすには、一九世紀のフリードリヒ・ニーチェを待たなくてはならなかった。それは反哲学であった。Gott ist tot（神は死んだ）と叫んだニーチェが神を殺したのではない。彼は死んでいる神を見いだしたのだ。それを彼はツァラトゥストラ（ゾロアスター）の名を借りて語った。しかし神は死んでも神の座は残るのだ。世界を動かす力を「権力への意思」に見た彼は、「超人（ユーバーメンシュ）」という神に代わる存在をそこに置こうとした。（これがナチスに利用された。）しかし同時に彼に下されたもう一つの啓示があったのだ。「永劫回帰」である。一説には、彼は南仏の断崖に張り付いた村、エズ・ヴィラージュから海岸に降りる狭い小径をたどり、一つの大きな岩を回った時、突如その発想を得たという。ならば、彼の眼前には光り輝く地中海の蒼があったはずだ。その永劫回帰は、しかし、救いであったのか？　その永遠の回帰の思想にはニヒリズムの薄明が伴っていないか？　超人が消し去るべき末人（レッター・メンシュ）も、すべての汚れもまた回帰するのだ。一つだけ確かなことは、ニーチェはそのときインド哲学の循環する時を体内に感じ取っていたことだ。

もう一人永遠の回帰を説いたのは、ミルチャ・エリアーデであった。ヴェニス・シンポジウムへの参加が果たせず皆に惜しまれたこの人は、およそすべての宗教・信仰には、太初の混沌に帰る祭祀が存在し、そこで通底することを認め、それを永劫回帰（エテルネル・ルトゥール）と呼んだのであった。

バレンシア・シンポジウム

一九九七年一月、スペインの東岸、中世にあっては地中海部貿易の要であったムーア人の首都バレンシアで、二一世紀どころか来たるべき一千年を考えようという「三千年紀財団」が発足し、三日間にわたる大きなシンポジウムが開かれた。私は日本人としてはただ一人ここに招かれたのだが、冒頭の基調講演を行ったイタリアの歴史作家ウンベルト・エーコの発言が、今もこころに残っている。

まるで母語のようにフランス語を操るこの作家は、こう述べたのだ。

「過去二〇〇〇年のシンボルは〈矢 flèche〉であった。ユダヤ・キリスト教的一神教に発した〈時〉は、一方向性をもって突き進んだ。〈進歩 progrès〉という概念が、そこから生まれた。それに対し、来たるべき三〇〇〇年紀のシンボルは〈星座 constellation〉であらねばならない。それは多文化社会の尊重ということだ。」

もっとも彼は、終わりにこう付け加えて、熱狂的な反科学主義者にも釘を刺すのを忘れなかった。

「ここへ来る機中で、スタンダールの『赤と黒』を読み直していたら、面白い言葉に出くわした。ジュリアン・ソレルはこう言っている。……マダム・ド・レナールはもう三〇歳だ。でもまだ美しいんだ……。これが一八三一年の常識だったのだ。」

今なら五〇歳が妥当な女性の年齢の問題をさらりと言ってのけ、現代の恩恵も忘れるな、と付け加えた訳だ。

ウンベルト・エーコの指摘した「飛矢のモデル」は、スペインの歴史家ホセ・ルイス・アベランによっても、歴史哲学そのものの発生として認知されたのだが、この二人とそれに続く発言は、上記のロカルノにおける私の発言を裏書きするものであった。

ポルトガルの元首相マリア・デ・ルルデス・ピンタシルゴが、エーコの〈矢〉に言及、「歴史はもはや〈矢〉ではない。複雑系の科学はいまや専門家が自分の専門領域に閉じこもることを許さず、他分野の介入の必要性を示している。トランスディシプリナリーなアプローチが必要だ」と述べたあと、「現代の三大課題、人口・貧困・環境に対処するためには、市場原理を根本的に見直さねばならない」、とまさに我が意を得た重要な問題を提起してくれた。「毎日、この地上を一兆ドルもの金が何らのコントロールも受けずに飛び回っている。市場原理は〈構造的な〉不正である！」。誠に鋭い指摘であった。

他の四人の元国家元首の発言も理論整然としたもので、日本の政治家の口からはおよそ聞いたことのないものばかりであった。

だがここで取り上げたいのは、米プリンストン大学のリチャード・フォーク、カナダの宇宙物理学者ユベール・リーヴス等が指摘したことで、「民主主義の危機」である。それも新興国のそれではなく、すでに民主主義を成し遂げたはずの国における危機なのだ。西欧における価値観の危機であり、責任なき個人主義がエゴイズムに帰着した結果だという。

中にはあきれた発言もあった。ボストン大学のローランス・ハリソンは、アメリカ的進歩主義の正体を暴露した。「アジア・アフリカの文化は過去に属し、未来はない。プロテスタント・ユダヤ教・儒教は資本主義つまり進歩に適するが、カトリック・イスラーム・仏教は進歩に益しない」と言ってのけ、私を唖然とさせたが、他の参加者の失笑を買った。

地球倫理という発想

「地球倫理」という言葉が国際語となったのが、このバレンシア・シンポジウムである。

宇宙船地球号は爆薬を積んで飛行している。限りなき欲望の創造によりフラストレーションを拡張する市場原理、近い将来の資源の枯渇、宗教的不寛容、人種差別、部族的エゴイズムが各種の原理主義を助長している。社会主義体制が崩壊し、自由主義(リベラリズム)と混同された市場主義もまた未来志向の原理たり得ないことが判明したいま、未来世代に残すべき新しい理念は何なのか？

バレンシアで最も多くの発表者の口に上ったのは、Compassion であった。リチャード・フォークは最終日の講演を「未来はコンパッションの回復にかかっている。コンパッションによる政治、それによって立つ国家が、コンパッショネイト・グローバリゼーションを可能にする。そのとき初めて地球環境も守られる」と結んだ。パトスを共にする、という意味のこの言葉は、「痛みの分かち合い」を意味し、共感 Sympathy より強い。

私自身は二日目に「異文化間に通底する価値を求めて」という発表を行っていた。

文化の多様性こそが命との立場に立ちながら、もろもろの文化の深みには万人が分かち合える倫理的価値が見いだされる、と、シルクロード調査に基づく体験的知見を交えて語った時、会場を埋め尽くした若者達の熱気が伝わってくるのを身に感じた。私は、科学革命が生み出した「進歩」の観念、物質中心主義、植民地主義を語った。

「世界史に書かれてきた文化像にはひずみがあった、と認識しなくてはならない。植民地主義の犯した最大の罪は、経済的な搾取ではなく、精神の隷属化であった。自らの伝統を失った民族が、いまだ伝統を持していた民族を、精神的に隷属させたことだ。多くの民族がそれにより、〈魂の中の死〉を死んだ。そしてそれが価値の一元化と遠近法的な世界史の教科書を作り出した。……いまは世界的な教科書が書かれるべき時だ。そこでは近代の植民地主義とは、西欧本来の精神が世界を支配したのではなく、西欧そのものの伝統的価値を否定した精神が世界を支配した時代であった、と書かれるべきなのだ。……近代国家の他文化の軽視と独占の原理は、戦争の論理を生んだ。いま我々はシルクロード交易時代の精神、他文化の尊重と分かち合いのこころを取り戻さねばならない。文化は多様性の中でこそ花咲き、その出会いの中に命が生まれる。そして、すべての文化の深みには通底する価値が見いだされるはずだ。……」

フランス語で行ったこの発表は、即座に熱っぽい反響を引き起こし、プレス・インタヴューがあとを絶たなかった。

その翌日、ドイツのハンス・キュングが軌を一にする発表を行った。そして、ここに「地球倫理」の語が現れる。チュービンゲン大学で Global Ethics（地球倫理）を説くこの神学者は、ハンチントンのいう文明の衝突ではなく、信仰を持つものと持たないものとの紛争こそが冷戦後の紛争であり、新しいパラダイム無くしては人類の生存はおぼつかない、とする。各地で原理主義の台頭を見るいま、宗教間の和平はいかにして可能か？　そこで彼は、信仰の対象ではなく、各宗教が内包する「倫理」の次元でのコンセンサスの可能性を説いたのだ。キュングによれば、新世界秩序は新倫理秩序から生まれる。そしてEthica Mondialeすなわち「世界倫理」は、文化の多様性の上にこそ成り立つ、という。

　感激した私は彼の手を握り、再会を約したのだが、それは奇しくもすぐ実現することになる。このバレンシア・シンポジウムに出席していたインディラ・ガンジー財団の代表が、キュング教授と私を、他の数名と共に、翌一九九八年のデリーでの大きな会議に招待してくれ、再び席を並べることになったのだった。当時のナラヤナン大統領はじめ、副大統領・首相・文相・外相と、連日の歓迎攻めに会うことになったこの大会のことは別の機会に譲りたい。だが、このような出会いがあってこそ、チュービンゲン大学にハンス・キュングが創立した地球倫理研究所（グローバル・エシック・インスティテュート）は、日本の地球システム・倫理学会の協賛研究機関となっているのだ。

　バレンシアでは、もう一つの大きな動きが生まれたことも付け加えておきたい。それは「世界人権宣言」に代わる「人類の義務宣言」を起草しよう、という動きであった。人権宣言が、現存する個人の権利に限られ、義務を語らないことに対し、未来世代のための人類の義務を明らかにしよう、というものであった。ハンス・キュングを中心とするこの提案は、国連人権委員会では、「基本的人権さえも守られていない現在、時期尚早」として受理されなかったが、同じ国連機関であるユネスコでは、上述した一九九五年の東京シンポジウムの発したメッセージを活かし、期せずしてバレンシア会議と同年の一九九七年、一〇月の総会で「未来世代のための現代世代の義務宣言」を採択、これにより、クストーの遺志を継ぐと共に、バレンシア会議の有志の願いにも、少なくとも一部は応えたといえる。

文明間の対話国際年と９・11

二〇〇一年は、国連が定めた「文明間の対話国際年」とされていたが、それとは真逆の激痛の年になった。その年頭、アフガニスタンでタリバンがバーミヤン渓谷の二つの大仏を爆破し、国際社会に挑戦状を突きつけた。そして九月、全世界を揺るがしたニューヨークの９・11同時多発テロが起こる。恐怖で数時間身を隠し、現れるや直ちに報復を叫んだブッシュ大統領により、世界は「味方につくか、敵につくか」の二者択一を迫られた。人々はハンチントンの「文明の衝突」に思いを馳せた。

歴史を顧みれば、一文明が成熟し、版図を広げ、飽和したとき、たとえその世界システムによるPAXという平和が存在しようと、そこに閉塞感が漂う時がある。そのような時に原理主義が姿を現す。「彼らは文明に対して戦いを挑んだ」とのブッシュの言葉、「世界はいまや二つに分かれた。神を信じるものと神を信じないものに」とのオサマ・ビン・ラディンの言葉が表すのは、この両者の、「正義はわれにあり」との思いこみだ。

この「彼らは文明に対して戦いを挑んだ」という言葉は、東京裁判においてキーナン首席検事が東条英機以下のＡ級被告に浴びせた言葉であることも忘れない方がいい。（「文明」Civilization は単数。）

私はこの歴代最悪と言われたアメリカ大統領（いまは二番目になった）が、演説の中で、おそらくはシャドーライターの入れ知恵であろうが、Light（光）という語を多用することに気がついた。光と闇の戦い、あのゾロアスターの描いた闘争のイメージが、サブリミナル効果によりアメリカ国民の頭に刷り込まれた、と考えている。

九月一一日、世界中の人々は、ニューヨークの世界貿易センターのツインタワーが、民間機を乗っ取ったテログループの自爆攻撃によって脆くも崩壊する様を見た。米政府は、その日のうちにそのテロ組織はアルカイダである、と特定した。そしてアルカイダの指導者は、サウジアラビア出身のオサマ・ビン・ラディンであると。

ブッシュ政権は、直ちにビン・ラディンをかくまうタリバンが支配するアフガニスタンの空爆を実施する。だがそこにはオサマの姿はなく、代わりに女子供を含む無数の無辜（むこ）の人民が殺された。そして更に不可解なことに、もう一つの攻撃相手としてイラクを名指ししたのであった。アルカイダとは関係がない国である。アメリカを脅かす危険人物が大統領サダム・フセインだという。これはどういうことか？　サダム・フセインは、かつての果てしないイラン・イラク戦争の際、アメリカが軍事支援し作り上げたイラク側の司令官だったのだ。それが独裁者となり、国民を弾圧し、大量破壊兵器を所有し、アメリカを脅かす存在になった、という。

この言い分はさすがに国連でも聞き入れられなかった。二〇〇二年秋の安全保障理事会におけるフランス外相、ドヴィルパンの「国連という良心の府を汚してはならない」との名演説は忘れられない。安保理で初めて聴衆の拍手が起こった演説であった。そしてフランスは拒否権行使もいとわない態度を見せ、ドイツもまたそれを支持した。

ブッシュ政権のアメリカはやむなく有志連合という形で二〇〇三年三月、イラクに侵攻、サダム・フセインを追い詰め、穴から引きずり出し、名ばかりの裁判を経て殺害するのだが、彼を消去する名目であった「大量破壊兵器」はついに見つからず。この戦争は間違いであった、と世界のみならずアメリカ人も認知することになる。

実はタリバン（原名は学生連合）によるバーミヤンの大仏の爆破の直後、私はＮＨＫの衛星放送のニュース番組に呼び出され、解説を頼まれている。私はイスラーム文明の貢献が世界から無視され続けてきたことに対する「イスラームの恨（はん）」の存在に注意すべきこと、文明間の対話の要を語り、こう結んだ。「もし対話がなかったら、文明間の戦争しかない」。

また、アメリカのアフガニスタン空爆が始まった時、時事通信での解説では、こう書いている。「オサマ・ビン・ラディンは何時か殺される。しかしその時一〇〇人のビン・ラディンが生まれるだろう。」事実そうなった。アルカイダはイラクには存在しなかったのに、そこに無数のアルカイダを名乗る組織が生まれ、その中の急進派は分離しIslamic State，ＩＳＩＬ（レバント＝シリア・イラクのイスラーム国、後にはＩＳのみとなる）を名乗った。それがイラクからシリアまで燎原の火のように拡大していくことになったのだ。つまり、原因を問えばアメリカ製と言ってよいＩＳが、クルド人を友軍として使った米軍と、反対にクルド民族を迫害するトルコ軍によって、奇妙な形で制圧されたのだが、その後も、世界各地に自発的ＩＳが生まれ続けている。ＩＳは今や、どこかに本部を持つ組織ではなく、ジハードの執念を本部として拡散し続ける、姿の見えない、しかし現存する怖い存在となった。

実は一九九一年の湾岸戦争の際、全世界が一律にクエートを侵略したイラクを非難していた時、ただ一人「これは The First Civilizational War（第一次文明戦争）だ！」と喝破した人がいた。モロッコのマーディ・エルマンジャラである。ドイツのシュピーゲル誌のインタヴューでのことだ。

この言明にショックを受けたのが、ハーバード大・戦略研究所のサミュエル・ハンチントンで、一九九三年、フォーリン・アフェアーズ誌に“Clash of Civilizations?”という論文を発表する。イデオロギーの戦争が終わった今、次に来るのは文明間の衝突だ、という彼の予言的立論は、大きな反響をよび、それに力を得たハンチントンは、一九九六年、大部の書 *Clash of Civilizations and the Remaking of World Order*（文明の衝突と世界秩序の再構築）を出版する。「?」マークなしで。その中で彼はエルマンジャラの言葉に啓発されたことを正直に認めている。

この書は世界に衝撃を与えると共に、その誤謬も浮き彫りにした。それは彼が世界を八つの文明圏に分け、それぞれの頂点に宗教をおいたことにあるのではなく、彼自身が位置するヘブライ・キリスト教の非寛容の体質を、他の寛容な宗教にそのまま援用していることだ。これにより彼は、宗教は闘うものという誤解を全世界の人々に広めたのだった。十字軍とジハードのように。まるで中世への逆行である。ところがメディアはこれを喧伝し、世界はこれによって動かされた。私はメディアというものが巨大化すると、それは真実を伝えるばかりか「真実を作り出す」ことも出来る、と知った。

この情勢に危機感を抱いた人の中にイランのハタミ大統領がいた。「シルクロード：対話の道総合調査」の主要メンバーであったペルシャすなわちイランの、学者でもあり大統領でもあったハタミ師は、私の発案になるユネスコ・プロジェクトのキーワード「文明間の対話」を持ち出し、一九九八年、国連総会で「文明間の対話年」を設定しようと働きかけたのだった。はじめは何故あのイランが、と逡巡する国もあったが、その正論には誰も反駁出来ず、これもユネスコの提案になる二〇〇〇年の「平和の文化年」に続いて二〇〇一年が「文明間の対話国際年」に指定されたのであった。

のちのことだが、ハタミ大統領が任期満了を記念してユネスコに招かれた時、私を抱きしめてくれたことが忘れられない。

文化の多様性に関する世界宣言

文化の多様性の尊重という考えは二〇〇一年のユネスコによる「文化の多様性に関する世界宣言」で初めて登場するのではない。一九四五年、ロンドンで採択されたユネスコ憲章の前文に、既にそれが書かれている。「相互の風習と生活に対する無知が、人類の歴史を通じて世界の諸民族間に疑惑と不信をおこした共通の原因であり、そのための諸人民の不一致が、あまりにもしばしば戦争となった」（前文第三節）。

第二次世界大戦の最中、ロンドンで既に「戦争の原因はお互いの文化に対する無知」であった、との反省がなされていたのだ。この反省がこの憲章の冒頭を飾る「戦争は人のこころの中で始まるものであるから、人のこころの中にこそ平和の砦を築かねばならぬ」との言葉に結晶したのであった。
一九四六年、初代ユネスコ事務局長に就任したジュリアン・ハクスレーは、「多様性の中の統一」Unity in the Diversity を提唱、Civilizations と文明の語を複数で表している。科学者であるハクスレーにとっては「文化は多様にして内発的(endogenious)な発展」が可能だが、一方「科学は単一性を求める」として悩んだ節がある。

文化の多様性の問題だが、一九六〇年代に植民地が続々と独立すると、文化的アイデンティティの問題が浮上する。それと同時にいかなる他民族の文化も享受できる態勢が求められ、これが「人類の共通遺産」Common Heritage の観念に成長していく。一九六〇年代初頭からユネスコが行ったエジプト、ヌビア地方のアブシンベル神殿の救済はこの新理念の具体化であったといえる。ソ連の援助を受けたアスワン・ハイダムの建設により水没の危機にあったラムセス二世の二つの巨大神殿を六〇メートル上方に寸分の狂いもなく移動、さらにフィラエ島のイシス神殿を沈まない別の島にそのまま移築する巨大事業であった。この一大国際協力キャンペーンの成功が、モヘンジョダロ、ボロブドゥール等、次々と他の国の文化遺産の国際救済運動となり、ここに一国の文化遺産を越えた「人類の遺産」という考えが定着して行ったのだった。私はこれらの救済活動をアピールするため、文化局長ジェラール・ボラと相談、Save our common Heritage というキャッチフレーズを一九七〇年代半ばに捻りだしたのだったが、この考え方は、それまで自然科学局の MAB(人と生物圏)が推進してきた「世界遺産」World Heritage とつながり、これら国際救済事業の対象となった文化財は次々に世界遺産の中に登録されていくこととなった。

ところが一九九六年以来、多文化・多宗教社会に紛争が多発する。ボスニア・ヘルツェゴビナ等では、昨日まで一緒に遊んでいた子供達が今日からは引き離される、といった事態まで起きた。違いへの恐怖、他者の拒否がこの時代の特徴となった。『文明の衝突』の発刊と同時期である。その中でマイヨールに任命された文化と開発世界委員会議長、前国連事務総長ペレス・デクヤエル Perez de Cuellar は「わが創造的多様性」“Notre diversité créative”を発表している。

このような時代背景の中で起草された「文化の多様性に関する世界宣言」は、この他者への不信と憎しみに対する絶妙なタイミングであったといえる。「文化の多様性こそ人類の世界遺産」とするこの宣言の起草委員会は、二〇〇〇年九月に作業を開始し、二〇〇一年一〇月の総会前に作業を終えた。まさに9・11事件と時を同じくしているのである。世界が「善につくか悪につくか」とのブッシュの強硬発言に慄然としたわずか一カ月半後に、国連の良心とも言われたユネスコという場で、この宣言が満場一致で採択されたことは、特記すべきであろう。

「文明間の対話」という語の発信者として、二〇〇一年一二月の「文明間の対話国際年」の総括シンポジウムに招待された私は、松浦晃一郎事務局長はじめ多くの元同僚からこの宣言の成り立ちを聞くことが出来た。この宣言を強く推進したのはフランスとカナダであり、第三世界もそれを後押しした、と。この時、アメリカは不在であった。なぜならこの国は一九八四年、ユネスコが政治化した、つまり第三世界とソ連陣営寄りになったと非難し、脱退していたからだ。米国はこれを後に悔やむことになる。

多くの加盟国代表から、世界人権宣言に次ぐ重要な宣言、とまで評価されたこの宣言に私もささやかながら関与できたことは本当に嬉しかった。自分の発案による「シルクロード：対話の道総合調査」と一九九五年の「東京シンポジウム」が発したメッセージが、色濃く活かされていたからだ。

「文明は出会いによって子を孕む」、ここに文化の多様性、他者の存在の必然性が明確に描かれている。他者との絶えざる交信が、新たな自己を生む。人類文明はこうして成長してきた。Mutual Enrichment であり、Cross Fertilization なのだ。

この「自己は自らの存在のために他者＝非自己の存在を要する」との基本的認識は、前述の一九九五年の国連大学でのユネスコ創立五〇周年記念シンポジウムでのジャック＝イヴ・クストーの証言に負うところが大きい。彼は七つの海、主要大河、更に陸地を実地調査した上で導き出した結論をこう述べたのだった。

「生物種の数が少ないところでは生態系は脆い。種の数が多いところでは生態系は強い。……そして、この法則は文化にも当てはまる。」

衝撃と感動が大会場を満たしたことを思い出す。

この証言は二〇〇一年の「文化の多様性に関する世界宣言」の第一条の中核となるものだ。曰く、「文化は時代と場所に応じて様々な形態をとる。この多様性は、人間の構成する集団・社会を特徴付けるアイデンティティの独自性・多様性に具現化されている。交流・革新・創造性の源泉である文化の多様性は、人類にとって、生物界におけるバイオ・ダイヴァーシティ（生物多様性）と全く同様に、必要なものである。この意味において、文化の多様性は人類の共有遺産であり、現在ならびに未来世代の利益のために認知され、主張されなければならない。」

この宣言の重要さは、ボスニア・ヘルツェゴビナから9・11に至る「他者への憎しみ」から「他者の必要性」の認識への転換、更に「他者のおかげで自己がある」との人間存在論の誕生となった。自己とは多数の非自己によって活かされてここにいるもの、との認識である。

驚いたことに、この認識は先進諸国ではなく、アフリカにすでにあった、と私は学ぶことになる。二〇一八年、戦乱の中で陵辱される多くの女性を救い続けた功績でノーベル平和賞を受賞したコンゴ民主共和国の医師、デニス・ムクウェゲが語ったことだ。「沈黙は共犯」との警句に次いで彼は自らが生まれた民族に古くから伝わる「ウブントゥ」という言葉を紹介したのだ。それは「あなたが居るから、私が居る」の意である。

クストーは力の文明に消し去られて行く少数民族をこよなく愛し、鶴見和子もまたおなじ思いで『殺されたもののゆくえ』を書いているが、ユネスコの宣言はこうした今まで無視されてきた民族の中で守られてきた本当の価値を検証する機会を与えるものとなった、といえる。

文化の多様性に関する国際条約

二〇〇一年一一月、「文化の多様性に関する世界宣言」の圧倒的な支持に力を得たフランスは、直ちにこの宣言を条約化しようと動き出した。「宣言」は国際的な意思の表明であるが拘束力を持たない。

それに対し、条約は締結国の政府に対して拘束力をもつのだ。

アメリカが一八年間脱退していたユネスコに復帰すると表明したのは二〇〇二年の九月の国連総会においてであった。翌年のイラク侵攻を既に決め、「アメリカに従わぬものは力で制圧する」との強硬なブッシュ・ドクトリンを打ち出していた国が、同時に「良識の府」に復帰することに違和感を覚えた人は少なくなかろう。もちろんこの決定には松浦事務局長による運営体制の健全化も働いたと思うが、それにしても、安保理の合意なしでサダム・フセイン打倒を決めていた米政府がなぜこの時期にユネスコ復帰を決めたのか？　その答えは「文化の多様性に関する世界宣言」の国際条約化にあったと見て間違いはない。

その唐突な決定と慌ただしい動きは、翌二〇〇三年の正式な復帰時にさえ、まだアメリカにはユネスコ国内委員会が存在しなかったことが物語っている。フランス・カナダを筆頭に、この条約の準備会議が重ねられると、アメリカは直ちにその議論に参加し、二年間に及んだすべての専門家会議、政府代表会議で猛烈な反対の論戦を展開した。当時アメリカ的価値で運営されていたＷＴＯもこれに動員された。

心の領域に市場原理を認めず

この条約の骨子は、文化すなわちこころの領域を市場原理から切り離す、というところにあった。その論拠が二〇〇一年のかの宣言である。当時グローバル化とはアメリカ化のことであった。確かに金融システムや先端科学技術の領域では当時アメリカ化が世界を圧倒していた。しかし軍事的に突出したこの国が、第二次産業のすべてをリードしていたのではない。その多くは日本、そして中国・韓国その他のアジア諸国に移った。実はアメリカの近年の最大の輸出品目は、輸入に転じた自動車はもとより、航空機でもなく、かの牛肉でもなく、文化産業のコンテンツなのだ。ハリウッドや三大テレビ局をはじめとする膨大な視聴覚商品が世界を覆い、人々の感性までも変えていく。映画タイタニックやジュラシック・パークの迫力がなければ人々は満足しなくなっている。グローバル化の最たるものは、モノではなく、文化すなわちこころの領域の画一化なのだ。

「文化の多様性に関する国際条約」(正確には「文化表現の多様性の保護と促進に関する国際条約」)は、小委員会での激論を経て、二〇〇五年一〇月二〇日、第三三回ユネスコ総会において一四八カ国の圧倒的賛成で可決された。反対は二カ国(米・イスラエル)、棄権はオーストラリアと周辺の島嶼国の計四カ国のみであった。イスラーム諸国も賛成している。

ここで注意すべきは、日頃、米国追従を非難されている英国と日本も賛成に回り、あの理不尽なイラク戦とは一線を画したことだ。この場に望んだ佐藤禎一大使の働きを評価したい。力関係がものを言う安保理とは異なり、あくまで理性が優先するこのユネスコという場で、国際社会は、こころの領域を市場原理に委ねることを拒否したのであった。この条約は二年後に三〇カ国の批准を得て発効している。現在、批准国は一五〇カ国に近づいている。

文化の多様性と通底の価値シンポジウム

二〇〇三年のことだが、二〇〇五年一〇月のこの条約の可決を見越して、私は松浦事務局長に大きな一つのシンポジウムを開催することを提案した。そのテーマとしては「文化の多様性と通底の価値」Cultural Diversity and Transversal Values ではどうか、と。私がいつかは国際舞台に乗せたいと思っていた言葉だった。ユネスコと共にそれを行うものとしては、国際日本文化研究センター、公益財団法人モラロジー研究所・道徳科学研究センター、国際交流基金が念頭にあった。

実は、文化の多様性に関する国際条約のための議論は簡単ではなく、一つ間違うと自閉的な自国主義、自国産業の保護、ひいては国粋主義に転じる可能性さえ秘めている。それはその母体となった宣言の本義にもとるものだ。あくまでも文明間の対話による共生、更に協働を求めねばならない。その思いを秘めて私は、ユネスコの文化局と社会科学局との共同作業を要請したが、カテリーナ・ステヌー文化政策部長、ムフィダ・グーシャ人文科学課長が直ちに協力を申し出てくれた。

このシンポジウムのテーマに私はあえて「東西」という軸を選んだ。なぜなら9・11以来、多くの文明間対話はイスラームを巡るものにほぼ限られていたからだ。そしてそこには「聖と俗」の問題を含めることとした。三人で協議し、さらに事務局長の承認を得て、このシンポジウムは、二〇〇五年一一月、すなわち問題の国際条約が可決される（であろう）その直後、Cultural Diversity and Transversal Values: East-West Dialogue on Spiritual and Secular Dynamics「文化の多様性と通底の価値：聖俗の拮抗を巡る東西対話」のテーマで、ユネスコ創立六〇周年記念事業として行うことが決まった。

このプロジェクトに強く賛同してくれた人々は、松浦事務局長はもとより、官房長フランソワーズ・リヴィエール、日本政府駐ユネスコ大使佐藤禎一、外務省広報文化交流部長近藤誠一、国際日本文化研究センター所長片倉もとこ、同センター教授の川勝平太、同安田喜憲、麗澤大学比較文明研究センター長伊東俊太郎等の諸氏であった。国際交流基金からは発表者の派遣、同時通訳ブースの設置の面で援助を受けた。それに加え、仏ユネスコ国内委員会の推薦もあり、パリの学界からEPHE（国立高等研究院）、INALCO（東洋言語・文明研究院）等多くの高等研究機関が準備段階から参加してくれた。

一一月七〜九日の三日間、ユネスコ本部のシンポジウム用の第四会議室には、日・仏・米・中・韓、そしてイスラーム圏を代表してチュニジアから、二八名の発表者、二五〇名の傍聴者が参集した。設定された五つのセッションは、「歴史に見る東西の出会い」、「対話の担い手と手段」、「文化の多様性と価値の多元性」、「文化移転にみる現代性の影響」、そして「多様な世界における通底の価値」であった。未来に〈対話の文明〉と呼びうるものが生み出せるか、を問うものだ。

冒頭松浦晃一郎事務局長が、重要な条約が採択されたまさにこの時「ここから世界にメッセージが発信されることを望む」と期待を表明、直ちに発表と討論に入ったが、先頭を切ったハーバード大学・東洋哲学の杜維明（トゥウエンミン）は、啓蒙思想の価値のひずみを語り、ヒンドゥー教・仏教・儒教・道教は哲学と宗教を分けるものではなく、体験的思想であった。新しい儒教は普遍的倫理の理想を語り、今も地球上に市民権を持つ。ヨーロッパの近代化にも貢献した、と主張した。これは二日目の東洋学者ダニエル・エリセーフ女史の「マテオ・リッチの発見した儒教は革新的であった。孔子の書は一七世紀にフランス語に翻訳されている。ルイ一四世の図書室には三〇〇〇冊の中国文献があった。西洋では東洋との出会いの一世紀後に聖俗の拮抗が起こり、啓蒙思想が生まれた」との指摘に呼応するものであった。

ライシテ（政教分離政策）の権威、ジャン・ボベロは、第三共和国のジュール・フェリーが仏教の中に道徳の存在を見ていたこと、一草一木に仏性が宿るとの思想はルソーの市民宗教を越えるが、ライシテは儒教とも通じる。そのモラルは生を受けた祖先の崇拝も可能にする、と述べ、このフランス独自の理念をぐっと我々の身近に引きつけた。

パリ在住の比較思想研究家、石上美智子は、私が示唆した通り、同時代の道元とアシジのフランチェスコの驚くべき類似性を取り上げ、仏教とキリスト教の「深みにおける出会い」の可能性を例証した。

アメリカからISCSC（国際比較文明学会）を代表して参加したバレンシア＝ロスは、「Transversal」という語そのものを検討、カトリック＝普遍の主張はモノローグであり、それが普遍的価値とされたとき、破壊に繋がった。それに対し「通底＝横断的」の概念は横糸が縦糸と織りなしながら独自性を保つもので、その価値は希望を残す、と評価した。

INALCO院長のジャック・ルグランは、集積に対する拡散としての遊牧民（ノマド）の外に向かう力が果たした役割と、その文明移転の担い手という性格について語った。

外務省からこの会議に派遣された東大寺別当森本公誠は、大仏の台座に描かれた須弥山が単にヒマラヤの高山からの発想ではなく、イランにも類似の発想があったことを図示し、高みへの渇望が通底すると述べたが、このイラン文明への着眼は、その後、私の提案に応えて、「時」の問題を扱った、ソルボンヌの比較宗教学者オドン・ヴァレが、インダス河を境に東西で逆転する「循環する時と直進する時」の中間にイラン・インド社会があった、と指摘したことと奇しくも重なり、さらにチュニジアの碩学ムハメッド・ハシン・ファンタールが主張し、多くの参加者が同意した、「すべての文明に通底するのはル・サクレ（聖なるもの）への指向である」との重要な命題に結びつくものであった。なおオドン・ヴァレが「直進する時の直線は実は（右肩上がりの）斜線であり、循環する時の曲線は螺旋型である」と述べたのには、我が意を得た思いであった。

日本のホープ川勝平太は、古（いにしえ）からの真・善・美という通底の価値のうち、近代文明は真、続いて善を追求してきたが、未来型の文明は地球に優しい美を基調とすべきだ、とのかねてからの主張をこの国際場裡で披露し、強い印象を残した。私はユネスコ側コーディネーターと共に、総括セッションでこの考えを最終コミュニケに入れようとしたのだが、驚いたことにアルジェリア代表が激しく異議を唱えた。アラビア語では「美の文明」は意味をなさない、と言うのだ。イスラームの至高の価値はやはり「正義」だけなのか？　タージマハルやイスファハーンの美はどうなるのか？　と一瞬考えたが、他の参加者に英・仏・日本語でその是非を問い、モデレーターを務めていたリヴィエール官房長が括弧付きでこの語を残すことを提案、決着したのだった。

東大の宇宙学者松井孝典は、一三七億年を遡り、その宇宙時間の中に人間が一〇万分の一の早さで進む「時間のサブシステム」を作り出し、急速に地球の破壊を進めたと警告したが、これは川勝平太の美の文明と相乗効果を持つものであった。
バークレーのヘンリー・スタップの証言はさらに重要である。一九九五年の「東京からのメッセージ」に記された「全は個に、個は全に遍照する」という、曼荼羅に近い思想を、奇しくも量子物理学の存在論が抱いていることを万人に知らしめたのがこの人である。彼は今回、観測者としての人間に焦点を当て、「古典科学では不可能であった道徳的価値・精神性の領域が、最新の科学では開けている」と明言した。

環境考古学という新領域を開拓した安田喜憲も、ここで発したいメッセージを持っていた。日本語でも話せるのについ英語でしゃべり出した彼は、それに気がつく間もなく英語のままで「食が文明の性格を決める」に始まり、麦作牧畜民による自然破壊を稲作漁労民の自然との共生と対比させ、万有に神宿るとするアニミズムの基には「水の循環」があることを熱弁した。

アニミズムの見直しこそが地球を救う、とのこの主張が、この言葉に先入観をもっている欧米人に直ちには受け入れがたいことは分かっていた。しかし、「おかげさまで」「もったいない」という言葉を『竹取物語』に遡って検証し、日本人の生命観と結びつけた日本語の専門家、佐々木瑞枝に恰も呼応するごとく、哲学者オーギュスタン・ベルクが、和辻哲郎の風土論のなかに内と外を結ぶ場〈仲媒者〉としての人間を考え、ハイデガーの「死に至る存在」(Sein zum Tode)に対し、「生に向かう存在」(Etre vers la Vie)としての人間存在論を展開、さらに日本宗教研究家フランソワ・マセが森の信仰と神道の関連を語り、諏訪の御柱祭の意味を紹介するに及んで、一つの収斂が生まれたといえる。多くの参加者からも遍在するAnima（霊魂＝いのち）の指摘がなされ、これらも最終コミュニケに収録された。

この議論は、「土塊（アダム）に神が息を吹き込む（animer）ことにより人間が誕生した。その限り人は神を分有する」と指摘したチュニジアのファンタールが「イスラームの塔ミナレットは天と地をつなぐもの」と述べたとき頂点に達した。アニミズムの守護者安田喜憲は直ちに「先ほどの樹＝柱（ひもろぎ）の考えに触発されたのではないか」と切り込んだが、それが本来のものとの答えであった。さらにカトリックの方ではどうか、と聞かれたバチカン代表フランチェスコ・フォロ卿が、神が天と地を創ったのだから、と教会の塔にもその性格を認めると、会場にはざわめきが起こった。

アニミズムから塔に至るこの一連の議論は、一見相容れないように見える一神教と多神教の間には本当の距離はなく、聖なるものが他に反映し、一者が様々な形で顕現するその姿の捉え方の問題に帰着することを示唆するものとなった。じつはそれはイスラームのタウヒード（一即多）の考えにも近い。またフォロ卿は、家族の重要さを説くと同時に、あらゆる状況で「良心の自由」こそが尊重されるべき、と述べたが、この良心の自由こそ、かつて教会の権威を否定したライシテ思想が求めたものであったことを思うと、時の移りを感じざるを得ない。

京都フォーラムと東大で「公共哲学」をリードしてきた山脇直司は、「和」という日本語を『春秋』における本義から「やわらぐ」という女性原理に至るまで解説、特に「和して同ぜず」の精神が未来的価値だと説いたが、まさに「通底」の思想に合致するものであった。この語は「調和」から更に「和解」にまで意味を広げうる、という。続くコミュニタリアンのアミタイ・エチオーニからは、その立場からも東西の価値観の統合は可能との発言がなされた。

このような対話の場を設定したものとして、私自身の発表を詳述することは避けたいが、要点は、

「文明は衝突しない。無知が衝突する。故にユネスコの第一の使命は無知との戦いである」、「シルクロードの交易が一〇〇〇年にわたって続いた理由に、それに関わった人々には「分かち合い」という交易の根本倫理観と共に「他民族への敬意」があったことを、パクス・ロマーナと漢の平和、パクス・イスラミカと唐の平和の関係で例証し、一六世紀が失い、二一世紀が取り戻すべきは、異文明間の「互敬」の精神である」との主張を中核においたものであった。

『文明間対話』という著作もある哲学者フレッド・ダルマイヤーや、国際哲学人文科学協議会会長チャ・インスクからの高い評価が嬉しかったことを覚えている。

総じて、このシンポジウムの内容が極めて濃いものであったことは、ユネスコ側が制作するものとしては珍しく長い、最終コミュニケにも明らかである。その抜粋を最後に掲げておきたい。

（前文略）一九五七～六六年の「東西の文化価値の相互理解プロジェクト」から五〇年目を迎え、また「シルクロード：対話の道総合調査」から二〇年経った今、本シンポジウムは、世界（とりわけヨーロッパと東アジア）における、文化の多様性の豊かさと脆弱さに焦点を当てること、またこの地理的に異なる二つの文化を結ぶ共通の価値を再考することを目指したものであった。

………

当初、この企画は学際的な会議に固有な限界と時間的制約により、すべてのテーマについて深いレベルで探求することは不可能かと懸念されていた。しかし実際には、本シンポジウムで話し合われた成果は、誠に実り多いものとなった。それは発表者達に今後の研究調査の方向性を示し、過去に遡ると共に、新境地を開く根本的論点を浮かび上がらせた。それはまさしく、国連で唯一文化を担う機関としてのユネスコが今日（こんにち）問わなくてはならないものであった。

参加した専門家各氏は、現代社会に影響を与えている観念や文化の刷新を促す新しい対話の道筋を特定した。とりわけ、世紀を超えて断続してきた対話の根底にある世俗性と精神性の次元に重点が置かれた。実際、世界的に大きな誤解の基となっている聖俗間の葛藤を考えると、普遍的(Universal)というよりは、「文化間に通底する(Transversal)価値」が、いかに異文化間の相互学習に道を開いているか、を問わざるを得ない。この通底の価値は、遠く離れた文化の広がりの架け橋となり、多様な文化遺産を持つ異なった社会間の対話と理解の基礎となり得る。

通底の価値は、二つ以上の文化によって共有されるものであり、普遍的な人間教育、また根源的な「聖なるもの」への志向のような特定の宗教の表現を越え、その根源に遡るものである。

また、日本の哲学的な言葉遣いから検証された価値もある。例えば「和」の概念とは、「異なるものの調和」であると同時に「和解に基づいた平和」を意味するものであり、「和して同ぜず」とは、同化することなく調和することを意味している。これらすべての価値は、人類社会の共有遺産といえよう。

今、この問題をこのような仕方で提起することは、異なる文化や文明を生きる人々の「互敬」を促す世界的な土壌造りに貢献するものである。

以下に挙げる考察は、具体的な行動を導くものであり、本シンポジウムでの討議でも特に注目すべきものである。

――「文化の多様性」は、真の対話のための必要条件である。民族・文化・文明間のあらゆる交流の原点に位置するこの根本的条件なくしては、国際協力や相互理解に向けたいかなる試みも不可能であろう。この意味では、文明間の出会いとは、特に長い時間を要するものである。

文明が衝突するのではなく、「文明に対する無知」が衝突するのである。例えば、創世神話は、不動の一枚岩のように考えられがちであるが、人類の共有する精神の志向とその交流に負うところが大きい。同様に科学は、宗教や精神性とは相容れないものと永らく考えられて来たが、二〇世紀に発表された理論によれば、自然や人間の概念、また自然における人間の役割などには、未知なる領域と要因が存在し、作用していることが証明された。この未知なる領域や要因への気づきは、思考の二つの現れ、すなわち科学と目に見えない精神的次元に共通の基盤を与えるものであり、ここから両者の対話が可能になる。

――「対話」とは、おのおのの論理システムをぶつけ合う二人以上の人間による思考の妥当性を検証する一つの道具である。それはデリケートな行為である。というのも、対話は、話し手にとって自らの考えが変わるかもしれない、というリスクを伴うからだ。対話とは、思考のプロセスを再考し、確信してきたものを再吟味し、新たなものを発見しつつ前進する、日々に新たな手段である。それ故に、対話の効能をこう再検証すべきであろう。それは旅にでることであり、対決であり、試練であり、変容である。中でも強調すべきは、対話の持つ改善力である。それは、それぞれが自らの文化から外へ向かい、自らを解放し、通底する世界に身を投じるための手段である。このような意味で、「文明間の対話」から「対話の文明」へと移行することが示唆されたのであった。

………

——対話のための理想的な場としての「道」の概念は、ユネスコの事業により長い時間をかけて育成されてきたものである。それは単に幾世紀にもわたって行われてきた文化間の対話の歴史地理を示すにとどまらず、未来をどのように考えるべきか、にも寄与している。見過ごされてきた文化の出会いや、相互作用は、突き詰めると、現在までの通説より遙か昔に遡る。

………

——「美の文明」の審美的視野が、広く定着していた「善」と「真」をイデオロギーの前提とした理論から生じた行き詰まりを打破できる、有望なもう一つの論の軸となることが認識された。まさしく「善」や「真」の概念に基づいた教義によって現代の多くの危機が引き起こされている状況を目にするとき、「美」は価値論的な議論を越える可能性として現れてくる。美と審美的世界は、感性的であり、移転可能なその特質によって、加速するグローバル化によってますます隆盛する文化交流において、極めて実り豊かな領域となるであろう。最近採択された「文化表現の多様性の保護と促進に関する国際条約」はそれを例証する。

——人間の実存は、近代人の限界を超えて再考されなければならない。「生に向かう存在」のパラダイムにより、人間存在は、その対話の相のもと、通底し、結ばれる存在として未来に引き継がれる。それは、人間存在を、生命圏の中で、いのちの循環を保証するという至上命令に向かって、開くものである。

このシンポジウムの全貌は英・仏・日の三カ国語で出版されている。

その翌年二〇〇六年には国際比較文明学会ISCSCが、このシンポジウムの共催機関の協力を得て、パリで「文明の道」と題した大がかりな大会を開き、また二〇〇七年には京都フォーラムと国連大学を結んで同じ展望を開く世界的討議が繰り返されることになった。思い返せば世界に衝撃を与えたヴェニス・シンポジウムから三〇年、世界がＳＤＧｓという目標に目覚めていくその道を、これらの知的協力が作り出してきたといえる。

地球倫理への道は、精神の収斂する〈場〉の形成、そしてその場への多くの世界的知性の参加、そして、その場にいのちを与えた「まこと」Integrity によってこそ切り開かれる道なのだ。

ここに名を出させていただいた方々はこの「未来への道」をたどる同行者である。

静謐な自然を写した画家、東山魁夷が、その名作「道」のリトグラフィをユネスコに寄贈してくれた時、マイヨール事務局長が私に告げた言葉を想いだす。

「この道は未来への道だ。われわれはこの道を花々で満たさなければならない。」

第3章　聖性と霊性の変遷
一神教と多神教

エデンの園には二本の樹が植えられていた。人類史とは、その第一の樹、「生命の樹」を忘れ去って行く歴史であった。

はじめに――エデンの園の二本の樹

神話には各民族の文明の歴史が凝縮した姿で現されている。二〇世紀にはそれを読み解く解釈学herméneutiqueという学問が生まれた。我が師、ポール・リクールが、実存主義・現象学・構造主義・記号論を経て、究極的に到達したのが解釈学であった。いま人類文明の実態を知ろうとするならば、神話を読み解かねばならない。それには、やはり神話中の神話である聖書を最初に取り上げなければならない。

聖書の冒頭、「創世記」Genesisにはエデンの園が出てくる。そこには、実は二本の樹が神によって植えられていたのだが、そのことを後世の人々は忘れて行く。あたかもエデンの園には一本の樹だけがあったように。つまりイヴが蛇に唆されて、その実を食する、あの知恵の樹、「善悪を知る樹」の話だけが多くの人の頭に残っている。

アダムとイヴのエデンの園からの追放、それがよく語られるのだが、そこには二本の樹があったことを銘記しなければならない。その第一が「生命の樹」、そして二本目が「知恵の樹」である。蛇は嘘をついたのではない。人類の歴史とは、まさしく蛇が予言したように、「知恵の樹の実を食すれば、汝は神のごとくになるべし」という歴史であった。蛇は真実を述べていたのだ。それを食した人類は、まさしく神のごとくになる。そして神自身を消去していく。それが人類の文明史であったのだ。

アダムとイヴを楽園から追放した神は、彼らが帰れないようにケルビムという小天使に門を守らせるのだが、よく読むとここにも大きな隠喩の存在を知る。神は「エデンの園に帰らぬように門を閉ざした」のではなく、その二人に「生命の樹への道を閉ざした」との記述なのだ。つまりこの書は、人類が第一の樹である生命の樹を忘れ去っていくことを予告していたのだ。

ここに取り上げた二本の樹は「創世記」第2章7–9の言葉である。考えると、二本の樹というものは、「知」と「命」の二者選一になっている。図1は、パリの国立図書館に保管されている、アウグスティヌスの *De Civitate Dei*『神の国』の一五世紀の写本だが、このラテン語の羊皮紙の本に描かれている挿絵にも、二本の樹が描かれている。生命の樹が左側にある。右側に知恵の木がある。このようにヨーロッパ中世の挿絵の描き方は、日本の絵巻にも似ていて、一つの画面に時の流れが書かれているの

図1　アウグスティヌスの『神の国』挿絵「エデンの園」(15 世紀)

だ。上の方にアダムとイヴがいて、そして生命の樹の元で神から告げられる。「知恵の樹の実を食べてはいけない」と。ところがその樹の方にアダムとイヴは移る。その樹に巻きついている蛇(ここではイグアナの姿)に出会う。また「エデンの園」の章には四本の川が流れ出ているという記述もあるが、この挿絵にも、噴水はルネサンス風だが、ちゃんと四本の川が描かれている。聖書にその一つはユーフラテスとの記述があるので、エデンの園の所在はメソポタミアと分かる。これは一五世紀に描かれた絵なのだが、その頃の信者が持っていた楽園のイメージが写されているのだ。そして、すでにこれが「理性と霊性との乖離」という人類の運命を暗示している、と私は言いたい。

理性と霊性の乖離

すなわち、創世記に見るこの知と命の二者選一は、文明史における理性と霊性の乖離となって表れる。理性が知を形成するのに対して、霊性はまさしく命に関わるものなのだ。地球という水の惑星に生命が誕生して三八億年、それは一三八億年前のビッグバン以来の大宇宙の生成を映す如く、ひたすらに「自己創出系」の発展を続けてきた。この自己創出という概念を、私はオートポイエーシスという語の訳として使っている(伊東俊太郎氏は「創発自己組織系」と表現)。「生命誌」の中村桂子さんも同じ表現を使っているが、オートポイエーシスという言葉は、チリ出身のフランシスコ・ヴァレラという学者が、パリで三〇年ほど前、エコール・ポリテクニックの教授時代に使った言葉で、私の造語ではない。自然は超越的な創造主によって創られたのではなく、自己創出による生成を続けてきたことを指している。故にこの存在論では、すべては大自然の中にあり、万有相関 Interconnectedness の相を持つ。さらにそのすべての構成部分が他のすべてと相助ける相互扶助 Interdependence のネットワークを結んでいる。すべては結び合い、いかなるものも孤立していない。Wholeness（全一性）、これがいのちの実相なのだ。

一九九五年に国連大学で行われたユネスコ創立シンポジウム「科学と文化：未来への共通の道」が残した「東京からのメッセージ」には、量子物理学からの新しい存在把握が「全は個に、個は全に遍照する」と表現されている[1]（第2章参照）。東アジアでは、仏教、特に華厳教の「一切即一」の思想に結び、イスラーム世界では「一即多」と訳せるタウヒードという語で表されるものだ。驚くべきこの出会いを、量子物理学は、先端自然科学の立場から、独自に言明したのであった。

科学革命以来の存在論

問題は一七世紀以来世界を律してきた近代科学技術文明がこの全一的存在論とは正反対の仮説の上に成り立っていたことだ。二元論の出現である。主客を二分する。心身を二分する。自然を客体として、主観たる人間と峻別する。そして人間だけが大自然の中で特別な地位に立つ。その二分法を Dualism と言うが、そこから何が起こったのか？　一七世紀以来、自然（shizen）は資源（shigen）と看做され、人間による搾取の対象となった。ここで、次の言葉が問題になってくる。自然の搾取は正当だという人が根拠とするもの、それは聖書に現れる神の言葉であった、と言うのだ。

アダムとイヴを創ったあと、神はこう述べられたと書かれている。「産めよ、増やせよ、地に満てよ、海の魚、空飛ぶ鳥、地を這う全ての生き物を従わせよ。」これは創世記の1章28節に記された人間の祖に対する神の言葉だという。これは神が人に与えた言葉だから、我々のやっていることは正しいという理屈だ。

しかし、この立論ほど身勝手なものはない、と私は言いたい。なぜならば、地球資源の搾取を押し進めた近代科学主義は、科学主義の父といわれたデカルトの論理に依存している。デカルトの著『省察録』の原名は“Renati Descartes Meditationes de Prima Philosophia in qua Dei Existentia et Animae Immortalitas demonstratur”（訳『ルネ・デカルトによる、第一哲学に関する省察、そこで神の存在と魂の不滅が証明される』）である。つまり形而上学で神の存在を証明すると公言しながら、実はその神を限りなく透明な一点の存在に追いやっているのだ。彼の神はもはやキリスト教の人格神ではない。パスカルがデカルトを許せない、と言ったのはそのためであった。つまりそのデカルトが代表する近代科学主義は、まさしく人格神としての創造神の存在を否定しているのだ。故にみずからが否定した人格神の言葉を都合の良いときだけ引用する、という誠に無節操な立論がなされていたということだ。これが近代科学主義の二元論に対する私の最初の批判である。

このとき起こっていたのは、ホールネス Wholeness つまり全人性を失った人間の理性と霊性との乖離であった。さらに言えば、聖書のこの人格神の言葉を引用するものは、もうひとつの大切なことを忘れていた。終末論である。この神話にはヨハネの「黙示録」として終末が書かれている。つまり、この世は終わる存在なのだ、ハルマゲドン（最終戦争）によって。その終末論を、この近代科学主義者たちは忘却している。あるいはわざと気づかぬふりをしている。これこそ、「外閉」という作用だ。オーギュスタン・ベルク Augustin Berque の造語であるが、外閉すなわちフォークルージョン Forclusion という言葉でベルクが言いたいのは何かというと、簡単に言えば、「都合の悪いことは、外に出して戸を閉める」という意識作用なのである。だから、終末論という都合が悪いものは、シャットアウトする、見ないことにしよう、という意識が働いたということだ。

地球環境の破壊が、人類自身の破壊に通じることが認識されるようになったのは、ごく最近のことである。実は、かけがえのない地球の砂漠化は、全人類史から見ると、およそ二万分の一の時間帯に起こった異常事態なのだ。それがまさに人間の「心の砂漠化」に由来していると私は見ている。ところがそれが歴史的には実は良きこととして捉えられてきた、という面がある。

科学革命に続く一八世紀の啓蒙主義 Enlightenment、すなわち理性至上主義により、人間の全人性を形作る感性と霊性は理性よりも下位に位置づけられるものとなった。オーギュスタン・ベルクは、二〇一一年六月、私と中村桂子との鼎談でこう言っている。「この時、人間はその存在の半分を失った[2]」。

また、「啓蒙」と共に見直されるべき言葉に「普遍」Universal があることは第2章で書いた。「国際会議に出ると、そこには〈普遍という黄金の尺度〉が引かれていて、なかなかそれを越えられない」という山折哲雄氏の言葉も紹介した。私も何度か経験したので身に覚えがある言葉だった。

確かに世界で謳歌され「光の世紀」Siècle des lumières と称された一八世紀、啓蒙の時代というものは、人類の物質生活と福祉に多大の進歩をもたらした。しかし考えねばいけないのは、その一方で、人間に上下関係を作り出したということなのだ。つまり、普遍が上位、特殊は下位という上下の関係である。「啓蒙」は、英語で言うとEnlightenmentだが、これは「理性の光で蒙を啓く」ことであり、理性に特別の地位が与えられている。しかし、それによって、差別化が起こったということを考えなければいけない。何が差別されたかというと、まず女性、それから、子どもであった。女性は、理性と感情を切り離せない存在であるから男性より下位。子どもは、理性が未発達な存在、つまり未熟な大人に過ぎないから一人前とは数えない。

ルネサンス期のラファエロの絵、あるいはボッティチェリの絵をよく見てほしい。絵は素晴らしいのだが、幼子のイエスはちっとも可愛くない。聖母マリアが抱いているイエスが、幼児の可愛さを持っていない。なぜならば、画家達は未熟な子どもを少しでも大人に見せようとしているからだ。子どもの顔を描いていないのだ。ボッティチェリ、ラファエロ、またレオナルド・ダ・ヴィンチのようなルネサンスの名匠にしても、そのようにわざと描いている。子どもは未熟な大人だ、という思想が現れている。

このような考え方は遠い昔のことではない。実は、普遍的倫理の要である「世界人権宣言」には子供が含まれていないことに気づき、国連で「子供の権利条約」が締結され、「子供は未熟な大人なのではない」ことが認知されるのは、何と今からわずか三〇年前、一九九〇年のことなのだ。

さらによくないのは、産業革命後に起こった植民地主義である。数千年の歴史を持つ植民地の原住民が皆、未開民族とされた。なぜならば、彼らは理性と他の能力の区別ができない民族だったからだ。理性・感性・霊性を渾然一体として生きていたからだ。故に原住民は蛮人とされ、その蒙を啓くべき存在として差別してきたわけだ。だから蒙を啓くべくそこに赴く欧米の若者達の目には善意の光があった。経済搾取ではなく、良きことをなすために行くのだ、という思い込みが彼らの胸を膨らませていた、と考えねばならない節がある。

これに対し、我々が未来的価値として提唱する「通底」Transversalというアプローチはいかなる民族にも敬意を払う。異なる文化を異なるままに尊重しながら、その底に響きあうものを認識することである。魂の奥底で共振するものを探求する。これによって、実は「臨床の知」というものが可能になってくる。これは全人的なアプローチによって初めてそれが可能となるものだ。

前にも述べたように、普遍は、論語の言葉を引用すれば、「同じて和せず」であるのに対し、通底は「和して同ぜず」なのである。すなわち、諸民族に「和」というものを可能にする互敬の立場なのだ。このことを、私はユネスコ本部に行って話したところ、初めは普遍という語にこだわるかと思った元同僚達は、さすがに国連の良心と言われるユネスコの職員、この意を直ちに理解してくれ、二〇〇五年、ユネスコの公式出版物にも「通底」Transversalの語が記されることになった。(3)

ハンチントンの罠

ここで、「文明の衝突」について、一言加えたい。一九九三年にサミュエル・ハンチントンがフォーリン・アフェアーズ誌に発表した。“Clash of Civilizations ?” 疑問符付きの論文。これがメディアに喧伝されたため、彼がそれを疑問符なしの大きな本にして出したのが九六年。このハンチントンの論考は、大きな問題を孕んでいた。なぜなら彼は、世界を八つの文明圏に区別しているのだが、そのそれぞれの頂点には宗教があるとして、宗教で色分けしたうえ、イデオロギーの戦いが終わったいま、次に起こる戦争は文明間の衝突であると主張したのだ。彼の言うイデオロギーの戦いとは共産主義vs資本主義の戦いであった。これは一九八九年末のベルリンの壁の崩壊に続く一九九一年のソ連邦の崩壊で終わった。その次のくるものは何か、文明間の衝突、クラッシュだと言う。この本が、宗教は衝突するものという妄想を世界の人々に植え付けたのだが、ニューヨークの世界貿易センターの二本のタワーが航空機を乗っ取ったアルカイダによって爆破された二〇〇一年の9・11事件、あの事件は、この論を立証したかに見えた。

しかしあれは、「ハンチントンの罠」であったのではないのか？　アメリカという国は闘わねば存在理由が失われる国なのだ。ハーバードの戦略研究所長ハンチントンの半ば意図的な誤謬、それは、宗教というものを彼自身が生きてきたユダヤ・キリスト教のモデルに当てはめたことにあった。戦う宗教、不寛容な宗教、それを他のすべての宗教に勝手に敷衍しているのだ。私はこれが彼の犯した最大の誤謬であったというより、彼の仕掛けた罠ではなかったかと思うようになった。多くの宗教が抱いている「寛容」を意識的に無視したのは、戦う国というアメリカのRaison d'être（存在理由）のためではなかったか、と。

不条理の宗教

彼の念頭にある宗教は、実はアブラハムの宗教、あるいは聖典 Scriptura の宗教と言われるもの、すなわちユダヤ教、キリスト教、イスラームの三つである。ヘブライズムに属するこの宗教群は、人類史上、特殊な位置を占めていることを知らねばならない。なぜならば、そこに他の神を妬む神としての唯一神が出現するからである。「我の他いかなる神も信じることなかれ」という神だ。それは過酷な自然を持つ砂漠の神であったが、その神が四世紀、それまではキリスト教を迫害していたローマによって公認されるということが起こる。つまり、そのとき、それまで存在しなかった砂漠の神が緑のヨーロッパに導入される、ということが起こったのである。この本来は異質な二つの要素の融合こそが西欧の本質を形作ることになった、と気づかねばならない。

以来、西欧は聖俗の葛藤の歴史を歩むことになる。このような葛藤は、他の文明圏には、実は見られない。つまり、理性と不条理の葛藤、聖俗の乖離こそがヨーロッパの歴史を彩ってきたものなのだ。

ヘブライズムの抱く不条理の最たるものとして私が挙げたい例が、ユダヤ人の祖、アブラハムの受けた試練である。アブラハムは一〇〇歳になってやっと、一人息子を得る。この子はイサクと名付けられた。それなのにある日、神からお告げが下る。イサクを生贄にせよ、と。待ちに待ってやっと老妻サラとの間に得た一人息子を、殺せ、このような理不尽極まる命を下す神が選民ユダヤの民の神なのだ。聖書では、アブラハムはイサクを連れて、シナイ山に登る。その途中、何度も何度も、イサクが、「お父さん、生贄の羊がいないよ、ホロコーストはどこにいるの？」と聞く。アブラハムは「上に行けばいない。生きながら喉を短刀でかききって、薪の上で丸焼きにする羊を指すのである。これがヘブライの神に捧げる生贄の仕方であった。

山の中で、アブラハムは薪を積んで、その儀式を黙々と準備する。そして最後にイサクに、「息子よ、お前がホロコーストだ」、と告げる。そして彼は刀を振り上げ、ほんとうに息子を殺そうとしたのだった。と、振り上げたその手を天使が引き止めて、アブラハムに「お前の信仰心は分かった」、と告げ、それで親子とも助けられるという話なのである。聖書のこの部分は一番すさまじいところで、キリスト者の道を模索したキルケゴールはその『あれかこれか』という書に多くのページを割き、「私はアブラハムを理解できない、アブラハムを決して理解できない」、と告白している。キルケゴールは最後に「深淵を飛び越す」という体験をしてキリスト者になったのだった。

こういう不条理の世界が、緑のヨーロッパに、しかも、地中海文明という明るい文明を生きてきたヨーロッパに導入されたわけだ。ローマという大帝国も、地中海の青、燦々と降り注ぐ太陽のもと、やはりギリシャ的な理性を生きていたのであった。ローマは軍事と建築では当時の世界をリードしていたが、文化面では古典ギリシャに憧れ、それを引き継いでいる。畢竟同じ地中海文明圏なのだ。そこに、この不条理の神が導入される。だから、それをローマが公認するまでには、三〇〇年もかかっているのだ。そのくらいの時が流れ、迫害されたキリスト教徒が、迫害の故に結束を固め、地下で力をつけていくと、唯一神にして愛の神というその新しい教義にローマ市民も惹かれはじめ、ついに三一三年、コン

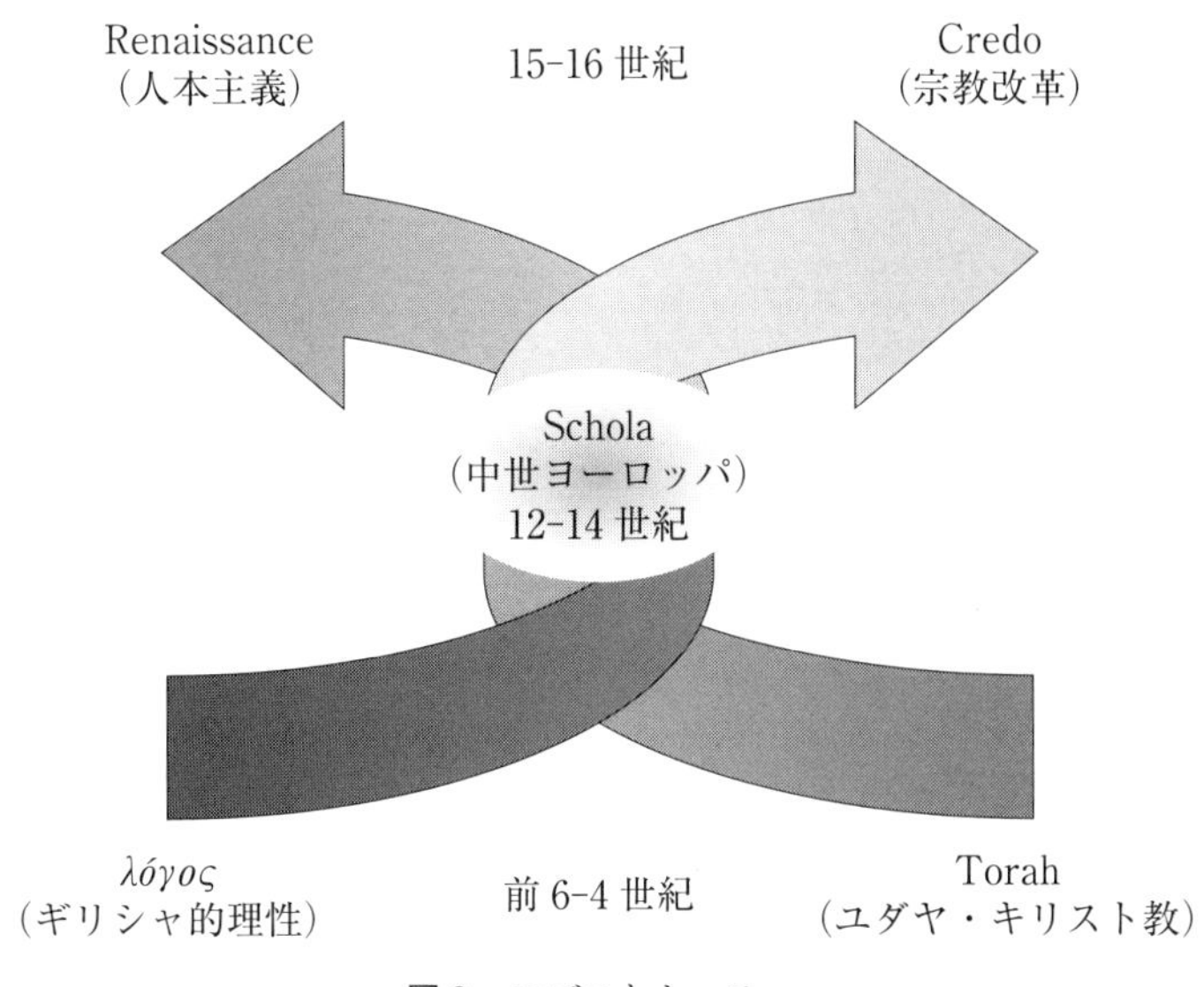

図２　ロゴスとトーラー

スタンチヌス帝によるミラノ勅令のよって公認されることとなったのだった。

ロゴスとトーラー

その合成されたヨーロッパの姿を私が描いてみたのが、シャネルのロゴにも似たロゴスとトーラーの図（図２）である。トーラーとは、モーゼ五書の示すユダヤ教の戒律の世界、ロゴスとは、ギリシャ的理性を指すが、この二つの異質なものが四世紀、ローマのおかげで、合体せざるを得なくなる。そしてその合体からヨーロッパの中世が形成され、その中心にスコラ哲学というものが生まれる。ところが合成された二つは、水と油のように、本来は相容れないもの故、それが再び分裂を始めるのが中世の黄昏といわれる時間であった。その二つはまるで卓上におかれたフレンチドレッシングのように分かれた、と言いたい。フレンチドレッシングは、よく振ると美味しいドレッシングなのだが、その瓶をテーブルの上に置いておくと、油と酢に分かれていく。その現象、これがヨーロッパの姿であろうと私は思う。分かれた一方が、ギリシャへの回帰と言われるルネサンス、すなわち理性の再発見、そしてもう一方が、それとほぼ同時に起こるルターとカルヴァンによる宗教改革である。こちらは再び「信」の世界に戻る。ただ信あるのみ、Credo solo. ただひたすらに聖書に描かれた神を信じる、という世界である。

この図の中心に描かれたスコラ哲学、これが西欧思想の座標軸だと私は言いたい。思考の座標軸である。かつて丸山真男は、日本の思想には座標軸がないと言ったが、ヨーロッパ世界には完全な座標軸がある、それがスコラ哲学なのだ。それは二つの異質な文明の合成の成果であった。それに加え、伊東俊太郎著『十二世紀ルネッサンス』にも明らかだが、近代ヨーロッパの形成にはアラビアの世界、イスラーム世界の貢献が非常に大きな役割を演じていたことが分かってきた。

パリのソルボンヌ――ソルボンヌとは一三世紀、ソルボンという司祭が創った神学校――にはヨーロッパ中から様々な学者や学生が集まっていたのだが、その中の一人にイタリアのアキノから来た学僧がいた。これがアキノのトマスことトマス・アキナスである。この極めて優れた学僧は、セミナー形式の授業を行い、それまでのアウグスティヌス中心の教父哲学に、アリストテレスの自然学・形而上学を導入した。そして、完成させたのがTheologia（神学）のSumma（集大成）という意味の『神学大全』という大著であった。（形容詞を使ってSumma Theologicaとも言う。）その、神学の集大成こそ、のちに

「黄金の智恵」と呼ばれたものである。キリスト教神学とギリシャ哲学の合成であるが、そのギリシャとは何か。トマスの場合、ほぼすべてアリストテレスなのだ。それまでもソルボンヌでは、ギリシャ哲学の本はほぼすべて読まれていて、ギリシャ語、ラテン語の思想家たちもすべて取り入れられていた。しかし、そこではプラトンは引用しても、アリストテレスには言及していなかった、ということがある。トマスが初めてアリストテレスを神学に取り入れたのであった。プラトンには神話的なところがあるが、アリストテレスはあくまで論理的である。更にプラトンは原語で全著作が残っていたのに対し、アレストテレスの原語での著作は散逸し、その全集はアラビア語版がイベリア半島のトレドに保存されていたに過ぎなかったのだ。

実は、トマスが導入したアリストテレスとは、一二世紀ルネサンスにより、トレドの図書館でアラビア語版からラテン語に翻訳されたばかりのものであった。それはキリスト教徒すなわちロマン人とイスラームのムーア人、更に語学に長けたユダヤ人の協働の賜物であった。それをいち早く取り入れたのがトマスであった訳だ。これがさきほど述べたように、本来は矛盾するものの合成、しかし見事な合成を可能にした。その姿はシャルトルの大聖堂のよう、と言ってよい。つまり、ヨーロッパの数あるカテドラルの中で一番美しい大聖堂に比すべきもの、「トマスの神学、神学大全は、シャルトルの大聖堂だ」、とはトインビーの感想でもある。

このスコラ哲学が、すでに一四世紀ぐらいから再分裂を始める。一五世紀の頃になると、すでに崩壊していくという運命を辿る。酢と油が分かれたその時に何が起こったのか。ルネサンスと後に名付けられるもの、つまりギリシャ的理性、そして人本主義への回帰運動である。それは一四世紀の終わりからすでに北イタリアで始まるのだが、一五世紀には素晴らしい美の結晶を生む。

今見るバチカンの本山、サンピエトロの大聖堂もこのルネサンス期に作られている。そこであなたは何を感じるか？　実は私はここに敬虔なるキリスト教の世界を感じないのだ。そこで感じるものは何か？　まずは、倨傲。私は初めてバチカンを訪れたとき、その大聖堂の入口に一歩をしるしたとき、すぐに奇妙な線が数本引かれていることに気がついた。これは一体何か？　よく見るとランスのカテドラル、シャルトルの大聖堂、等々の名が彫り込まれている。これらの教会の大きさはここまでだ、サンピエトロはそれより大きい、と示しているのだ。こうした線が引かれていることにまずショックを受けたことを告白する。

しかし、私がむしろ言いたいのは、その大聖堂を飾っている素晴らしい美術作品がすべて、敬虔な気持ちを醸し出すものではなく、人間的な匂いのするものだったことだ。システィーナの礼拝堂の壁画や天井画はミケランジェロの作である。創世記から始めて聖書の物語が描かれているのだが、キリストによる最後の審判まで、ここに描かれている絵はすべて人間的なのだ。人間美なのだ。宗教美ではない。その造形があまりにも素晴らしいので誰しもが名作と言うが、そのことに注意したほうがいい。バチカンを飾っているのは実は人間美なのだ、と。最後の審判のキリストは、筋骨隆々とした若者である。新教皇を選ぶコンクラーベには適しているが、このようなところで本当に祈れるのだろうか、というのが率直な私の感想であった。

一五世紀、ここに起こっていたのは、ルネサンスが引き起こしたテオサントリスム、神中心主義Theocentrismから人間中心主義Anthropocentrismへの回帰、まさしくギリシャへの回帰だったのだ。故に、聖書の世界がギリシャ神話のように描かれているのだ。

実はヨーロッパでも本当にキリスト教が生きていたとき、人は神に見られる存在であったのが、今度は神を見る存在になる。神さえも対象になる、ということが起こったのだ。この変化を、私はスイスの有名な美術評論家と議論したことがあるが、その移行は、Communion（合体）からPerception（知覚）への移行と言ってもいい、ということであった。ルネサンス人には既に自己という主体があり、知覚すべき対象がある。神もその知覚の対象となる。それに対しコミュニオンとは、ミサの聖体拝受がその典型だが、神の子と合体することであった。ロシア正教にはまだイコンとして残っているが、祈りを捧げるべき宗教画も、ここでは美術品として鑑賞の対象に変わってしまったのだ。

これがギリシャへの復帰、人本主義と訳せるヒューマニズムというものの意味なのである。そこでは既に聖性というものは消失していることに注意しなければならない。

聖性の凋落

聖性の凋落ということについて考えてみたい。まず聖なるものとはなにか。Le Sacréル・サクレという言葉があるが、それを最初に説いたのは、エミール・デュルケム（Émile Durkheim, 1858–1917）であった。その観念がミルチャ・エリアーデ（Mircea Eliade, 1907–1986）によって深化される。ただし、それはエリアーデの独自の考えではなく、その彼に影響を与えていた人がいた。それがルドルフ・オットー(Rudorf Otto, 1869–1937)である。オットーはDas Heilige ダス・ハイリゲという言葉を使っている。これはドイツ語であるが、フランス語では、ル・サクレとなる。エリアーデはルーマニア人だ。私は、同じルーマニア人の劇作家イヨネスコに紹介されてパリで一度だけ会っているが、この二人ともがフランス語で本を書いている。

ル・サクレという言葉もエリアーデと共に有名になったものだ。オットーのダス・ハイリゲも勿論「聖なるもの」で、デュルケムを含めたこの三者を比較してみると、一つのことに気がつく。この三人の「聖なるもの」という用語は共にキリスト教のパラダイムを超えているのだ。三者とも聖なるものとして考えているのは、古代から諸民族に信仰され、地中海地方ではヌミナ、ジャーヒリーヤ時代(ムハンマドに啓示が下る前)のアラビア半島ではジン、太平洋ではマナといわれた神霊なのだ。それらは全て通底する現象である。そこにたとえ原始的であれ「神聖」あるいは「聖性」というものが存在し、人類は「祈り」を知った。

ヌミナ的なものをヌミノーゼというが、比較文化的に見ると、これは日本語にもある。本居宣長の『古事記伝』に出てくる迦微(カミ)という言葉、これが非常に近いのだ。ル・サクレ、あるいはダス・ハイリゲ、ヌミナ的なもの、これらに非常に近い。エリアーデは、それが様々に顕現すると言う。さらに、オットーはそれをガンツ・アンデレ(大いなる他者)であると言っている。大いなる他者、やはり本居宣長の把握した神の概念にもそれがあるではないか。カミという言葉には山や谷や森に満ちている大いなる他者という一面がある。それが現れることがある。エリアーデは、ヒエロファニーという言葉を使った。それは聖なるものの示現であった。そして、それらはすべて超越神ではない。

これらの聖性は山川国土すなわち大自然に宿るものであって、世界を超越した存在ではないのだ。最近私が知ったのは、西アジアのゾロアスター教の世界もそうだったということで、これは加藤九祚が、『シルクロードの古代都市』という本で指摘している。ゾロアスターが生まれる前のプロトゾロアスター教を生きていた古代イラン人もまた、星辰・日月・地水火風には神が宿ると信じていたのだった。

超越神

ところが、西暦前一三世紀ごろ、その大自然の外に位置する神が現れる。これがヘブライ人の神、ヤハウェ（エホバ）である。実はこの神は、最初は人格神として現れ、そして徐々に被造物すなわち大自然の創造主、言い換えれば、地球界を超越するものに、姿を変えて行くのだ。

ヘブライズムの中ではこの超越神こそが聖なるものとなる。ユダヤ・キリスト教の伝統では、聖性というときはこの世界と人類の創造主としての超越神以外にはあり得ない。これが唯一神教の世界であり、「超越」Transcendence という概念が初めて現れる。その反対が現実の世界、「内在」Immanence である。超越と内在、これが対峙される概念となる。日本では間違える人が多いのだが、彼岸と此岸、あの世とこの世の対置ではないのだ。超越と内在は創造主と被造物の対置なのである。

一神教の誕生

ある人は、最初の一神教はエジプトで生まれた、という。それは前一四世紀、アメンヘテプ四世すなわちアクエン・アテンがアケトアテン――これはのちにエル・アマルナと呼ばれたところだが――で行った宗教改革にある、と。最初の一神教はそこで生まれたという説である。すると一神教はユダヤ人に依るものではないことになる。しかしアクエン・アテンの改革はまだ厳密な意味での一神教Monotheismではなかったというのが私の結論である。マックス・ミュラー(Friedrich Max Müller, 1823-1900)の造語を借りると、これは選一神教Henotheismとも言うべきもので、エジプトの既存の神々をすべて排除したのではなく、アテン神、すなわち日輪を至高の神として崇拝する、という選択であったのだ。

では、この宗教改革がなぜ槿花(きんか)一朝の夢のごとく短期で挫折したのか？　槿花つまり朝顔のように、あのアクエン・アテン一代でしぼんでしまったのは何故なのか？　ここで私の解釈を申し上げたい。テーベのアメン神の神官たちの反乱があったのは確かである。この反乱はかなり激しく、アクエン・アテンを継いだ少年王ツタンカーテンは、テーベの神官たちの言うように古来の神々を復活させ、テーベに都を戻し、自分も名前を変えざるを得なかった。ツタンカーメンと。アメン神に仕えるものの意である。このように名さえ変えざるを得なかった、ということがあった。しかし、私の考えは、この宗教改革の挫折の本当の原因は、ファラオそのものの実体の変化にあった、ということなのだ。

少しだけキリスト教の言葉を使えば、Trans-substantiatio「実体変化」である。例えば、葡萄酒とパン、イエス・キリストが最後の晩餐で、「これは我が血なり」、「これは我が肉体なり」と言って葡萄酒とパンを弟子たちに配る。その時、パンと葡萄酒はそのキリストの言葉によって実体変化する。キリストになるのである。だから今もミサで行われている聖体拝受とはキリストと合体することなのだ。それを Trans-substantiatio いうこのラテン語は表している。

エジプトで起こったことはこれに似ている。つまり、ファラオ自身が実体変化する。それまでのエジプトのファラオは現人神であったのだ。王であるとともに神。ところが日輪を拝するアクエン・アテンは自らアテン神の神官になってしまったのだった。大神官としてアテン神に仕える身となった。もはや本来の神官たちが仕えるべき現人神がいなくなった、ということなのだ。このことが神官たちの反乱とこの革命の挫折の真因ではないか、と私は見ている。

唯一神教の出現

ここで本当の一神教、すなわち唯一神教の出現ということを考えなければならない。いかなる他の神の存在も認めない唯一神教 Monotheism の出現、これはやはりシナイ山におけるモーゼのヤハウェ(エホバ)との契約に始まる、と言わねばならない。「出エジプト記」に描かれた、モーゼがシナイ山に登り神から「十戒」を授かるシーンの記述が重要である。そこに至る前、モーゼはホレブという山中で燃える木を見ている。そして燃える灌木の陰から神の声を聴いた。この神は語るのだ。つまり人間的であり、この世にいるもののような現われ方なのである。その神は、自分はアブラハム・イサクの神だという。

モーゼは耳を傾ける。すると、その見えない神はモーゼにこう言う。「パロ（ファラオ）のもとに行き、苦役にあえぐイスラエルの民を救い出せ」。驚いたモーゼは姿が見えないその神に聞き返す。「あなたの名前は？」と。「エジプトにいる民に貴方の名前を聞かれたらどう答えればいいのですか？」その答えは、「エヒイェ・アシェル・エヒイェ（われは有りて有らんとするものなり）」。これがその神の答えだったのであった。カトリック教会で正典とされるヴルガータ Vulgata 版のラテン語では、その言葉は、Ego sum qui sum（われは有りて有るもの）であるが、聖書はヘブライ語が原典なので、その意を探らねばならない。

Vulgata 版の元となるギリシャ語版に Septuaginta 訳がある。これは四世紀頃、アレクサンドリアで、七〇人の学者が集まって聖典 Scriptura のギリシャ語版を編纂したもので、「七〇人訳」と言われている。そこにでてくる sum に当たるギリシャ語は ὤν である。ギリシャ語では「存在」という語は中性なので、中性の冠詞がつく。ト・オン（τὸ ὄν）と。ところが、ここだけは、ホ・オーン（ὁ ὤν）、男性形になっているのである。このアポストロフィーの逆のアクサン、それで、h の音が入る。「ホ」という男性の冠詞が付きオンという「存在」を現す語が現在分詞になっている。実は七〇人訳はこの言い方ひとつで、この神が生きた存在だということを表しているのであった。ヘブライ語原典に表れるエヒイェという語は be 動詞ハーヤーの「一人称未完了形」なのだが、ギリシャ語にもラテン語にも、またのちの欧米語にもこのような活用形がないので正確な訳は難しく、これだけで一冊の本が書けるほどなのだ。[4]

ところで、モーゼは周知のようにエジプトに行き、ファラオと対決し、自らの民を率いて紅海を渡り、エジプトを脱出してシナイ山にたどり着く。そして、シナイ山にこもってヤハウェと決定的な契約を結ぶ。つまり十戒を授けられる。このモーゼの民とは何か？　ユダヤ人のことか？　実は、パリでユダヤ人の学者に教わったことだが、ユダヤ人という民族は何時生まれたのか、という問題がある。自らユダヤ人であるその学者は、それはまさしくExodus（出エジプト）の時だ、と言ってくれたのだ。これは私にとっては目から鱗が落ちる話であった。普通人々が漠然と考えているように、ユダヤ民族というものが初めからあって、それがエジプトに連れ去られて労役を課され、その苦境からモーゼのおかげで脱出して約束の地カナンに帰る、という話ではなかったのだ。モーゼが引き連れてエジプトから脱出してきた一群の人々がユダヤ人になるのである。しかもそれは直ちにではなかった。ヤハウェとの契約によってはじめて成り立った、ということなのだ。ここにユダヤ人の特殊性が現れている。すなわち民族の形成と宗教の成立が同一事であること、これこそがユダヤ民族の特殊性なのである。

ヤハウェがモーゼに授けた十戒の中に次の言葉がある。「われの外、何者をも神と信じるな」。それからまた、少し先で、こういう言葉も出てくる。「汝は他の神を拝むべからず。そはエホバは妬む神なればなり」。実に強烈な言葉でないか？　この言葉が思い出させるのは、かなり後になるが、七世紀、ムハンマドによる宗教改革、つまりイスラームの成立である。アバーダートと言われる宗教的義務がある。その五柱つまり五つの大切な義務、その筆頭に信仰告白、シャハーダと呼ばれるものがある。それは「アッラーの他に神はなし。ムハンマドは神の使いなり」。この言葉だ。これは、ほとんどヤハウェ（エホバ）の言葉と同じではないか。シャハーダの言葉はアラビア語のローマ字表記では lā ilāha illā Allāh

となる。ヘブライ語とアラビア語による二つの神の言葉の世紀を超えた相似、ここにヘブライズムの原型が姿を現している、と私は思うのだ。

ムハンマドの教えは実はヘブライズムの根元への回帰であった、と私は理解している。またこの二つの言葉に中東における一神教の本質が現れていると考える。すなわち、ここには大きなパラドックスがあることに誰しも気がつくはずだ。何故ならこれらの神の言葉は他の神の存在を前提しなければ意味がない言葉だからである。言い換えれば極めて多神教的な言葉なのだ。事実いろいろな人の研究によると、ヤハウェという神は、もともとはシナイ山の一地方神だったという。このことが恐らく、このコンプレックスを感じさせるような言葉になっているのではないか。また、モーゼ自身はと言うと、これはアメリカの比較文明学者が書いていることなのだが、「モーゼ」とは、Born from という意味だから、これだけでは名前にならないのだ、という。国際比較文明学会の会報にそのことを発表したその人は、モーゼは本当はハピ・モーゼと言われていたはずだ、というのだ。それだとBorn from Nile、そういう意味になる。(5) 実際、幼少のモーゼは葦の舟に載せられてナイル河に流され、それをファラオのお妃が拾って養子にするわけだから、「ナイルの生んだ子」とはなかなかよく考えられた名でないか。「エジプト人モーゼ」でもあり得た。

その当時の社会状況を見ると、海の民フェニキア人によってもたらされた西アジアの農耕の天神バアルがエジプトでも信者を集めている。エジプト本来の神々に加えて北方からもたらされたこのバアルという強力な神の存在を考えねばならない。あるいはこれがあのヤハウェの言葉の裏に、またシナイ山でのモーゼの念頭にあったのか、と思わせる事象が聖書には書かれているのである。モーゼはシナイ山に入って帰ってこない。いくら待っても帰らない。モーゼが引き連れて脱出した民はだんだん不安になり、モーゼはもう生きていないのではないか、彼がいうヤハウェ神（エホバ）も実はいないのではないか、だから我々は我々の神をつくろう、と言い出し、アロンが音頭をとって、みんなが持っていた金を集めてそれで鋳出したのが金の犢（こうし）であった、と書かれている。私はこの記述には非常に意味があると思う。なぜならバアル神を形象化すると牛になるからだ。すると、やはりモーゼの念頭にあった「他の神」とはバアルかと思わざるを得ないのだ。そのモーゼがやっと山から帰って来て下を見ると、金の犢を囲んで自分の民が踊り狂っている。烈火のごとく怒ったモーゼは、持ち帰った神の石版を投げつけた、とある。その金の犢に目がけて。神聖な十戒を刻んだ石版は粉々に砕ける。凄まじい光景ではないか。それぐらいの嫉妬心、怒りがあった、ということだ。そしてこれが実は一神教の成立の原風景ではないか、と私は思うのだ。

日本の場合

私がそれに対して、対照的に挙げたいのが、西行法師の歌である。

　なにごとのおはしますかは知らねども　かたじけなさに涙こぼるる

これは西行が伊勢神宮を拝して詠んだ歌であるとされるが、西行は武士出身の仏教僧、それが神道の聖地を拝んでいるのである。ここには宗教の壁がない。

「なにごとのおはしますかは知らねども」ここに日本人の深い心情がにじみ出ている。伊勢の森の清浄の空間の底知れぬ神秘、ここにあるのは、目に見えない一者、サムシング・グレイトの感得である。それが、西行の歌に結晶されているのだ。

この歌が象徴するように、日本人のこころに宿る信仰は、多神教と言われるが、実はそうではない。神仏習合を経た八百万の神々や諸如来・諸菩薩の仏たちはすべて仮の姿、「現し身（うつしみ）」に過ぎないのだ。「仏もまた塵（じん）」なのである。これは帝釈天、これは吉祥天、こちらは阿弥陀如来、こちらは大日如来、あるいは観音菩薩と様々なのだが、日本人は世界的には稀で、自分が今拝んでいる対象が何かということをほとんど問うていない。柴又の帝釈天を拝んだ人も帝釈天とは何の神なのか、と問われたら答えられない。帝釈天はインドラ神、インドから来た天をつかさどる神、と答える人は皆無なのだ。弁財天はサラスヴァティ、これもインドの水の女神だとは誰も知らず、またそんなことは一切お構いなしなのである。日本人はいかなる仏像にも手をあわせる。それは、単なる無知からなのか？　そうではなく、実は日本人は、そこにある仏像は究極の存在ではないと暗に了解しているのだ。単なる「現し身」、仮の現われで、それを通して、サムシング・グレイトなる一者を〈透視〉しているのだ。その一者とは大自然を活かしている何か尊い一者である。これが日本人の信仰であろうと私は思う。

日本人はキリスト教の教会でも、許されればイスラームのモスクでも祈ることができる。ユダヤ・キリスト教徒は、仏教寺院で祈ることはできない。

ヘーゲルの弁証法的宗教解釈では、アニミズムから多神教、最後は究極の一神教に至るのが宗教の進化だが、上記で見えて来たのは、ヘブライズムがむしろ多神教であり、日本的信仰の方が一神教だということである。

イスラームの場合

ヘブライズムに帰ると、われわれはそこに宗教の語源 Religio というものの意味に行きつく。すなわち、それは「契約」である。ある神をある民が選び、まさにその選択によって自ら「選民」となること、これが契約なのだ。だからそこには必然的にその他を「排除する」という行為が伴う。「排他」の基本的姿勢がここに確立している。そしてこの排他という一点に、この一神教といわれるものの、きわめて多神教的な性格が露呈している、と認めざるを得ない。

ムハンマドは西暦六一〇年、齢四〇にしてヒラー山の洞窟内で、ヘブライズムの大天使ガブリエルから神のお告げを聴いた。ではアッラーとは何か？　古代シリアからメソポタミア一帯にあった名前、アルまたはエルのアラビア半島での呼び名である。これは一つの固有名詞ではなく「神」を意味する。だから、国際会議ではどう訳されるか？　ニューヨークの国連、パリのユネスコに行って国際会議を傍聴すればそれを聞くことができる。アラブ諸国の代表は、Mr. President, Ladies and Gentlemen などとは始めない。アラビア語は国連公用語だから、アラビア語で演説するのだが、その出だしは必ず「慈悲深きアッラーの御名において……」である。それを同時通訳で聴いてみると、アッラーは英語では God に、フランス語では Dieu になっている。つまりこれは一般名詞なのだ。

ただし、私はアッラーの名に Arabité(アラブ性)というものを感じるので、そのことを、チュニジアのファンタール教授とも議論したのだが、アッラーはやはりアラビア半島独自の神の呼び方だということであった。

結界の論理

ここで、「結界の論理」ということを考えてみよう。

それにはまず私が一〇年ほど前に聞いたフランスの哲学者レジス・ドゥブレ(Régis Debray, 1940–)の論考を紹介したい。これは日仏会館で彼が行った非常に参考になった講演であった。彼は「神の創造は分けること(séparation)から始まった」、という。「光と闇、天と地、男と女を分けた」。それで使った言葉は dissocier(分ける)。（レジス・ドゥブレは当然ながらフランス語で講演したので、引用もフランス語が多くなることを許されたい。）ここでは「分ける」ということが大切である。彼は皮膚というものが内と外を分けるものである、という。これが生物の特徴であり、鉱物には皮膚がない。皮膚が国境の始まりだと言うのだ。びっくりするような表現だったが、考えれば日本語にも「身内だから」という言葉がある。

彼が言いたいのは、サクレ Sacré というものは「結界」を持つということであった。Clôture クロチュールとは閉ざされた空間なのである。そこから Cloître(僧院)という語が出来ている。ラテン語でいうと locus closus、閉ざされた空間。したがって、Sacralisation という言葉、私が「聖化」と訳したこの言葉も「内と外を分けること」を含んでいる。ギリシャ語で〈切り取られた空間〉を意味するのが

Temple、そこにも「切る」という結界の意味が入っているのだった。そして、ドゥブレがこの後で述べたことが面白かった。

「塀によって囲われた共同体の生存のためには〈超越〉が必要となる。」

すなわち「超越」Transcendenceとは万人のものではなく、壁に囲まれた一民族が見上げる空で、その祈りの目は空に向かう、ということだ。希望というものもそこにある、と。

また、この世界では「天国」もまた閉ざされた空間なのだ。Paradiseの語源をたどると、古代ペルシャ語のPairidaezaに行きつくのだが、それがまさしく壁に囲まれた空間の意味なのだ。故にCloître、英語ではCloister、修道院の語源もそれに由来する。そうした閉ざされた空間としての神の国が考えられている。だから、アンドレ・ジッドの小説*La Porte étroite*『狭き門』が物語るように、その神の国には、身を尽くし、心を尽くして狭き門から入らなければならない、のであった。

このような神の国は、「結界」である。壁に囲まれた空間に住まいするもののみが救われるとするならば、それは異なるものの排除の論理である。教会すなわち「キリストの神秘体」という観念はそれでいいのか?

しかし、この時のドゥブレの言葉には、私の心をつかんだものがあった。彼は、そのような壁に閉ざされた空間に住んでいる人間の赴くUniformisation(画一化)を指摘し、そして、こう続けたのだ。

「画一化は人間の死だ、だから、壁は共同体を守るが、そこには〈外へ〉の扉が必要である。」

禅は無聖――壁の不在

　このような閉ざされた空間による超越という問題を意識していたのが、久松真一であろうと私は思う。西田幾多郎の直弟子の一人で、京大で宗教学を講じ、退官後は抱石と号し、ひたすら佗茶の道を極めんと努めた人だ。私はこの禅僧ともいえる老師の心茶会に入れていただき、春秋の寺院を巡り、座禅を組み、茶を喫しつつ教えを受けたのだが、ヘブライ・キリスト教の聖なるものとは壁に囲まれて生きる共同体と超越者とのかかわりであることを見抜いていた一人だ。その思想は『東洋的無』に顕著であるが、久松は、禅に Le Sacré はない、「禅は無聖」、と断言している。日本には本来キリスト教的な意味での「聖なるもの」という概念はない。すなわち壁に囲まれた空間に住むものが見上げる空はない。言い換えれば結界は日本には存在しない、ということだ。大自然に教会を見、無教会のキリスト教徒たらんとした内村鑑三を思わせる立場だ。

　久松真一は、またこう漏らしている、「サクレ」にあたる日本語の言葉を強いて挙げるとすれば、おそらく「妙」ではないか、と。「妙」は世界外存在ではない。すなわち禅には超越という概念はないのである。そこから啓示によらぬ「覚の哲学」が求められ「絶対主体道」と言われる禅者の自己探求が始まっていたのだった。

エデンの園にも壁があった

　実は、かのエデンの園にも壁があったということを言っておきたい。私自身、かつてはエデンの園とは無垢の大自然であると思っていたのだが、そうではなしに壁がある、ということに気がついたのだ。エデンの園に天国を思う人たちもいる。栄光のエルサレムを考えるユダヤ人と違ってアラビア人の考えていた天国は何か？　果樹園であった。特にナツメヤシの茂る果樹園。そこにはこんこんと清らかな水が湧き出ている。これがエデンの園のイメージなのだ。その果樹園は、しかし、壁に囲まれている。聖書に描かれたエデンの園にも壁があった。聖書には直接「壁」という言葉は出て来ない。しかしながら、壁があったということは、次のことでわかる。つまり、上にも触れたように、アダムとイヴが二度と帰らないようにと、神はその園の門の前に炎の剣を持つ天使、ケルビムという小天使を置いたという記述があるのだ。壁なくして門はありえないから、この園は壁に囲まれていたということが分かる。つまりエデンの園もまた閉じられた空間であったのだ（図３）。

図３　小天使ケルビム

中世フランス文学への影響

今述べたアラビア風のエデンの園を表すものとして、中世のフランス文学を取り上げたい。一三世紀の名作『薔薇物語』*Le Roman de la Rose* である。この物語は、現代フランス語版からの訳はあるが、その原典からの邦訳は存在しない。その一部を私なりに訳してみよう。実はこの長編の全体が韻を踏んで書かれた詩なのである。

一三世紀、Roman de la Rose「薔薇物語」の前半を書いたフランスの詩人、ギヨーム・ド・ローリスはその「悦びの園」を描写するにあたり、明らかにこの結界としてのエデンの園、それもそのイスラーム的な造形を意識している。そのさわりの部分だが、日本の詩の韻である五七調での訳を試みるとこうなる。

籬（まがき）にあらで囲うとや
高き石壁方形に
廻らしければその果樹園（その）に
牧人たりと
入りたるはなし(6)

この原典の四行には、*Li murs fu hauts et tous quarrés*（壁は高く方形に囲まれ）、*et barrés*（閉じられ

ている)。また *li vergiers*(果樹園)、*entré bergiers*(牧人、入らず)、という言葉がすべて韻を踏んでいるのだ。

帰属という問題

もう一つ、哲学的な議論になるが、帰属という問題を提示したい。それは、囲われた壁の中に住むものたちが持つ信仰とは何か、という問題に関わるものだ。ヘブライ語原典から直接、聖書の仏語新訳を出したアンドレ・シュラキというイスラエルの大変な学者がいた。この人から贈られた聖書を読んでみた時驚いたことがある。「信仰」に当たる語をAdherence(帰属・帰依)と訳しているのである。「信仰」はフランス語ではFoiと訳すのが普通なのに、「ヘブル書」の11章、「それ信仰は望むところを確信し、見ぬものを真実(まこと)とするなり」と、このように日本語では訳されている、この「信仰」を「帰属・帰依」と書いているのだ。この解釈については、ベネディクト一六世、前の教皇のパリでの講演が参考になる。その講演は「希望という救い」という二〇〇七年の回勅となった訳だが、このくだりに信仰の一つの定義を見ることが出来る、と教皇自身が述べているのだ。それをシュラキ流にいえば「信仰すなわち帰依、あるいは帰属は」、となるところだ。ところが教皇はそれを「望まれるものの hypostasis であり、見えざるものの証しである」、と言われた。こうなると、この問題は hypostasis と substantia という語の関係に行きつくことになる。hypostasis というギリシャ語がラテン語で substantia と訳される。sub とは「下」ということで、「下に置かれる」「下にあるもの」「基体」なのだ。この substantia を「実体」と訳す人もいるが、教皇はここでトマス・アキナスの、信仰の定義、解釈を援用する。「信仰は一つのhabitusである」、すなわち「精神の揺るがぬ姿勢」である、とトマスは言っているのだ。それを援用すると、「この姿勢によって、すなわち、〈積み重ね〉habitusという姿勢によって、知性は、自ら見ることの出来ないものにも同意する」となる。それを「私たちの内には、信仰（シュラキによれば〈帰依〉すること）によって、初めから――言わば種の中にあるといってもいいが――substantiaによって、私たちが望むものが既に存在している。」そしてそこにこそ「全き、本当の生命が存在する」、というのだ。

教皇の回勅の言葉として、私は驚いた。そうすると、このsubstantiaというものは、結局は、人が何かに帰属して（adherenceして）、それが一つのhabitus、揺るがぬ姿勢になっている、ということがあって、本当の信仰というものが起こり、そこに、救いというものがある、ということになるではないか。言い換えれば、ここには、希望というときは、一つの共同体に帰属しなくてはならない、ということが明言されているのである。

私はこの共同体というものにもう一つの定義を加えたい。すなわち、共同体とはmunus（供物）を共にする（co）もの、という定義を加えたいのだ。同じ神性を敬い供養する。munusというラテン語だが、これを、思想家のセルジュ・ラトゥーシュはle donと訳している。le donは、贈り物の意味もあるが、その語源のmunusまで遡ると、「捧げもの」あるいは「供え物」なのだ。同じものに供養する、供養を共にするものがcommunityとなる。日本の場合だと、お盆に供養する。祖霊崇拝とか山岳信仰というものが共通項（common）になってくる。バリ島に行くと今でも毎朝、人々がそのmunusを、捧げものをしている人々の姿が見られる。そのような習慣は日本では薄れてきているが、お盆には皆、祖先に供え物をする。神社ではお賽銭を投げて手を合わせている。実は、日本人もこれによって一つの共同体といえるのだが、それを帰属とまで言えるのか、かなり微妙である。「帰属」が一つの壁の中に入ることを意味する限り、それから立ち出る方を私は望みたい。

閉ざされた共同体

ヘブライズムの世界では、このように「囲まれた空間内の共同体」が見上げるものが、聖なるものとしての超越神であった。しかし、その壁が高くなるほどに、見上げる空は狭くなる。この救済の共同体はのちにバチカンによって「キリストの神秘体」と呼ばれた。また、救われるものの共同体はイスラームの「ウンマ」の意味でもある。故に、ダール・アル・ハルブ（戦争の家）に対するダール・アル・イスラーム（平和の家）、すなわち救済の共同体、という概念がうまれる。

しかしながら、イエス・キリスト自身はこのような考えに同意していただろうか、と問わねばならない。そうではないはずだ。いや、決してそうではない。イエスの行ったことは、反対に、まさしくこのような壁を取り払うことだったのだ。彼の行ったのはヘブライズムの内部革命であった、と私は捉えている。まずそこにはユダヤ人の「選民意識の払拭」があった。「選民」というユダヤ人の「壁の中の共同体」の意識を否定している。「良きサマリア人」の教えはその一例だ。

実は、ローマ人である総督ポンテオ・ピラトも、イエスを断罪するに忍びず、その裁きの場にバラバという極悪人を引き出し、群衆にこの二人のうちどちらを磔刑にかけるか選べ、ECCE HOMO（この人を見よ）と叫んでいる。それなのにユダヤ人である群衆はイエスを磔刑に送る方を選んだのだった。そのユダヤ人達の選択に、イエスによって選民意識を否定されたものの恨みが現れている、と私は考えている。

更に、もう一つ、イエスが行った根本的な改革があった。それは神の実体の開示であった。ヘブライズム本来の神は、「怒りの神」であったのだが、それをイエス・キリストは、「愛の神」であるという。つまり、神の本質の一八〇度の転換を告知したのだ。磔刑にかかると知りながら、その改革を貫いたからこそ、イエスの教えは全人類に開かれた、世界宗教となって行ったのである。

結界を破ったボロブドゥール

閉ざされた聖域には、「結界」という言葉が当たるので、それを深めていきたい。

曼荼羅も実は結界である。よく見ると外側にはやはり壁らしきものがある。先ほどキリストの神秘体が救済の対象となる壁の中の共同体、救いのコミュニティとなったと述べたが、曼荼羅という大乗仏教の宇宙図は、やはりこれも結界である、ということになる。なぜならば、そこには救われたもの、如来や菩薩が描かれているが、阿修羅、餓鬼、罪人の類は描かれていないのだ。曼荼羅の図をよく見ると、やはり、周りに城壁をもったcivitas（城壁都市）になっている。

ところがそれを破っているのが、中央ジャワに八世紀に立てられた大乗仏教の遺跡、ボロブドゥール

図4　ボロブドゥールの遺跡

（図4）である。ボロブドゥールは、簡単に言うと、六層の方形壇、三層の円形壇でできていて、頂上に、無窓の大塔がそびえている。計九層の壇があるが、一番下の広い壇は、あとで付け加えられた基壇なのだ。それがなぜ付け加えられたのか？　本体が崩れだしたので、補強したという説もあるが、むしろ元の基壇に描かれた浮彫を隠そうとした節があるのだ。それが、「隠された基壇」と言われるもので、現地に行くと、ユネスコによって一部分だけ元の浮き彫りが見られるように修復されている。そこに描かれているのが、実はカーマ・ダーツ（Kāma Dhātu）欲望界である。基壇・方形壇・円形壇の三層の構造とは、欲望界から、Rūpa Dhātu（色界）、Arūpa Dhātu（無色界）、と登っていく精神の道なのだ。

ボロブドゥールは、曼荼羅でありながら、欲望界までを包含する、このような構造になっている唯一無二の立体曼荼羅なのである。驚くことに、この寺院（チャンディ）の構造が一番呼応しているのは、実は、遠い異国日本で同時期を生きた空海の思想、『十住心論』に書かれた「九顕十密」という描写であろう私は思っている。この書の「秘密荘厳心」という境地が、この最上段の無窓の大塔に当たるが、そこに至るには「畜生の欲界」から登りはじめねばならぬ。これが空海の思想であった。何故このような不思議な一致が見られるのか？　この教理、真言密教を空海は長安で学んでいるのだが、その長安には同じ八〇〇年頃、ボロブドゥールを建てたと最近になって分かったセイロン僧も滞在していた。元々はセイロンからもたらされ、長安という国際都市で昇華された思想、すべてを包含する「無結界の思想」が、中央ジャワと高野山を結んでいる、と言って間違いないだろう。

アニマ

最後に、サクレに対するアニマというものを考えてみたい。サクレは天に向かい、アニマは地に向かう。

ヘブライ・キリスト教的サクレが天を指向するのに対し、アニマは大地の深みに向かうものと言えよう。それは大地、大自然ということだ。前者に「聖性」という言葉を当てれば、後者に対する言葉は「霊性」である。それは意識ではなく、もっと深くいのちに関わるものだ。息・気・生に宿る力、霊(タマ)という語となってそれは現れる。ラテン語ではアニマ(anima)、ギリシャ語ではプシケ(psyche)、日本では「霊魂」と、このように言われている。「仏性」という語が当てられることもある。

「草木国土悉皆成仏」、これ天台本覚論の言葉であるが、梅原猛が、これこそ将来の世界の哲学になら

図５　アリストテレス『霊魂論』の構造

なければいけない、と言ったものだ。ではそれは東洋的と言えるものなのか？　そうではない、アニマは世界に遍在するのだ。アリストテレスには *De Anima*『霊魂論』という本がある。この *De Anima* という本を、私は学生時代にセミナーで読むことになった。植物・動物・人間の三段階が描かれているのだが、ここで重要なのは、あのアリストテレスも人間だけを特別視していないことだ。人間だけを切り離したのが、一七世紀の科学主義であることは既に述べた。それに対し、アリストテレスによると、下位のアニマが上位のアニマに連続的に現存する、そういう構造で書かれている。（図５）。人間のアニマのなかには動物的なアニマも包含され、動物のアニマの中には植物的なアニマも現存する、いのちは連続している、という考えなのだ。またアリストテレスの physis、自然という観念も、sein「存在」というより werden「生成」に近い。

特にこのようなアニマを生きてきたのが、日本から東南アジアに及ぶ「西太平洋の豊穣の三日月地帯」ではないか、とは、しばしば私が述べてきたことだ。しかしながら実はそれは、日本や東南アジアだけではなく、クレタ文明、エーゲ海文明、あるいはヒマラヤの文明、すべての地で私が見てきた造形美術のモチーフに現われているのである。大地母神は現存していた。かつてのケルト民族の地にはそれが顕著である。ケルト文明の造形を彩る曲線・渦巻きのモチーフ、それは循環するいのちを表し、縄文美術にも通じるものを感じさせる。

母殺しの罪

前にも述べたように、ヨーロッパは四世紀、キリスト教の公認と共にそれまで生きていた母なる神、大地母神 Magna Mater を殺す、Matricide（母殺し）という罪を犯しているのだ。それ以来、イエスの伴侶であったマグダラのマリアも軽視されている。「マリアの福音書」というものも存在したのに、それは福音書に載らなかった。四世紀からペテロを中心におき、キリスト教会そのものが父性的存在となって行く歴史があった。しかし、この時からキリスト教徒にとって自然は搾取される存在になったのか、というとそうではない。人と同じく自然もまた神の被造物であったからだ。

やはりデカルト・ベーコンの時代。伊東俊太郎の定義した一七世紀の科学革命がすべてを変えたことを強調したい。神学に対し自然科学が勝利するこの時代に自然観は変わったのだ。そして、教会に対する熾烈な戦いが終わりを告げた時、既に母親を殺していたヨーロッパは、ここで父なる神さえも殺した、といえる。すなわちParricide(両親殺し)がその歴史であり、実像なのだ。

両親を失った人間は限りなく孤独に、空虚になっていく。それを埋めようとしたのが、「所有」の追求である、と私は考える。ガブリエル・マルセル(Gabriel Marcel, 1889–1973)は、その二つの関係を追究し、ついに「存在Etreと所有Avoirは反比例の関係にある」ことを発見した人だ。[7] 所有が拡大すれば拡大するほど、本当の自分、内なる存在、こころは貧困化していくのだ。私が「精神の砂漠化」と表現したのが、この現象である。

所有欲には限りがない。夏の日、車の先に見える逃げ水のように、欲望は先に先にと行ってしまう。人は蜃気楼を追いかけているのだ。

この所有欲の最たるものが最近の世界を破滅の寸前まで追い込んでいる金融工学であり、私が市場原理主義と表現するものである。

考えてみると、トインビーが言ったことがいま現実化しつつあるのではないか？

「人類は母なる大地を殺すのであろうか？　それとも救うのであろうか？　もし、もし母なる大地の子である人類が母を殺すなら、それ以後生き残ることはないであろう。」

トインビーがわれわれに残したこの言葉を忘れてはならない。

タナトスの噴出

存在ではなく所有の文化で作られた世界では、現在、タナトス噴出を見ることになった。タナトスとは、フロイドが説いた二つの本能の一つである。一つがエロス Eros、生と建設への希求、もう一つがタナトス Thanatos、死と破壊の欲求、これが本能の表裏一体として人間に内在する、というのが、フロイトの指摘であった。その噴出が今問題になっているボコ・ハラムやダーイシュ――ダーイシュとは日本の新聞ではＩＳないし「イスラム国」と呼んでいるもの――によるテロとして表れているのではないか。

新型コロナウイルスの襲来により、世界は急速にグローバル化をやめ、同時多発鎖国状態に入った。自国主義の復活、他者の排除と封鎖が続いた。リベラル・デモクラシーによる連帯を形成した多くの価値は破壊されつつある。そこには、いのちより経済を優先する悲しい指導者の姿が数々みえる。

いのちの文明へ

我々は、今こそ「いのちの文明」へ方向を転換しなければならないのだ。地球システム・倫理学会が３・11の直後出した二つの緊急声明とは、結局は全人性の回復、それから「統合の学としての地球倫理学」への呼びかけであった。今求められているのは科学知 Scientia ではなく、統合知 Sapientia というものなのだ。

このことを暗示したのがフランスの元文化相、アンドレ・マルローで、もう五〇年も前に、「二一世紀は精神的（spiritual）な世紀にならなければならない。さもなくばその世紀は存在しないであろう」、つまり精神性を取り戻さなければ、二一世紀はそのまま人類の終焉の世紀となる、と彼は予告したのだった。[8]

私はロゴスというものをここで否定したのではない、ということを最後に述べておきたい。ロゴスとは言葉である。そして言葉は何よりも響きである。空海が言った「五大に響きあり」、宇宙に充ち満ちた響き、これが本当はロゴスであり、言葉なのだ。ミヒャエル・エンデ（Michael Ende, 1929–1995）が述べた「ヘブライ語では言葉はテーヴァという。テーヴァは言葉であるとともに船も意味する。あのノアは方舟によるとともに言葉によって救われたのだ。[9]」この指摘を忘れてはいけない。

最後に引いておきたいのは、やはりヘラクレイトスである。Panta rei「万物流転」を説いた哲人を忘れたくない。彼はイオニア（今のトルコ沿岸）のエフェソスに生まれた人であるが、ソクラテスは、「その深さはロドス島のダイバーをもってしても測れない」、とヘラクレイトスを形容している。この人の言葉でもってこの章を終わりたいと思う。

「われに聴かず、ロゴスに聴いて、万有の即一を悟るとよい。[10]」

Sophia（智）とはそれだ、とヘラクレイトスは言っているのだ。

註

（1）原文 "This new holism recognizes the enfoldment of the whole in its 'parts' and the distribution of the 'parts' over the whole." (Message from Tokyo, 1995). 直訳は「新しいホリスティックな立場は、全体がその部分に包含され、部分が全体に行き渡っていることを認識する。」

(2)藤原書店『環』四七号、二〇一一 Autumn 号、「A・ベルク＋中村桂子＋服部英二　鼎談　現代文明の危機、3・11以後」参照のこと。

(3)Symposium "Cultural Diversity and Transversal Values." ユネスコによる英仏語での報告書に続き日本語版報告書『文化の多様性と通底の価値――聖俗の拮抗をめぐる東西対話』(麗澤大学出版会、二〇〇七)がある。

(4)ヴルガータ版のラテン語は Ego sum qui sum, ギリシャ語は ó ov, ト・オンではなくホ・オン、男性冠詞を持つことで単なる存在ではなく、生きた存在であることを示す。京大の有賀鐵太郎による造語「ハヤトロギア」を越えた「エヒイェロギア」の語が東大の宮本久雄氏によって提唱され、学術書として刊行されている。

(5)モーゼとは「〜から生まれたもの」の意で独立した名ではない。ハピはナイル河の別名、幼少のモーゼが葦船に隠されナイル河に流されファラオの妃に拾われた伝承あり。またハピはのちのアピス、牛の神ともつながる。

(6)Guillaume de Lorris et Jean de Meun, *Le Roman de la Rose*, "Verger de Déduit," l. 467-470.

(7)Gabriel Marcel, *Etre et Avoir* におけるマルセルの定義。彼によると「神は全き存在である故、何も持たない」ことになる。

(8)原文は 'le 21ème siècle sera spiritual ou ne sera pas.' デンマークの新聞のインタビューでの発言。ne le sera pas ではないことに注意。

(9)一九九五年、国連大学で開催されたユネスコ創立五〇周年記念シンポジウム「科学と文化：未来への共通の道」において大江健三郎が紹介したエンデの言葉。Tewa という語の持つ二つの意味が重要。

(10)Herakleitos, "Fragments 50-1" の服部訳。「知る」とも訳される homologein という原語は、「共なるものを認める」の意、全人的に「納得する」、すなわち統合知。ここでは「悟る」と訳した。

＊　本章は『モラロジー研究』第一一八号(二〇一六年五月)掲載の初出論考に加筆訂正したものである。

第2部 人類文明の多様性

「あわいの智」へ

第4章　メシア思想と覇権主義

分断の時代にあって

二〇二〇年、突如全世界を襲った新型コロナウイルスCOVID-19によって、「世界同時多発鎖国」が起こった。だが世界はすでにその前に、分断と自国中心主義の時代に突入していたのだ。コロナはそれに追い打ちをかけたにすぎない。グローバリゼーションは終焉の兆しを見せている。対話と国際協調の姿勢が失われたからだ。

中東を中心に繰り広げられた米ロの代理戦争による悲惨な殺戮の連鎖、それに呼応するかのように各地で頻発したテロ攻撃は記憶に新しい。トランプ大統領のアメリカはユネスコからの脱退をはじめ、パリ協定・TPP・イラン核合意等、殆んどすべての国際条約から撤退した。アメリカはもはや世界の警察ではないとしながら、一方では中国との軍事的・経済的覇権争いを繰り広げている。国際社会は未だかつてない混迷の時代を迎えている。

「創造は破壊の始まり」とはユダヤの格言だが、私は世界の現状にフロイドの指摘したタナトス（死と破壊の本能）の噴出を見るのだ。あるいは世界は今、前例のない形での第三次大戦にすでに突入しているのかもしれない。母なる地球を殺してまで利益追求を加速させる市場原理主義がかつての社会主義国にまで蔓延し、未曽有の格差社会を生み出している。国際協調をないがしろにして自国主義に走る大国と共に、多国籍企業は世界制覇を競っている。ここにはもはや「救済」の思想はない。

メシア思想と救済の思想

思い出すのは、数年前、サンクトペテルブルクで行われた国際比較文明学会の会場でロシアの若い女性研究者と交わした会話だ。

「ロシア人はメシア思想を持っている」

と彼女は言い放った。

「え、それは何故？」

「五世紀、西ローマ帝国が崩壊すると、キリスト教会の中心はビザンチンの東ローマ帝国に移った。東方正教会には自らがメシアたらんとする自負が生まれた。ところが一五世紀、コンスタンチノープルがオスマン帝国によって占領されると、メシア思想は北方に移り、ロシア正教会がその意識を受け継いだのよ」

「しかし」と私は言った。「ロシア正教会は宗教をアヘンと断罪したマルクス・レーニン・スターリンの共産主義革命によって迫害され、ごく最近まで封鎖されていたじゃないか？」

と、その問いを待っていたかのように彼女は声を張り上げたのだ。

「その共産主義こそがメシア思想なのよ！　だからその歌はインターナショナル、ロシア・コミンテルンによる世界人民の救済が唱えられたのよ！」

「なるほど～」と私は言わざるを得なかった。この理論には一理ある、単なる覇権主義ではなく「救済」の観念がその底辺にあってこそのブームだったのだ。確かに二〇世紀初頭、日本でも大正デモクラシーというものが生まれ、ヨーロッパでは作家のアンドレ・ジードをはじめとする多くの知識人が希望の地としてのロシアを訪れている。その多くはすぐさま失望し、共産思想を捨てて行ったのだが……。

しかしメシア思想がもしこのように転移するものだとするならば、もう一つの西ローマ帝国の方も考えねばなるまい。確かにこの帝国（帝国という言い方自身は後世のものだが）は五世紀末ゲルマン民族の大移動の波の中で崩壊する。しかし八〇〇年、カール大帝（シャルル・マーニュ）の即位により神聖ローマ帝国として復活したではないか。一一世紀からは十字軍があった。その後、浮き沈みはあったが一三世紀にはパリのノートルダム大聖堂に象徴されるような一大キリスト教文明を創り出す。スコラ哲学はギリシャの科学とキリスト教神学を融合させた「黄金の知」と言われた。University とはその Universal な真理を世界に発信する教学の場であった。真理の伝道である。するとこれまたメシア思想の殿堂ではなかったか？

トマス・アキナスに代表されるこのキリスト教の金字塔に陰りが出始めるのは一五世紀のことである。それはペストの流行によるのではなく、スコラ哲学そのものが一二世紀ルネサンスの産物、すなわちアラビア経由で渡来したギリシャの諸科学の再発見によるものであり、その基本に自然科学の苗床があったからだ。ヘブライの不条理とギリシャの理性を融合するというスコラ哲学の錬金術的試みは、時と共にその内部矛盾に耐えきれなくなっていった。しばらくは教会の真理と科学の真理という二重真理説、すなわち「棲み分け」により難局を切りぬけてきたが、真理とは単一性を求めるものなのだ。この矛盾は一六世紀には決定的となり、ついに一七世紀の科学革命となって決着がつけられたのである。この時人間は自然を対象化した。言い換えれば自然と「離婚」したのであった。デカルトの言う通り、「人間は自然の所有者であり主人」となった。自然は神聖を失い、単なる「資源」となった。

神の死

実はこの時、父なる神も死んだことに気が付かねばならない。デカルトはその著『省察』で、神の存在証明を標榜したが、デカルトにおける神とは限りなく透明な一点であり、ヘブライ・キリスト教本来の人格神ではない。一九世紀、ニーチェは「神は死んだ」と告げたが、ニーチェが神を殺したのではない。彼はキリスト教の神が既に死んでいたことを明言する勇気を持っていたということだ。

中世の黄昏、教会はまだ地上にその姿を保っていたが、その土台は秘かに腐食していたのだ。ヨーロッパの中核ともいうべきスコラ哲学の崩壊の土壌から――まるで死せるイザナミから諸々の穀物が生じたように――二つの大きな流れが生まれた。一つは神をも客体化する主体的人間の再発見、すなわち人本主義としてのルネサンス、もう一つはキリスト教の原点への回帰を叫んだ宗教改革運動である。一方はギリシャ的理性に、もう一方はヘブライ的信仰に、それぞれ回帰していく。「黄金の知」によって融合された二つの要素が再分裂していくのであった。そして大航海時代、ピューリタンをはじめとするプロテスタントたちは新世界を求めて海を渡る。

注意すべきは、ヘブライ・キリスト教に固有のメシア思想、西ヨーロッパでは永らく影を潜めていたこの思想が、アメリカに渡ったプロテスタントに引き継がれて蘇生することだ。自由と平等という輝かしい理念は、フランス革命の標語であるが、それに先立つアメリカ独立宣言の理念であった。民主主義もまたアメリカで生まれた。それはすでに古代ギリシャのアテネに存在し、共和国すなわち民主主義だとする議論もあるが、そうではない。近代民主主義はヨーロッパのしがらみを断ち切った新世界でこそ花開くべきものであったのだ。フランス革命は共和制を産んだが民主主義は産んでいない。それゆえこの国はナポレオンの帝政以降も、王政あるいは第二帝政へと絶えず回帰している。トクヴィルが称賛したように新世界アメリカは夢と希望の国となった。しかし「自由と民主主義」が絶対かつ普遍的理念として世界を律するものとなったのは、アメリカが二度の世界大戦の立役者となり、絶対王者として世界に君臨することになってからである。

若者たちの目の光

一九九〇年代初頭のソ連の崩壊後、世界はパクス・ロマーナを凌ぐパクス・アメリカーナの時代に入った。そのとき世界の警察を自認したアメリカ人の意識の底にあったのは覇権主義ではなくメシア思想ではなかったか、と私は思う。正義は我にありとの確信をそこに見なければアメリカの行為は理解できない。敗戦国日本に対するアメリカの占領政策もそうであったが、当時第三世界に赴いたアメリカ人の若者の目は善意にあふれていたのだ。それは産業革命で躍進した一九世紀のイギリス人の目にも宿っていたものだ。「善きものをもたらすために来た」という確信が植民地や占領地に赴く彼らの心を安らかにしていた。しかしながら、同じ行為はやがて「植民地主義」と呼ばれる「覇権主義」に変身していく。植民地主義の犯した最大の罪は、経済的搾取ではない。「精神の隷属化」だ。植民地の民族が自らの文化を「下等文化」と見なす、なんと悲しいことか。しかしこれが多くの民族に「魂の中の死」をもたらした悲しい歴史的事実だ。日本だけは「和魂洋才」という標語でこれを乗り越えたかと言われるが、果たしてそうか？

植民地の民を未開と見なし、啓蒙せんとした欧米人には「救済のメシア思想」があった。ところが第二次大戦直後から、このような思想に立脚した救済と開発という理念は破綻する。植民地であった民族は次つぎに独立し、次いで覇権主義を内に隠した救済思想への反省が生まれてきた。ユネスコの初代事務局長ジュリアン・ハクスレーの提唱した「内発的発展論」Endogenous development が日本の思想家、鶴見和子によって顕彰され、諸民族の文化的価値には上下関係がないことが確認されるには実は長い時間がかかったことを認めよう。しかしそれは二〇〇一年のユネスコによる「文化の多様性に関する世界宣言」の採択により、今や世界が共有する観念となった。

パクス・アメリカーナの終焉

覇権主義が「救済」という隠れ蓑をまとっていたことを述べたが、今や「自由と民主主義」を錦の御旗にしたアメリカが「我々は世界の警察ではない」と告げる時代が到来した。それはプーチンという強力な指導者の下でソ連的性格を取り戻してきたロシアに対してだけの言葉ではなく、明らかに中国というアジアの大国の目覚ましい台頭によって三極化した世界を事実認識したことによるものである。アメリカと中国は熾烈な経済戦争に突入した。経済的にはもはや二極である。戦いは核を含む軍事よりも、デジタル戦争という様相を帯びる。

その中国にはメシア思想は存在したのか？　答えは難しい。そこに見るのは中原を制し、徐々に東夷・西戎・南蛮・北狄を制覇して行った漢民族特有の「中華思想」である。それは一種の覇権主義なのか？　確かに始皇帝の秦を破り二二〇〇年にわたって徐々に領土を広げていった漢民族の歴史を見れば覇権主義という側面は否定できない。しかしそこには理性を女神としたヨーロッパの啓蒙主義にも相当する一種のメシア思想が付きまとっていた、と私は見ている。華人つまり文化的優越性を自負する者による他民族の同化が善である、という信念があったようだ。その意味では、中華思想は文化的メシア思想なのだが、一九世紀ヨーロッパの啓蒙思想が覇権主義に転じたごとく、そこでは中華思想を武器とした覇権主義が可能となる。中国の指導者鄧小平による一九七〇年代末からの改革・開放路線により強力な経済力と科学技術力を身に付けた今日ではなおさらである。現在「一帯一路」というデジタルシルクロードを標榜し、世界経済を支配しつつある中国には、文化的メシア思想から徐々にアメリカと対峙する覇権主義に傾いていく危険な姿勢がみられる。こうした現実からわれわれが学ぶのは、メシア思想という善は、覇権主義という悪にたやすく転じうる思想だということだ。

二〇世紀の前半、日本もまた「大東亜共栄圏」を「八紘一宇」の精神で造り上げる、という理想を掲げた。それは西欧植民地主義からのアジアの解放を説くものであった。しかしこの理念は世界からは侵略行為とされ、敗戦の憂き目を見ることとなった。つまりここに見られたメシア思想的理念は見かけとされ、実質は覇権主義とされたのであった。

本来のメシア思想

ここで我々が考えなくてはならないのは、メシア思想とコミュニティの関係であり、本来の「メシア思想とは何か」という問いに立ち返ることだ。もともとメシア思想とはユダヤ民族に特有なもので、苦難に満ちたこの民族に約束された救い主 Messiah が現れるという思想なのである。ギリシャ語ではクリストス＝キリスト（いずれも香油を塗られたものの意）である。それは万人のものではなく、諸民族のなかの特定の民族、すなわち「選民」たるユダヤ民族を救いに来るものでなければならなかった。ナザレびとイエスがメシアであると信じたものはキリスト教徒となり、イエスを単なる預言者の一人とみるユダヤ教徒と区別される。問題はメシアが「選民」のみを救う英邁なる王なのか、あるいは全人類を救わんとするものなのか、である。イエスの教えは革命であった。彼は選民思想を排除し、救いの対象を万人に開いた。そしてヘブライの「怒りの神」に代えて「愛の神」を説いた。これはヘブライズムの中では一八〇度の神概念の転換であり、ヘブライ・キリスト教を一つの民族宗教から世界宗教に昇華した精神改革であった。

　しかしわれわれが忘れてならないのは、本来のメシア思想には特定の共同体の救済という意味があり、「内と外の区別」が想定されていたことだ。

コミュニティの意味

Community とは捧げもの（Munus）を共にする（Co）人々の集まりである。供物を捧げる対象が大きくコミュニティの性格を左右する。アブラハムの民にとってそれは恐ろしい神ヤハウェ（エホバ）であった。アブラハムにその一人子イサクを生贄に捧げよ、と命じた不条理の神、試練を課す神である。イエスによりその神は一八〇度その性格を変え、アガペーすなわち崇高な無償の愛の主体となる。その犠牲とはその子イエスであった。七世紀、ムハンマドもまた天使ガブリエルから同じ愛の神の啓示を受ける。全能にして万有に顕現する神、そのアラビアでの呼び名はアッラーである。ではイスラームにおける犠牲とは何か？　それは信徒一人一人の自己犠牲、ジハードにほかにない。ここに恐ろしさが潜んでいる。
　また Community に対する Immunity（免疫）とは、異物を拒否する働きである。自己が「非自己」を拒否する。この働きは医療にも見られ、自己の身体に抗体が形成される。自己はこれによってウイルスからも守られる。それは素晴らしいことと思われるが、注意すべきは、この抗体が急に増えると、サイトカイン・ストームという免疫細胞の爆発が起き、自己自身の細胞を破壊する事態が起こることだ。

イスラームの特殊性

実は世界は三極時代に入ったのではない。上記の三極に加え今後ますます重要度を増すに違いない共同体としてのイスラームという一極が存在することを忘れてはならない。今世紀中に世界人口の三分の一はイスラーム教徒となるという予測さえある。イスラームとは神への「絶対服従」の意だが、そのコミュニティはダール・アル・イスラーム（平和の家）で、ダール・アル・ハルブ（戦争の家）に対峙される。その救いの共同体がウンマと呼ばれる。ここにもまたはっきりと「内と外」がある。

このイスラームは覇権主義なのか？　ムハンマドを奉じた者たちが七世紀半ばから八世紀、中東はもとより西アジア、北アフリカ、イベリア半島までを燎原の火のごとく席巻していった歴史を見れば覇権主義的性格は否定できない。しかしその成功の本当の秘訣はアッラー信仰を武力で強いたのではなく、むしろ各都市に異教徒の共存を許した知恵にあった、と私は考えている。特にユダヤ教徒・キリスト教徒は従妹教団と認められていた。差別は租税の違い以外のものではなかった。この異教徒の存在の許容が、初期イスラームの成功の秘訣であったと私は考えている。

二〇世紀後半から実質的にはアメリカ化を意味してきたグローバル化には今や影が差してきた、と多くの人がいう。しかし、本質的にグローバル化の性格を持つコミュニティはイスラームなのだ、とは多くの人がまだ気が付いていない。イスラームが既存の三極に加え第四極として顕在化する可能性は高いのだ。いかにＩＳ（イスラーム国）をシリアで壊滅させようと、イスラーム過激派の本拠を破壊することはできない。なぜなら本拠がないからだ。バチカンも教皇もない。ＩＳ（イスラーム国）の自称カリフ、バグダディはいつかは本拠をメッカにと考えていたようだが、シリア・イラクではそれとは程遠い結末を見た。ところが中東のみならずアジアからアフリカにいたるまでＩＳ（イスラーム国）の信奉者は野生のキノコのように出現し、自在に変身し、攻撃対象を次つぎに変えて行く。拡大と拡散である。グローバル・ジハードという言葉が聞こえる。

姿を現さない卑劣なテロとは断固として戦わねばならない。しかし同時に我々が反省すべきは、これまで学校でイスラーム文明を消去した世界史を学び、また説いてきたことだ。一六世紀、レパントの海戦でオスマン帝国がヨーロッパに敗れて以来、イスラーム世界は植民地化され蔑視され続けてきたのだが、実はヨーロッパを列強に変身させた近代科学そのものが、中世イスラーム世界による一二世紀ルネサンスなくしては起こりえなかったものなのだ。中世まで世界をリードしたアラビア圏に行くと、その歴史的存在を無視されたことに対する深い Ressentiment（恨）を感じる。破壊の衝動、タナトスが噴出する現状を見るにつけ、私は確信する。文明間対話が今ほど必要な時はないのだと。「内と外」、「正統と異端」をとなえるものには対話は不可能である。まず他者の存在の正当性を認めることが対話を可能にする。

三年前の二〇一七年、まさしくこの真の対話の可能性について感動したことがある。一部のカトリック内部からさえ、その行動が政治的だと批判が寄せられていたフランシスコ教皇の言葉である。
「なぜ異教徒と対話するのか」と問われた時のローマ教皇の答えに私は胸を打たれたのだ。
「形容詞と話してはならない。真のコミュニケーションは主体となされる。すなわち一人の人間とだ。

その人は不可知論者かもしれない。無神論者かもしれない。カトリックあるいはユダヤ教徒かもしれない。しかしそれらは形容詞に過ぎない。私は一人の人間と話す。」

カトリックとは普遍的という意味だが、この考えは世界的に多くの紛争を生んできた。正統と異端とは壁の中と外のことだ。復活祭の教皇の演説をurbi et orbiというが、それは「(ローマの壁の)内と外に」の意味だ。世界は永らくこの対立を生きてきた。だがここにその「カトリック」の語自体を形容詞とし、一人の人間が他の人間と話す、という教皇が現れたのだ。私は、ここに、すべての民族間の対話を可能にする一人の主体的人間の呼びかけを聞く思いがしたのである。

第5章　キリスト教と仏教

はじめに

ヘブライ・キリスト教の超越と聖性の観念が、「結界」すなわち壁を創ると共に大自然の人間による統御に繋がったことを第3章で見てきたが、果たしてキリスト教世界は常にその立場を保持してきたのか、と問わねばならない。また同時に、キリスト教と仏教に通底するものがあるのか、を問わなければならない。

東西を対置し、東洋思想の優越性を誇示したい誘惑に魅かれることはあるだろうが、しかしそれに負けることは、世界平和にも、地球環境の保持にも益しない。

まず、カトリック教会と、大乗仏教の成立を考察するのが良い。現在でもこの両者に対する誤解が多すぎると私は考えている。

私の尊敬する仏教学者の中村元は、仏教をサンスクリット語・パーリ語の原典にまで遡り、それがシナ大陸経由で日本に至る道を解明した大学者だが、一つだけ私が納得出来ない点があった。それはこの仏教学者が、プロテスタントを大乗仏教に、カトリックを上座部(小乗)仏教に比したことだ。これはおそらくアメリカでプロテスタントの牧師が妻帯し、出家と還俗の厳密な区別がないことを見たことからの単なる感想だと思うが、キリスト教の構成はそのような外見で見えてくるものではない。実はその反対に、カトリックは大乗仏教と本質を同じくし、プロテスタントの方が上座部仏教に近いのだ。われわれはこの両者の歴史を比較することによってキリスト教そして仏教の姿を知る手がかりとしたい。

大乗仏教とは？

一世紀末、ガンダーラ（現在のパキスタン北西部）の地に生まれた大乗仏教は、前三世紀アショカ王の伝道によってこの地に至った仏陀（ブッダ）の教えと、アレクサンダー大王の遠征がこの地にもたらしたヘレニズムのギリシャの神々との出会いによって生まれたとされるが、それだけではなかった。ガンダーラを支配したイラン系のクシャーナ王朝のゾロアスター教、それにインドで仏陀入滅後五〇〇年を経て復活しつつあったバラモン教の神々、さらに七世紀以降にはこの地から出向いたチベット仏教までもが里帰りして習合し、一つの新しい総合宗教を形作ったものなのだ。それはすべてを包含し、しかも時代と共に変容する文明間対話の所産であった。従ってそこからは、時代と共にブッダそのものを越えた思想、例えば竜樹の「空」、恵果の「真言」、道元の「只管打座（しかんたざ）」、親鸞の「悪人正機」、等々の多様な教えが生まれる。親鸞の阿弥陀信仰に至ってはむしろ一神教に近い。一六世紀日本に至ったフランシスコ・ザビエルは、この国にはキリスト教に近い信仰が存在する、とイエズス会本部に報告している。

ガンダーラにおける菩薩の誕生に関しては、パキスタンの研究者達と共に現地に三度足を運び、菩薩の誕生こそが大乗仏教の成立を意味することを小著『転生する文明』（藤原書店）で紹介したが、特にその初期、二～三世紀に現れる三菩薩である弥勒・観音・文殊については、その誕生の地まで特定することが出来た。その後も続々と如来・菩薩が誕生する。だが、これらの菩薩の名は、実はタイ、ミャンマー、カンボジア等の上座部仏教の国の人々には全く通じないことを知り、愕然としたことがある。彼らは菩薩の存在自身も知らない。彼らの信仰の対象はブッダただ一人なのだ。上座部仏教を生きる人々は、釈迦その人が教えを説いたその時代を生きているごとくに振る舞う。ただし金色の仏像はますます巨大になり、そこに日々金箔が貼られる。それはまさに敬虔な信仰の姿なのだが、ただそれが、自らの入滅に当たって自分の偶像を造ることを禁じた釈迦牟尼の意思に沿うものか、は考えるべきことかもしれない。

大乗仏教の数々の如来・菩薩の存在は釈尊が説いたものではない。後に成立するパンテオンである。それがガンダーラに現れるのは、アレクサンダー大王の東征がもたらしたオリンポスの神々の造形、ゾロアスター由来の光明を放つ仏の姿が、復活してきたインド古来のバラモン教の神々と共に、ここガンダーラの地に集結したからであった。

あまりにも尊い故にそれまで形象化されなかったブッダの像が姿を現すのは、最高神ゼウス（ジュピター）さえも形象化されるギリシャの造形が影響したと考えて間違いない。

このパンテオンにおいて、ブラフマ（梵天）とインドラ（帝釈天）はとりわけその現存度が高い。およそ「天」もしくは「明王」と名付けられた仏たちはすべてインド教の神々である。また「上求菩提下化衆生」を体現する菩薩たちは、ガンダーラの北方スワットの池から蓮の花を持って誕生した蓮華手（パドマパーニ）の成長した姿である観音菩薩（アヴァロキテシュヴァーラ）、イランで光の神アフラ・マズダと共に古くから信仰されたミトラの転生を思わせる弥勒菩薩（マイトレーヤ）、及び釈尊の般若の知恵を象徴する文殊菩薩（マンジュシュリー）は、釈尊自身の像をも数で上回るものとなった。それらの菩薩像の装束をからして、それらはいずれも現地に実在した貴人あるいは賢人であった、と私は見ている。

ちなみに古代イランでゾロアスターが行った宗教改革は、エジプトのアクエン・アテンの一神教への改革に近いものであったと私は見ている。多くの神々の中からアフラ・マズダという最高神を選ぶこと、すなわち選一神教 Henotheism であったのだ。選ばれた最高神が光の神であったことも通底している。ただしゾロアスターの方は、それと対峙する闇の神、アンラ・マンユを悪の主神としてたてたので、善悪二元論となって行く。エジプトにはそれがない。

キリスト教の変容

イエスの処刑後、その弟子達はエジプト・エチオピア・アルメニア・ローマに逃れる。エジプトやエチオピアではコプト（エジプトの意）教として今も生きる。ローマに逃れたものは、迫害を受け、地下のカタコンベでの秘密集会を続け、信仰を守ると同時に結束を深めて行く。ほぼ三〇〇年が経つと、その教えは徐々にローマの人心を摑みはじめ、集会も地上で行われることになる。三一三年、自らキリストの教えを受け入れたコンスタンティヌス帝はミラノ勅令を発出、キリスト教を公認する。それどころか帝はキリスト教によるローマ帝国の新たな都として三三〇年、ビザンチウム、つまり今のイスタンブールの地にコンスタンチノープルを建設する。それが東ローマ帝国の首都となり、西ローマ帝国の衰亡後もギリシャ正教として、セルビア正教として、また北上してロシア正教として栄え、今に至っている。

カトリックとは「普遍的」の意味だが、勢力を拡大するに従い、当然ながら教義が多様化する。それらを総括し正統の教義・典礼・教会法を策定せんとする動きが起こるが、そのために全会派が集まる会議を公会議 Concilium Oecumenicum と呼ぶ。第一次公会議は三二五年ニカイアで開かれ、キリストの神性を神より下位におくアレイオス派を排除すると共に復活祭の日付を決定、第二次公会議は三八一年コンスタンチノープルにて三位一体論を確立、第三次公会議は四三一年エフェソスにて聖母マリアを「テオトコス＝神の母」ではなく「クリストトコス＝キリストの母」としたネストリウス派を異端とし、第四次公会議は四五一年カルゲドンにてキリスト単性論（キリストが神であると共に人性を有すとする説）を排除したが、ネストリウス派の断罪は続いた。こうして公会議は延々と続き、一九六二〜六五年バチカンでの第二一次公会議に至っている。八世紀東ローマ帝国に起こったイコノクラスム（聖像破壊運動）問題は、決着がつかないまま、七八七年の第二ニカイア公会議で破棄されている。

何故、公会議の話を出したかというと、この開催地の地名と時期を見てほしいからだ。初期には今のトルコ、小アジアが多い。アレクサンダー大王の道が垣間見えるではないか。またイコノクラスムだが、八世紀、この一帯に勢力を広げたイスラームによる偶像破壊の影響を受けたことは一目瞭然であろう。後にカトリックと呼ばれるキリスト教会は、広い地域を旅し、他の多くの異文化を吸収していった教会なのだ。エジプトからは最後の審判の考えが入る。死者の心臓を一方に、正義の神マートの羽をもう一方に乗せる天秤計り、すなわち「死者の書」に描かれた正義の計りは今も世界中で裁判所の印となっている。死者の復活の観念が持ち込まれる。ギリシャの神々が天使像を形作る。羽を生やした天使像だが、これもまたギリシャ生まれではなく、西アジアで誕生した造形がギリシャに入ったものなのだ。同じくスフィンクスも羽を生やしていた。ギザの大スフィンクスには羽がないが、羽を生やしたスフィンクスはテーベでも、またデルフォイはじめギリシャの各地でも見られる。

公認されたキリスト教では、まさしく大乗仏教の菩薩達のように数々の聖人が列せられるようになる。インドから渡来した数珠はロザリオとなる。フランキンセンスというアラビアの乳香が教会に立ち込める。ガンダーラ北方、スワット渓谷の二〜五世紀の岩絵に現れる仏像の光背がビザンチン時代からキリスト教絵画に取り入れられる。ルネサンス期からはすべての聖人像に光背(光輪)が描かれる。

ルネサンス期からは磔刑のキリスト像に代わって聖母マリアの復活が見られることにも注意しよう。ヨーロッパの大地を北から南まで車で走ってみるとよい。北方の教会の鋭い尖塔は徐々に姿を消し、かつては薄暗い地下聖堂(クリプト)に置かれていた聖母マリア像が祭壇中央に置かれるようになり、更にそれは外に出て徐々に高みに登っていく。詩人ヴァレリーの生まれたセート、古代ギリシャ人が造った港マッサリアことマルセイユに行くと、マリア像は教会の屋根の天辺に立ち、じっと海を見つめているのである。太古のいのちを育んだ海と母性の象徴であるマリアの復活、この現象はかつて地中海文明を彩った大地母神の転生とみて良い。地中海の光と海が父性的キリスト教の中に母性原理を復活させているのだ。北方の詩人ゲーテはイタリアに旅し、この母性原理を見いだした一人だ。

スペインのサンティアゴ・デ・コンポステーラ巡礼の道の教会には黒いマリア像が多い。この黒は何かだが、私はエジプトの産霊（むすび）の女神イシスの色だと思っている。教皇ヨハネ・パウロ二世によって欧州随一の聖母とされた、スペインの聖地モンセラットの黒い聖母は、我が子イエスを膝の上、前向きに載せているが、それはまさにイシスがその子ホルスを抱く姿なのだ。


ギリシャの形而上学と自然学が、中世カトリック神学、すなわちスコラ哲学を形作ったことは先に述べた。しかしカトリック教会の聖人たちの中にはプラトンやアリストテレスの名も記されているのには驚く。キリスト教神学は、キリストの学びどころか、キリスト誕生以前の学者さえも包含しているのだ。ケルト民族のようなキリスト教に征服された民の聖人もいる。

すなわちカトリックとはすべてを吸収し生成して行った宗教なのである。この、他文化を取り込み、時代と共に成長し変容して行く姿は、まさしく文明間対話によりガンダーラで誕生し、成長を遂げていく大乗仏教の姿そのものではないか。

それに対し、一六世紀に起こった宗教改革、すなわちルター、カルヴァンという二人のカトリック修道士によるバチカン批判は、千年にわたって続いた教会の数々の付着物を取り去り、キリストの原点に立ち返れ、というものであった。もちろん、魂の救いをお金で買える免罪符の発行が決定的な動機になったのだが、その背景には多くの異文化を取り入れ、肥大化し、ある意味で多神教化した教会の姿があった。教会法カノンは果たしてキリストの意思に沿うのか？　聖書には書かれていないあまりにも多くの典礼や儀式が、人間くさい芸術作品にあふれた大聖堂のようにカトリック教会を形作っていた。救いを求めるものと神の間に、あまりにも多くの「媒介者」が存在した。

　イエスの教えの原点に帰れ、この叫びがプロテスタントと呼ばれたのであった。ここでは人間は、媒介者なしで、たった一人の人間として直接神と対面する。

仏教の多様化

そこで、仏教の方を見てみると、ほぼ同じ動きが存在したことに気がつくのだ。

　ブッダ入滅後一〇〇年を経て、仏教徒は上座部（じょうざぶ）と大衆部（だいしゅぶ）に分かれる。上座部は長老派とも呼ばれた、個の救済を求める出家集団で、パーリ語の経典を尊び、厳しい戒律を守った。大衆部といわれたものには厳密な定義はないが、その戒律の一部を緩和する動きであった、と見てよい。従って出家と在家を結びつける素地が出来た、と見ることが出来る。

　ガンダーラに入った教派は、と言うと、それは実は大衆部ではなく、上座部から分かれた説一切有部（せついっさいうぶ）Sarvãstivãdin であったことが、一九九七年、パキスタンのイスラマバードでのセミナーで報告された。前二世紀、比丘ナーガセーナがバクトリア王メナンドロス(ミリンダ王)と論じたのがこの教説の発端であったとも言う。「三世実有、法体実有」すなわち実社会と法の直結を説くもので、これが大乗仏教の土壌を造ったと見てよい。

上記のように外来の諸思想の諸々を取り入れた大乗 Mahayana すなわち救済の大きな乗り物は、「北伝仏教」としてシルクロードを通り日本に伝えられたという。それに対し、大乗仏教側から小乗 Hinayana と揶揄された上座部仏教 Theravada は「南伝仏教」と呼ばれたが、この分け方は厳密に言えば正しくない。実は大乗仏教もまた、陸のシルクロードを通り朝鮮半島から渡来したものとは別に、海の道でスリランカからジャワへ、更にジャワから広東、そして大唐の都長安に至り、長安から日本にもたらされたものであったことは、小著『転生する文明』に収録した「南海の大乗仏教の道」の章で明らかにしたつもりである。特に真言密教がその道をたどったことは空海とボロブドゥールの関係を明らかにした上記の論考で証明できたと思う。

すなわち陸の道、海の道の双方をたどった大乗仏教は、大陸では魏・隋・唐・宋の各王朝の文化を形成、元時代にはチベット仏教(ラマ教)をも導入していた。なぜならば七世紀、スワット出身のパドマ・サンバーヴァによってチベットの地にもたらされた大乗仏教は、当時南方からガンダーラにもたらされた「呪」の仏教に属するもので、また地元のボン教と習合することによって強力な国家の形成に貢献したからだ。チベットは八世紀には一時広範な地域を、かの敦煌さえもその領土とし、モンゴルの地もまた宗教的にその傘下に収めていたのである。

しかし大陸における仏教は、明の時代から衰退に向かう。勃興してきたヒンドゥー教とイスラームに押され九世紀にはインド大陸で姿を消す仏教は、一四世紀にはシナ大陸でもラマ教を除いて姿を消して行くことになる。

大乗仏教の教えを受け継いだのは日本列島であった。そして一三世紀以降の鎌倉仏教は思想的にも世界に冠たるものとなった。

上座部仏教はいつ生まれたのか？

上座部に関しても誤解が生じている。ブッダ入滅後一〇〇年に成立した上座部は、現在東南アジアに流布している上座部仏教 Theravada Buddhism ではないのだ。前三世紀マウリア王朝第三代目のアショカ王は、当時の王の義務であった戦いに倦み、アヒンサ（不殺）を説く仏教に帰依する。そして各地に伝道師を派遣する。伝道の先は今「アショカ碑文」が残っている場所とそこに使われた文字から推定される。インダス河上流のガンダーラに残るものはマウリア王朝のカロシュティ文字、現在のアフガニスタン（当時はバクトリア）、カンダハールに残る碑文はギリシャ語とアラム語である。アラム語とはまさしくイエスが使った言葉ではないか。アショカ王の伝道はヘレニズムの道を西にたどった形跡があるのだ。当時のシリア、マケドニア、アレクサンドリアは伝道の目的地であったと推量されるが、フランスのロジェ・ガロディは前二世紀に仏教徒がパレスティナまで来ていた、と記している。

アショカ王の伝道、続くクシャン帝国支配下の二世紀、仏教は強力なカニシカ王の庇護を受けて成長した。

このように諸々の国、文明との出会いが大乗仏教を生誕させたことを見てきたが、もう一つの上座部の方は、実はこの当時から歴史上姿を消しているのだ。

前三世紀、アショカ王の王子マヒンダがセイロン(スリランカ)北部の都アヌラダプーラに至り、シンハラ王朝に仏教を伝えた地がミヒンターレの丘であるが、仏教に帰依したシンハラ王はこの地にマハ・ヴィハラ(大寺)を建てている。これが南伝上座部仏教の出発点とされるが、果たしてそうなのか?

実は八世紀、ジャワのシャイレンドラ王朝を改宗させ、ボロブドゥールという一大仏教寺院を建設したのが、このアヌラダプーラの地に存在した大僧院アバヤギリから海を渡った僧達であったことを私は検証した。これはスリランカの文化財局長、後にイコモス(世界記念物遺跡会議)会長も務めたローラン・シルバの友情と協力があってのことだ。

唐では無畏山と呼ばれたこの僧院は、当時数千人の比丘を集めた大乗仏教、それも真言密教の本山であったと分かった。真言すなわち呪 Mantra は、本来がセイロン起源のものなのである。四世紀、求法僧の法顕(ほっけん)は法典を求めてインド大陸を周遊するが、ここアバヤギリに一番長く滞在している。また、玄奘は七世紀、ガンジス河中流域の仏教大学ともいえるナーランダでこのアバヤギリ僧院のことを聴き、セイロンに渡ろうとするが、内乱(何と今も続いている)で海を渡れずやむなく引き返したのであった。その玄奘はガンダーラでの体験を「何か分からない呪文を唱えている」と述懐している。それは何を意味するのか?　遅くとも七世紀には、セイロン発の呪の思想が遠くインダス河の上流まで達していたということだ。言い換えれば、それは大乗仏教の中に密教が誕生していたことを示している。玄奘はバーミヤンの黄金の大仏の前で「五体投地」の礼を行ったというが、今チベットで行われているこの五体投地の礼は、やはりガンダーラ起源かも知れない。あるいは既にチベット僧がこの地に、更にバクトリアに来ていたということだ。七世紀、パドマ・サンバーヴァによってチベットやブータンに伝えられたのが大乗密教であったことはすでに述べた。

八世紀から九世紀、セイロンとインドネシアを結んだ海の道、この道の存在は両国の王家の歴代の婚姻関係にも表れている。

自浄運動としての上座部仏教

しかし宗教団体は、叢林（サンガ）が強力な組織となった時、常に巨大化する政治組織と同じく、やがて硬直化し腐敗する運命にある、と思わざるを得ない。かつてガンダーラの諸寺院が王家から寺領を得るに及びその憂き目をみたが、セイロンに起こったことも同じではなかったのか。一一世紀になると、セイロンの仏教界に浄化運動がおこる。それが南方上座部の誕生であった、と私は見ている。

その動きは、まるでルターやカルヴァンの行った革新運動ではないか？　彼らは釈尊の原点に帰れと叫び、あたかもキリスト教におけるカトリックのように諸々の文化・宗教を包含してきた大乗仏教徒と激しく闘った。一二世紀、その確執が暴力闘争に発展すると、ついに王の勅令により、大乗仏教はこの国から消去されることになったのである。

この新しい上座部仏教がセイロンからビルマ（ミャンマー）・タイ・カンボジア・ラオス・ヴェトナムに伝えられたものなのだ。いずれの国もこの一二世紀以前に上座部仏教を習得したものはない。それは存在しなかったからだ。新しい仏教はまずビルマ（ミャンマー）に入った。一三世紀、ビルマと隣接する雲南から南下したタイ族はこの新しい仏教を取り入れ、スコタイ(幸福の夜明けの意)に都を開く。タイ族はついでチェンマイ、アユタヤ、最後はバンコックと徐々に都を南に移していく。一三世紀、クメール王朝に侵攻したシャム軍とはまさしくこの新仏教国のタイ族であったのだ。まるでヨーロッパにおけるプロテスタントのように誕生したこの上座部仏教には、もはや如来や菩薩はいない。信仰の対象はただ一人ブッダである。まさしくプロテスタントに聖母像や聖人像がないように。

二〇〇一年、石澤良昭率いる上智大チームがカンボジアのバンテアイ・クデイで七〇〇体以上の埋蔵仏を発見したのは世紀の快挙であったが、それがニューヨークの9・11同時多発テロと偶然にも同時であったため、大きく報道されなかったことが悔やまれる。

この不思議な埋蔵仏群であるが、それらは実に丁重に埋葬されている。するとそれは破壊行為ではなく、襲来する上座部仏教徒のシャム軍から、大乗の諸仏を隠したものに違いない、と私は見ている。そのような行為は過去にもあった。イタリア半島南端のタラントの住民は、八世紀、サラセン(イスラーム軍)の襲来を恐れてプトレマイオス朝以来の財宝を地下に埋めた。これが二〇世紀末発見され「タラントの黄金」としてパリ・東京・ニューヨークで展示されたものである。

一二世紀にジャヤーヴァルマン七世によって建設されたアンコール・トム(大都)のバイヨン寺院の井戸から一九三三年に見つかったのは観音菩薩像であったが、これまた故意に隠されたものだ。観世音こそ大乗仏教、しかも密教と結ぶ仏なのである。またアンコール地区からは多くの仏像の名品が出土しているが、その中にはセイロン起源と思われるものもある。

中央ジャワに続き、一時クメール王朝のカンボジアで栄えた大乗仏教は、かなり儚い生涯を終え、新たに勃興した南方上座部にその場を譲ることになって今に至っている。

キリスト教の自浄運動

一六世紀、キリスト教内には「修正教会」としてのプロテスタントという自浄運動がおこったと述べたが、実はこのような自浄運動はカトリック教会内で数回起こっているのだ。

一一世紀にはクリュニー修道会が、サンティアゴ・デ・コンポステーラ巡礼の守護者となり、ただひたすらに歩む巡礼による魂の浄化に努めた。一二世紀には山の聖人ベルナールによるシトー派修道院が各地に広がり、簡素な美しい線を持つ瞑想の空間が出現した。そして一三世紀には、もっともイエスに近い人、アシジのフランチェスコと彼を慕うものにより清貧にして純粋なフランシスコ修道会が設立されたのであった。

この人は、若き日を享楽の中で送ったが、獄中で突如神の声を聴き、ハンセン病の患者の看護から始めてキリストの道に入っていった人だ。貧者に自らの衣類を与え、托鉢のみで生き、病人を救う姿に、語らずして徐々に人が集まり始め、それが一二人になったとき、フラーティ・ミノーリ（小さな兄弟たち）と呼ばれる修道会が誕生する。その後フランチェスコを慕うものは続々と現れ、一二一九年の集会にはヨーロッパ全土から五〇〇〇人が手弁当で参集したと言われる。草木を愛し、母なる大地を兄弟姉妹とした彼の周りには小鳥たちも集まり、その説教に聞き入った。キリストの倣び（まね）がその生涯であったこの人は、一二二四年ラヴェルナの山中で六翼の天使からキリストの聖痕(スティグマ)を受けたという。

　このような例は、カトリック内部に起こった自浄運動といえよう。私は一六世紀に始まるイエズス会も本来それであったと見ている。一五三四年、モンマルトルの丘に集ったパリ大学聖バルブ校の神学生七人は、「清貧・純血・巡礼」の誓いを交わす。その中にバスク出身のイグナチウス・デ・ロヨラ、フランシスコ・ザビエルが居た。巡礼の先は本当はエルサレムであったが、当時イスラーム軍に占領されていたこの聖地に行くことはかなわず、ローマでの協議の後、東方への伝道に変更されたのだった。バスク語でシャビエルことザビエルはポルトガルの開いた海の道をたどり、ゴア・マラッカを中継点として一五四九年鹿児島に上陸する。実はそれは、かれが目指した明が港を閉ざしていたためであったが、たった二年弱の日本滞在中、ザビエルがキリスト教に改宗させた日本人は一説によると一五万人に及ぶという。これが本当なら、それはひとえにザビエルの卓越した人格力にあったと思う。彼は一五五一年、念願の中国に入るが目的は果たせず病死する。日本ではルイス・フロイスがザビエルに続いた。

神の訳語の問題

　ここで少し寄り道して、訳語の問題を考えてみよう。イエズス会によって日本国にもたらされたキリスト教の神は、直ちに日本人に受け入れられたのか？　そうではなかった。デウスまたはデウス様、という最初彼らがそのまま使おうとした名は日本人にはあまりにも異質で受け入れられなかったのだ。

　イエズス会の神父たちは九州で仏教の僧侶たちと討論しているが、その相手は真言宗の僧侶たちであったので、当然、大日如来の名がでる。「私たちのデウスとはあなたたちの大日だ」と一時は言おうとしたが、やがてこの仏は密教の仏でキリスト教とは相容れないと気がつく。「デウス如来」という言い方も浮上したらしい（パリでのロッテルムンドの報告、二〇〇五年）。そこで後で中国に渡ったイエズス会の神父たちが考案した「天主」という訳語が日本に輸入され、やっと定着したという（ヴァンクーヴァーでのシュラキの報告、一九八九年）。宣教師を優遇した織田信長は、天主閣（天守閣）を持つ初めての城、安土城を築いた。

ちなみに、中国での布教の仕方にも天才的な工夫が見られる。『ヨハネ伝』は最も異国人に受け入れやすい福音書だが、冒頭の「初めに言葉（ロゴス）あり、言葉は神と倶にあり、言葉は神なりき」のイエズス会の訳はこうであった。

「太初有道、道与上帝同在、道就是上帝」

中国人の血肉に潜んでいる道教の「道（タオ）」を「ロゴス＝言葉」に置き換えているのだ。巧みと言うほかはない。

日本で「デウス」を思い切ってこの国古来のカミ、「神」と訳したのは、やっと明治時代、キリスト教が解禁された後である。やはり神はそれぞれの国の土着の言葉でしか生きられない存在なのだ。

清貧とローマへの服従

こうした浄化運動だが、個人としては、既にルネサンス期に、その官能的な美術を批判し、精神性への回帰を叫んだフィレンツェのサボナローラの名を加えてもよい。彼の声は狂信的と言えるものであり、ボッティチェリの絵画の多くがそのために失われた。

ところで上に名を挙げた修道会には共通することがある。カトリック教会の浄化運動でありながら、彼らがあくまでもローマへの忠誠を失っていないことだ。ルターやカルヴァンは、同じ浄化運動でありながら、バチカンの権威そのものを否定した。そこに違いがあった。内にとどまるか外に出るかの問題であったのだ。外に出た浄化運動は、永い宗教戦争を引き起こし数百万人の犠牲者を出すことになった。

回勅『ラウダート・シ』

キリスト教と自然という主題に対し、重要な回勅が二〇一五年に教皇から出された。"LAUDATO SI"である。「主よ賛美されたまえ」とのアシジのフランチェスコの言葉を冠したこの回勅には現教皇の思いが込められていると思う。教皇は自らの名フランシスコをまさしく自然を愛したこの聖人の名にあやかって選んだ。日本なら時代としては道元、その清貧と乞食（こつじき）の姿は良寛に比されるこの人の名を名乗ったのだ。

フランシスコ教皇はこの回勅において歴代教皇が人間による自然破壊の行為を断罪してきたことを例証するが、基本的にはやはりアシジのフランチェスコにその範を求めている。その思いはこの聖人こそが Integral Ecology「統合的エコロジー」の先駆けである、との言葉になる。聖フランチェスコこそが、「自然は壮大な一冊の本である」と説いた人なのだ、と。

教皇自身の見解は、気候変動・水問題・生物多様性の喪失・海洋・格差問題と広域に及ぶ。それは国連が取り組むＳＤＧｓ全域をカバーする問題意識であると見て良い。ラテンアメリカ出身故に単作農業Mono-culture の弊害が力説されているが、これはわれわれがもっと知るべき問題であろう。

本質的な指摘のひとつは『ラウダート・シ』（一一六項）に読み取ることが出来る。「世界制覇というプロメテウス的展望が人類の傲慢さに由来し、本来は（神からの）責任ある神託管理と理解すべきところを誤解している」との指摘である。この解釈はやはりヘブライズムの創造神を前提とするもので、イスラームとも通底する。ただこの場合も、イスラームの方が神からの信託を旨とし、被造物に仕える姿勢を重んじる、とは板垣雄三氏の指摘である。

カトリックにおいて重要な認識は、人もまた被造物であるということである。同じ被造物として自然と同一線上にあることだ。ここが重要で、この同一性を断ち切ったのが一七世紀の科学革命であったことは、既に述べた。

神学者であったベネディクト一六世にしても、成長モデルの修正を訴えていた、「人は精神であり、意思であり、また自然である」と。

創造主の全能が高く掲げられたのは、バビロンの捕囚であった。ユダヤ・キリスト教の世界では、「被造物」の語は、神の愛に満ちた特別の価値を有する。それは「自然」よりも広い意味を持つ言葉なのである。「みことばによって天は造られた」（詩編33／６）「その愛は動かす、太陽と星たちを」とダンテ・アリギエーリも述べているではないか？

しかしこれらの引用の後、フランシスコ教皇ははっきりと述べるのだ。「ユダヤ・キリスト教は自然を非人格化した。自然を神聖なものと見ない」そしてその責任は人間にある、と(Laudato si' 78)。まさしくこの小著に込めた我が思いを代弁してくださった言葉だ。

さらに教皇は、基本的人権は尊重しつつ、一九九二年のリオ・サミットを評価、持続可能な発展の責任を人間は担っているとする。

政治は経済に従属してはならず、経済は効率主義に堕してはならぬ、また死の文化に対して家庭こそが生命の文化の中心である、と説く教皇は、「エコロジカルな回心」をもってその結論としている。その数行を収録して置こう。私が主張する《地球の砂漠化は、人間のこころの砂漠化が招来した》というテーゼと比較されたい。

「内的な意味での荒れ野があまりにも広大である故、外的な意味での荒れ野が広がっているのです。……アシジのフランチェスコの姿を思い起こすことによって、私たちは、被造物との健全な関わりが、全人格を包含した回心の一面であることに気がつきます……キリスト者の祈りは　この地球のための祈りなのです」

日本の地球システム・倫理学会は、二〇一七年一一月、この重要な回勅を巡って、上智大学で学術大会を開いている。ところがその三カ月前、パリで *PAPE FRANÇOIS Politique et société* (L'Observatoire)という本が出版されていたので、コメンテーターを務めた私は、そこに描かれたこの教皇の内面を紹介することにした。これは、第三次世界大戦は既に始まっている、とするＤ・ウォルトンというパリ国立科学研究所の論客との二年半に及ぶ対談の集約であるが、Globalism と Uniformisation（画一化）が世界を殺す、という強いメッセージを含むものだ。

私が注意したのは、ウォルトンが何とか教皇との論議を政治と社会問題に引き込もうとするのに対し、フランチェスコ教皇は、絶えずインテグラル・エコロジーの立場に帰っていることだ。『ラウダート・シ』にも一〇回以上言及している。

私が特に注目したのは、世界が多面体 polyèdre だという指摘である。他者を理解するためには多角的な接近が必要となる。教皇が高く評価するのはロマノ・グアルディーニ（Romano Guardini, 1885-1968）神父の「対角線の思考」（仏 Pensée diagonale：伊 Contraposition）だ。多角的接近によって多様性の中の統一性が見えてくる。伝道は折伏であってはならない。

「我々の神学は移民の神学なのだ。イエス自身が移民であり、難民であった。……旅をすることが肝要だ。旅に出ることにより出会いが可能になる。歩くことが出会いの文化の基礎なのだ。」（同書 p. 27）

橋を架ける

教皇は政治的ではないか、という批判に対する答えも面白い。
「Pontificat（教皇位）の語源は Pontifex〔橋を架ける〕なのだ。主はその子を橋を架けるために送られた。私は教会の貢献は橋を架けることにあると思う。そこに政治的行動の土台がある。」（p. 72）
「わたしにとって現在の最大の危機は画一化 uniformization とグローバル化 globalization だ。更にもう一つの恐ろしいことが起こっている。それはイデオロギーによる植民地化だ。このイデオロギーは金を神としている。」(p. 46)

二〇一五年九月二五日、ニューヨークの国連職員に対しての演説ではこう述べている。

「何よりも、真の環境権が存在すると認めねばならない。なぜならわれわれ人間もまた環境の一部なのだからだ。……また、被造物のすべてはそれぞれ固有の価値、すなわちその存在、その命、その美、そして他の被造物との相互依存 Interdependence により独自の価値を持つことを認めねばならない。すべての宗教にとって環境は根本的な善である。」

この「環境」の語を「自然」と置き換えて見ると良い。

実は私は「環境」という語に限界を感じている。Environment とは Surrounding すなわち「取り巻くもの」の意で、人間中心主義を脱していないからだ。欧米語での会議ではこの語を使わざるを得ないことがよくあったが、将来的にはこの語は Nature または Earth と呼び直されるべきであろう。環境倫理 Environmental Ethics と言わず地球倫理 Global Ethics という表現をわれわれが使っているのはこの人間中心主義を脱するためなのだと知ってほしい。（地球をひとつの生命体と考えれば、「生命倫理」と言ってもよいはずだと思われるかも知れない。しかし Bio-Ethics の呼称はアメリカの医療専門家によって医療倫理として既に使われている。）

フランチェスコ教皇は、先の本ですべての異文化に対する敬意と文明間の対話の重要性を表明すると共に、私が前章末尾に引いた驚くべき言葉を発している。なぜ異教徒と話すのか？　に対する答えである。もう一度ここに引こう。

「形容詞と話してはならない。真のコミュニケーションは主体となされる。すなわち一人の人間とだ。その人は不可知論者かもしれない。無神論者かもしれない。カトリックあるいはユダヤ教徒かもしれない。しかしそれらは形容詞に過ぎない。私は一人の人間と話す。」(p. 211)

注意してほしい。「カトリック」もまた形容詞だというのだ。不可知論者やユダヤ教徒と並べてである。

「形容詞と話すのではなく、一人の人間と話す」ということの言明に私は深い感銘を覚えた。この方はやはり並みのお方ではない。東方正教会の大司教バルトロメオ、イスラエルのシモン・ペレス、パレスティナのアッバス議長を一堂に招き、共に一本の平和の樹を植えたこの教皇の行為とも呼応し、普遍を意味するカトリックさえも諸宗教のひとつとして相対化しているではないか。

本当は、悟りの宗教とは異なり、啓示宗教は絶対であらねばならない。自己を相対化するときその存在理由を失うのではないか？　この問いは私の心を離れないが、この「一人の人間(実存)と話す」との言明ほど私が胸を打たれたものはない。

カトリックを論じるに当たり、もう一つ私が感銘を受けたことを挙げておきたい。それは「教皇の不可謬性」すなわち教皇は間違いを犯すことがないという、常に問題とされたテーゼに対するヨハネ・パウロ二世の決意と行動である。バチカンはホロコーストを黙認したのではないか、十字軍は侵略ではなかったのか、等々の批判に対し、この Infaillibilité pontificale(教皇の無謬性)の観念は大きな壁となってきたのだ。ところがまさに二〇〇〇年の夜明けであった、〇時を期してヨハネ・パウロ二世は、その老体にむち打って、バチカンの正面玄関に杖にすがりながら立ち、教会の過去の過ちを告白し、許しを請うたのであった。この誠に勇気ある決断に私は深く感動した。

仏教との違いは？

以上、現教皇まで引き出してキリスト教の世界観を垣間見てきたが、ならば仏教とは何が違うのか、を考えねばならない。人間も自然も神の被造物と考えることは両者に可能なのか。神はすべてに顕現している、との考えは仏教にもイスラームのタウヒードにも通じる。では問題はやはり超越神たる創造主の存在にあるのか？

まずは倫理面でキリスト教徒と仏教の五戒を見てみよう。仏教の方は優婆塞戒（うばそくかい）を取り上げ、キリスト教の方はモーゼの受けた十戒から、「只われのみを信じよ」という前半の五戒は割愛し、倫理を語る後半の五戒を見てみよう。

仏教の五戒——不殺生・不盗・不姦淫・不嘘・不飲酒
モーゼの十戒中の五戒——不殺・不姦淫・不盗・不偽証・不渇望
ほぼ同一ではないか？

果たして十字架の道と菩薩道は異なるものなのか？

パウロは数あるイエスの弟子の中でも、その教えを祖述した人だ。彼は「もはや我生くるに非ず、キリスト我の中に生くるなり」（「ガラテヤ人への手紙」2-20）と吐露している。是は菩薩行そのものではないのか？

キリストの愛（アガペー）と釈尊の慈悲は違うのか？　根本的な違いはない。

イスラエルとインドという遠く離れた場所で、それぞれの文化社会的土壌に立ちながらほぼ同じ精神の革命とも言える教えが説かれたのだ。この現象は同時発生であったのか、あるいは一方から他方への伝播があったのか、は議論の余地を残している。（一方は白象が胎中に入る夢、一方は天使からのお告げによる懐妊、都からの出立、砂漠での修行、其処での悪霊退散の行為、洗礼と堅信、あまりにも多くの類似には驚くべきものがあるが、ここでは立ち入らないことにする。）

むしろ問題は、キリストという存在の本義であろう。この辺は宗教学者花岡永子氏が詳しいが、西谷啓治・阿部正雄・上田閑照といった京都学派の宗教学者は、一九八〇年代の世界宗教者会議で、「己を無にする神」という観念を投げかけ波紋を呼んだ。すなわち我が子を人類救済のために捧げた神は、自己犠牲をいとわず、自己疎外する神だ、というのである。それは究極的に絶対無に通じるものとなるのではないか？　菩薩道とはジャータカ物語「本生譚」に描かれた「捨身飼虎」（前世で釈迦が、飢えた虎に自分の身を投げ与えたという逸話）に通じるものではないのか？

もう一つの問題は、生きとし生けるものと人間との関係である。人間は自然の中にありながら自然を超絶した存在であるのか？　キリスト教におけるこの思想は「創世記」の六日目の出来事を引き、考察した通りである。人間が自然から離婚するのは一七世紀の科学革命以来であることも明らかにした。キリスト教内には根本的に人も自然も同じ神の被造物である、という思想が存在していたのだ。それを（あるとき教会が）自然を非人格化したというフランチェスコ教皇の反省の言葉は重い。

仏教を見てみよう。

「草木国土悉皆成仏」とする良源の天台本覚論は日本独自の存在論なのか？　最澄が天台山の思想を日本に持ち帰ったときには、この考え方はまだなかったはずだ。しかし空海に倣ってどうしても密教を取り入れたかった大師の意思を継いだ弟子たちによって、ついに密教を取り入れた思想、台密が天台宗内に現れたのだった。実は大陸では仏教にあっても伝統的に人間中心主義が消えていない。ところが天台本覚論は、密教的要素を含みつつ、仏教が日本古来の神道の自然観と融合し、止揚されていく姿を示したもので、それが奇しくも日本人の祖先のひとつであり先住民であった縄文人の自然観に近いものに行き着いたのではなかったのか？　私はそう思っていた。

しかし、ひとつの指摘がこの考えを覆すことになる。法華経に出てくるSarvasattvaという梵語の解釈である。サンスクリット語では、この原意はまさに「生きとし生けるもの」なのだ。この語が何故「衆生」と訳されたかをコレージュ・ド・フランスの仏教学教授ジャン・ノエル・ロベール（Jean=Noël Robert）が解説していることを知った。人も知る卓越した仏典翻訳者、鳩摩羅什（クマラジュー）は、この語を漢語に訳すに当たって、既に存在していた竺法護による「衆生（しゅじょう）」という訳語をそのまま残した、というのだ

（確かに衆生には諸々の生という意味もある）。すると翻訳作業におけるこのたった一つの譲歩が、中華の大陸では人間以外に救いはない、との人間中心主義を助長したことになる。それに対し、日本の天台本覚思想は、期せずして法華経サンスクリット原典の本義に立ち返っていたということだ。

確かにインドまで遡れば、ここでは殺生を嫌う菜食主義者が多い。また釈迦と同時代に同じ古代インド教から派生したジャイナ教徒になると、いまも尚、虫すらも殺さない、厳密なアヒンサ（生きとし生けるものの不殺）の思想を生きている。

キリスト教と仏教は通底するのか？

以上にキリスト教と仏教を比較しつつ、その相似点を洗い出してみたが、果たしてこの両者は究極において収斂すると見ていいのか？

歴史的な生成過程をカトリックと大乗、プロテスタントと上座部という比較で考察したが、自然の捉え方においては人間と対峙するものではなく、むしろこの両者が共に神の「被造物」とするキリスト教の本義に立ち返れば、この二分法も超克できる。倫理もまた共通することを見た。するとキリスト教と仏教の根本的な違いは「創造主」すなわち「超越者」の存在、の一点に絞られるのではないか？

創造主が「世界内存在」ではなく、超越者すなわち「世界外存在」であるという認識の存否から根本的違いが生じていると見て良い。世界とは今や宇宙である。神をこの大宇宙を越えた存在、と見てよいのかという問いなのだ。

禅にはこの超越神の観念がない。ル・サクレという超越神に関わる概念は生じない。

しかしキリスト教の神は初めから超越神であったのか、は問われてよいのだ。第3章で見てきたが、『出エジプト記』におけるユダヤ人の神ヤハウェのモーゼへの出現は、かなり世界内存在的なのだ。人間的ですらある。またこの神は生きており、また「成りつつある」様相を見せる。

宮本久雄氏の提唱するエヒイェロギア Ehyehlogia によれば、神自身が生成する過程にある、とも見ることができる。姿を見せぬその神はモーゼにこうその名を告げた。Ehyeh asher ehyeh. 訳せない言葉だが、しいてこれを訳そうと試みれば、「われはありて、またあらんとするものなり」、となろうか。ここに超越・内在の区別はない。

プロセス神学

われわれは、カトリック教会が絶えず成長してきた教会であることを知った。またそれは奇しくも、ホレブ山におけるヤハウェの言葉を想起させた。そして、これは近年欧米に起こったプロセス神学に結ぶものとなることに気がつくのである。

この神学は、神は絶対存在なのではなく、「神になりつつある存在」とするのだ。ヒントは哲学者ホワイトヘッドの Process Philosophy (*Process and Reality*, 1929) にあった。ここでホワイトヘッドは「究極の存在 Reality は、固定した存在ではなく、なりつつあるもの」としているのだ。それを弟子のハーツホーン (Charles Hartshorn, 1897–2000) が、神学に適用し、Process Theology に発展させたものだ。「なりつつある神」(成長過程にある神)という観念は二〇世紀、多くのプロテスタント系神学者の賛同を得たという。

実はここに至って、従来の超越神の概念が超克されていることに注意しよう。神は「創造主」ではなく、「超越的創造性」と定義される。それはPan-en-Theismus(すべては神においてある)という立場なのである。Reality は Sein (Being＝静止した存在)ではなく Werden (Becoming＝生成する存在)として把握されている。

ここにあっては、仏教との壁はもはやない。このなりつつある神とは、別の角度から見れば、「根源的いのち」ではないのか？　自己創出する宇宙的いのちの姿なのだ。

ここでこそ、キリスト教と仏教は収斂しなくてはならない。

ユヴァル・ノア・ハラリは『ホモ・デウス』において、こう述べている。

「宗教と霊性の隔たりは意外にもずっと大きい。宗教が取り決めであるのに対して、霊性は旅だ。」(p. 227)

宗教が組織を作り固めて行くのに対し、霊性は解き放たれた魂の旅なのだ。それでこそ他者に出会うことが出来る。

私はパリで出会った一人のカトリック神父を想い出す。かれは日本に滞在中、禅に出会い、永平寺で修行した。そしてフランスに帰国後、禅とキリスト教の収斂を語りつつ生涯を終えたのだった。

この神父の残した言葉に忘れられないものがある。

「日本には Bon Dieu（善い神）はいない。Beau Dieu（美しい神）がいる。」

第6章　イスラーム文明との対話

世界人口の四分の一

今日は「イスラーム文明との対話」という題を提示していますが、これは二〇〇一年の9・11事件以来、世界にイスラームというものが急浮上して、しかもそれがテロと結び付いたネガティブな印象で語られることが多いからです。

日本のメディアもそうだと思いますが、今の世界平和の問題点はイスラームをめぐった攻防であると、だいたいの人が思っておられるのではないでしょうか。ところが実は、イスラーム教徒とはそういった一部のテロリストではなしに、世界人口の四分の一がイスラーム教徒です。そして専門家の見通しによりますと、今世紀中にそれは世界の三分の一になると言います。それは阻止できない傾向ですから、この問題に触れないわけにはいかないというのが、私が今日、こういう題をあえて選ぶ理由です。

「異質な文明」との対話のために

数年前に、ある小学校の児童の書いた作文を新聞記事で読みました。おもしろいと思ったのは、「絵に描いた餅」という表現がありますね。最初にそう言われると、これは絵かと思う。ところが何十回も何百回も「これが餅だ」と言われ続けると、本当に餅に見えてくる、というのです。

この心理を応用したものが、世界に張りめぐらされたメディアの罠だと思います。一九九三年にサミュエル・ハンチントンが「文明の衝突？」という論文を発表してから、メディアが騒ぎ、「宗教は戦う」という虚像をつくり出していきました。ここでは世界を八つの文明に色分けし、それぞれの頂点に宗教があるとしています。その文明間に衝突が起こるということは、取りも直さず宗教間の戦いである、という結論が導かれたのです。９・11事件はその実証とされました。以来、メディアが繰り返しそのように報道するものですから、ついに世界の多くの人々が「宗教とは戦うものである」と考えるようになりました。この考え方が定着した契機には、報道のあり方があったのではないかと思うのです。

さて、イスラーム文明についてですが、「日本文化とは根本的に違う」という印象があるかもしれません。まったく異質な文明ではないかということですね。例えばモスクを見たとき、日本人はおよそ違和感を感じるでしょう。そうした世界と果たして対話ができるのかと、皆さんはいぶかっておられるのではないでしょうか。

シルクロードは「文明間の対話の道」

私がユネスコ在勤のころに行った「シルクロード総合調査」には、「文明間の対話の道」という題が付いています。私はこの計画書を仏英両文で執筆したのですが、実は「文明間の対話」という言葉が国際機関の公式文書として使われたのは、この冒頭に書いた言葉が始まりです。「シルクロードは、陸の道、海の道を問わず、何よりも〈文明間の対話〉の道であった」。この「何よりも」とは、フランス語で"par excellence"(勝れての意味)です。

一九八五年に私がこの調査計画を発表したとき、この「文明間の対話」という言葉が、まるで磁石のように人々を引き寄せました。そして三年間の準備の後、ユネスコの公式事業としてこの調査を行ったわけです。ユネスコの調査隊は、オアシスの道、草原(ステップ)の道、海の道の三つを踏破しました。オアシスの道は「砂漠の道」と言ってもよいのですが、これが中央を通っている道で、イランからタクラマカン砂漠を横断し、長安に行く道です。「絹の道(ザイデンシュトラッセ)」という言葉を最初に使ったドイツのリヒトホーフェンは、この道を考えていたのです。

それよりずっと北に、旧ソ連領で、今で言うと一〇カ国くらいを通っていく草原の道があります。それから海の道ですが、これもシルクロードだと定義したのは、このユネスコのシルクロード調査が初めてです。対話の道の国際調査、この呼びかけに応えたのは三〇カ国、三〇以上のシンポジウムやセミナーが組まれ、二千人以上の学者が参加しています。

海の道に関しては、八世紀からインド洋の貿易の主であったオマーンが大きな役割を果たしました。アラビアの『千一夜物語』にあるシンドバッドの冒険譚は、実際の人物をモデルにしたものらしいのですが、その出生地が今のオマーンです。

調査の際は、そのオマーンのカブース国王が、自らの「フルク・アル・サラマ」(平和の方舟(はこぶね))という親衛艦を提供してくれまして、これをもって海の道をヴェネツィアからナニワの港までたどったわけです。寄港先では一六のセミナーが組まれました。

シルクロードとか「海のシルクロード」と言うとき、皆が考える終点は、普通は中国、特に長安です。しかし私は、シルクロードが絹などの物を運んだというだけではなしに、思想を運んだということを強調するならば、遣隋使・遣唐使の道もまたシルクロードであると考えました。その道の存在では、日本では奈良がシルクロードの終着点、正倉院がまさにそのシンボルであると言ってよいものですから、私が企画したこのプロジェクトでは、ナニワの港までの航海を設定したのです。

世界史から消えた「イスラーム文明」

調査の中で、私のみでなく、参加した学者の皆が感じたものが「文明史のひずみ」です。文明史には、重要な部分が欠落している。具体的に言えば、人類史において重要な役割を演じた中央アジア、中東、北アフリカの歴史が抜け落ちているのです。例えば、オアシスルートの調査に参加したアンドレ・グンダー・フランクという学者は、忽然としてこの「ひずみ」に気づき、『リオリエント』(邦訳＝藤原書店刊)という本を書いています。

その欠落した部分を見ていくと、特に欠落しているのが、なんとイスラーム圏なのです。イスラーム教は七世紀に現れるのですから、紀元前の西アジアで、例えばシリアやペルシャがすばらしい帝国をつくっていたときに「イスラーム」はありません。サマルカンドもパルミラも、イスラーム教徒が造った都市ではありません。ところが、古代文明が語られるときに「今のイスラーム圏」が欠落している、という事実に気がついたのです。そこに世界史の教科書を書いた西欧諸国の「イスラームに対する偏見」を見ないわけにはいきません。

では、このイスラームとは何かということになってきますが、イスラーム(Islam)という語自体は、神への絶対的帰依を意味します。

西暦六一〇年と言われていますが、ムハンマドは齢(よわい)四〇にして、アラビア半島のヒラー山の洞窟の中で天使ガブリエルの啓示を受けます。これが後のコーラン(クルアーン)、すなわち神の言葉の書になるわけです。ここに出てくる天使ガブリエルは、ヘブライの天使であり、キリスト教の天使でもあります。その啓示を受けて、非識字者であったとも言われるムハンマドが教えを説きだしたのです。私はイスラームの人たちと語り合い、コーランを読み、ムハンマドの伝記を読むうちに、だんだんこういうふうに理解するようになりました。ムハンマドのやったことは、ほかならぬヘブライズムの原点への回帰であった、と。それを原理主義と言うならば原理主義です。

しかし、一六世紀の初頭、ルターとカルヴァンの行った宗教改革、後にプロテスタンティズムと言われるものの動きも、キリスト教の原点への回帰という意味で原理主義です。宗教界にはこうした回帰運動が時々起こります。その当時の社会的背景から生まれた一つの大きな動きが、このアラビア半島ではムハンマドの啓示になったということです。

隊商都市に生まれた「生活の掟」

千年以上続くシルクロードの歴史には波があり、コンスタントではありません。その往来は、紀元前二世紀くらいからぐっと高くなって、紀元三世紀ごろに少し落ちます。そして七世紀にまた高くなり、八世紀にはピークに達します。こうして波を打つシルクロードの興亡を見ると、ムハンマドがイスラームを説いた七世紀は、その二回目の興隆期に当たっていることに注目したいと思います。

つまりダマスカス、バグダッド、ペルセポリス、コンスタンチノープル、アレキサンドリア、メッカ、メディナ、アデンにルートがあり、それがインドを経て、シナに達する。その交易ルートが、そこに新しい隊商都市（キャラバンシティ）を出現させる。その中にメッカもあり、メディナもあるわけです。ですから片倉もとこさんをはじめ、いろいろな専門家が言うように、イスラームは確かに都市文明なのですが、そこにはキャラバンシティという性格があります。そうした都市を結び、繁栄をもたらしたのは、まさしく隊商の動きであったわけです。

したがって隊商、つまり多数のラクダを連れて団体で砂漠を横断した商人たちがいなければ、キャラバンシティーズとしての都市文明もなかったわけですから、やはり砂漠の民と切り離すことはできません。言うなれば当時のイスラームは、この隊商都市に起こった生活の掟（おきて）、皆が共に生きるための掟です。したがって、これは非常に実践的なものです。実際にコーランを読まれるとわかりますが、旧約聖書や福音書等と違うのは、生活の実践面を指導するものになっていることです。

例えば酒を飲んではいけない。豚を食べてはいけない。およそハラールという方式を経た食べ物以外は食べてはいけない、女性は髪も肌も見せてはいけない、等々は皆さんも気がついていることと思いますが、いま世界宗教の中で、唯一実践が伴っているのがイスラームなので、その根本的な教えを挙げておきます。

その教えの根本は「六信五行」に要約されます。六信とは

(1) アッラーフ(アッラー)以外に神は居ないと信じる
(2) 天使の存在を信じる(特にガブリエルとミカエル)
(3) 啓典を信じる(コーランとバイブル)
(4) 使徒を信じる(モーゼ・イエス・ムハンマド)
(5) 死後の世界の存在と復活を信じる
(6) 定命(アッラーの定めた運命)を信じる

五行とは

(1) 信仰告白(シャハーダ)：「アッラーのほかに神はなし、ムハンマドはアッラーの使いなり」と唱える。
(2) 礼拝(サラート)：一日五度、メッカ(マッカ)の方に向かって礼拝する。
(3) 喜捨(ザカート)：収入の一部を貧者に与える。
(4) 断食(サウム)：イスラーム暦(ヒジュラ暦)の九月、日の出から日の入りまで何も食べず何も飲まない。ラマダーンを過ごす。

⑸　巡礼（ハッジ）：一生に一度、聖地メッカに巡礼する。

すべてがアッラー中心に廻っています。

ちなみに、ヒジュラ暦とは西暦の六二二年、ムハンマドがメッカでの布教を諦めメディナに移った年を起源とするイスラーム教徒の太陰暦ですが、メディナでの布教がイスラームの始めであったため、この年を初年度としている訳です。一日は聖書に書かれたように夕刻に始まるのが面白い。これもヘブライズムに属することを表す一例です。

さて、アッラーという神は、セム族の神、「アル」のアラビア地方での呼び方です。これを「エル」と呼んでも間違いではありません。

イスラームで最も重要なシャハーダ（信仰告白）の第一行は、日本語で表記するとこうなります。「ラー・イラーハ・イッラッラー」(la ilaha illa Allah)。神のほかに神はない。板垣雄三先生はこれを「神は唯一である」と訳しています。しかしアッラーという言葉は神という一般名称でありながら、アラビアの神という性格を持っていることは否めません。これはチュニジアのファンタール教授から教わったことです。したがって「アッラーのほかに神はなし」と訳してよいと思います。

アラブ化したイスラーム

それでは、ムハンマドは何を行ったのでしょうか。それがヘブライズムの原点への回帰ということならば、またそこで新しいヘブライズムが起こるはずですが、そうではなしに、ヘブライズムがアラビア半島に転移することによって、アラブ化していくのです。それは礼拝という行為にも現れています。

イスラーム教徒は日に五回、聖地に向かって礼拝を行います。これは非常に大きな宗教的な意味を持っているのですが、世界中の一五億のイスラーム教徒がどこに向かって礼拝しているかというと、メッカ（アラビア語では「マッカ」）の方向です。

しかしムハンマドが生きていたとき、彼自身はどこに向かって礼拝していたかというと、エルサレムだったのです。それがムハンマドの死後、だんだんメッカのほうに転じていった。これは象徴的なことです。いわゆる「中心の転移」が行われ、そこにアラブ性というものが生まれてくるのです。

もちろん、イスラームとアラブは同一ではありません。イスラームのほうがはるかに広く、トルコもインドネシアもマレーシアも、アフガニスタンやパキスタンも含みます。しかしながら、ここにどうしてもアラブ性というものが出てくるのです。したがって、世界にはこの二つを混同している人が多くいます。こういうところに、いわゆる中心の転移が現れているのだろうと思います。

メソポタミアからペルシャにかけて、このあたりには非常に多くの進んだ文明がありました。それからギリシャにも文明が起こります。次いで、ギリシャを引き継ぐ形でローマに起こった文明もありました。

ところが七世紀のイスラームの興隆によって、アラビアに学問が導入されます。当時のイスラームは、ムハンマド自身の言葉を引きますと、「知識を広く世界に求めよ。必要ならばシナまでも」でした。現在のイスラーム教国を見ると、まったく殻に閉じこもって、ヨーロッパなどの先進国、特にアメリカを否定する姿勢が見られるのですが、ムハンマド自身の教えはその逆であったのです。

そのようなイスラームが、なぜ歴史から消されていくのか、ということですが、やはり私は教科書のせいだと思います。

「よき国民をつくる教科書」から「普遍的な文明史」へ

教科書とは昔からあったものではなく、学制というものが成立してから始まります。ところが、ヨーロッパで一番進んでいたフランスにおいて、義務教育が発足するのは一八八一年です。

ちなみに、これは日本人は知っておいたほうがよいことですが、日本の学制の発布は一八七二年です。世界に先駆けたもので、ヨーロッパより日本のほうが早かったのです。当時の明治政府は、すばらしいことをしました。

さて、フランスでの義務教育は一八八一年から、と言いましたが、それ以来、教科書というものが問題になってきます。ですから、歴史教科書についても一九世紀末からと考えていただきたい。もう一つ、教科書の役割は、民族国家、そして統一国家としての「よき国民」をつくることです。それが教科書が一般の書物と違うところであり、この性格は世界的なものです。

したがって、これはすべての国に言えるのですが、教科書は自国中心に書かれています。例えばアメリカの場合、世界が始まるという感じで教科書に書かれるのはコロンブスから、もっと言えばメイフラワー号以降です。そして、すぐに独立宣言があります。それ以前は前史のようなもので、彼らの出身地であるヨーロッパでさえも、まるで古代のような扱いになっています。これが教科書なのです。もちろん、ヨーロッパ諸国もすべて自分の国を中心に歴史を書きました。

そうした中で、私は各国が普遍的な文明史を書いてくれるようにとの願いを込めて、ユネスコによるシルクロード総合調査を提唱したのですが、そのとき、パリにある東洋専門のギメ美術館のウラジミール・エリセーフ館長に諮問委員会の議長をお願いしました。私が「世界史を書き換えるようなことをやりたい」と申しましたら、「あなたは三〇カ国の教育省と戦うつもりか」と言われたのを、今でも覚えています。「教育省というのはすべての国において、自国のプライドを植え付けるための機関だ。そのように書かれている歴史教科書を、今、国際機関の名で正そうとするのは、少なくとも三〇カ国の教育省と戦う覚悟が要る」と。しかし結局は、「文明間の対話の道」という一言が、その三〇の国の教育省に置かれたユネスコ国内委員会を動かすことになったのです。

西洋史という学科は急にギリシャから始まっています。そしてギリシャの科学、つまりギリシャの理性が、四世紀にローマでキリスト教に出会い、その二つが合体したとき、「ヨーロッパ」になるのです。『ガリア戦記』という本がありますが、シーザーの遠征はローヌ川沿いに北上して行き、ついにパリージという ケルト人が住んでいたパリに入ります。キリスト教もこの『ガリア戦記』の道を通って、ヨーロッパに入るのです。

こういう歴史の書き方をしていますと、エジプトは例外的に出てくるのですが、ペルシャなどはまず出てきません。ギリシャの敵として、サラミスの海戦に出るくらいです。また、エジプトがギリシャやキリスト教に与えた影響は語られません。つまりヨーロッパの子供たちが習うのは、ギリシャというすばらしい文明が突如誕生したという歴史です。私はこれを「ヴィーナスの誕生のように」と言いますが、ヴィーナスという美の神は、ギリシャ神話によると、地中海の泡から生まれます。ボッティチェリの絵にもヴィーナスの誕生がありますね。そういうイメージの歴史を、ヨーロッパの子供たちは習っているのです。日本はそれを訳しましたから、私も中学生ぐらいのとき、そのような西洋史を習いました。そこでは実質的にイスラーム世界の貢献があったのに除外されており、この文明の文脈に入りません。

知られざるイスラームの貢献

では、イスラームの貢献として何があったかというと、伊東俊太郎先生も『十二世紀ルネサンス』（講談社学術文庫）に書いておられますが、簡単に述べますと、やはり中心は自然科学です。ギリシャの自然学と哲学の継承と発展、メソポタミアに始まる天文学のさらなる発展、そしてインドの数学概念をギリシャの数学と結んで発展させた、イスラームの数学があります。その中心地は、イスラームが八世紀初頭にジブラルタル海峡を越えて入ったスペイン南部のアンダルシア、それから地中海の島であるシチリア、古代から不動の中心であるアレキサンドリア、ビザンツ帝国の首都であったコンスタンチノープルです。

一二世紀には、そういったところで盛んに起こったイスラームの科学が、現在の西欧に入ってきます。

ですから、アンダルシアで一二世紀ルネサンスが誕生したと言ってよいのです。アリストテレスに関しても、全集は分散していて読めなかったのですが、トレドの図書館にはアリストテレスが書いたギリシャ語原典からアラビア語に訳したものが保存されていました。そして、これをラテン語に訳すときには、アラビア語に堪能なヨーロッパ人が訳したのではなしに、ムーア人すなわちアラビア人が協力しています。それから重要なことは、この翻訳事業へのユダヤ人の貢献です。つまり、この時期の学問の隆盛にはイスラーム、ユダヤ、キリスト教の三者の協働があったということです。それによって、アリストテレスのすべてがラテン語に訳されたのです。このラテン語訳は、直ちに当時の中心的な神学校、パリのソルボンヌに伝わりました。

このときに大きな知的作業として、スコラ哲学というものが興ります。厳密に言えば、スコラ哲学はその前にもありましたが、それがピークを迎えるのは一三世紀であると私は見ています。その一三世紀のソルボンヌで大学者トマス・アキナスがセミナー形式で議論を行い、『神学大全』(*Summa Theologica*＝神学の集大成)という本が成立します。

その議論に使われた言葉が、リンガ・フランカと言われるものです。これはラテン語ですが、実は本来のラテン語とは違っていて、リンガ・フランカは易しい言葉です。私は京大で高田三郎先生について『神学大全』の日本語訳のお手伝いをしましたが、二年くらい経つと辞書なしで読めるようになりました。そのぐらい『神学大全』に使われているトマス・アキナスのラテン語は易しいのです。

なぜならば、トマス自身もイタリア人であり、スペイン人、バスク人、フランス人、ベルギー人など、各国から集まった国際チームでセミナーを行ったからです。そこで話している共通語、つまりリンガ・フランカがラテン語です。ですから、アウグスティヌスが使ったような非常に難しいラテン語ではなしに、皆が使える易しいラテン語になっています。

しかし、このとき気がついたのですが、トマスは『神学大全』という本を書くとき、アリストテレスのラテン語版を使っているのです。それはトレドでアラビア語からラテン語に訳されたばかりのものであって、ギリシャ語の原文は見ていません。トマスはそのラテン語版を使って、プラトンに基づいたアウグスティヌスの神学から転向するのです。

『神学大全』という本は、基本的にはアリストテレスの形而上学と自然学を使ってキリスト教の教義を証明したものです。そこで「キリスト教の信仰とギリシャの理性が合成された」というふうに申し上げたいと思います。そして、このスコラ哲学こそがヨーロッパ文明の中核であり、アイデンティティであるのです。ＥＵはどうしてもトルコを入れようとしません。正しくこのことが、キリスト教の信仰とギリシャの理性の集大成としてのヨーロッパのアイデンティティを示しています。

カントが求めていたもの、デカルトがそれを越えようと見ていたもの、そこにスコラ哲学があるということを理解しなければ、近代哲学は理解できません。実はこれはヘーゲルまで続くと考えてもよいでしょう。したがって、キリスト教的形而上学が西洋文明の原理であり、それを覆したものがニーチェであろうと思うのです。

ニーチェとハイデガー、このあたりから西洋文明への反省が明らかに始まります。そのころは情報の伝達が進みまして、スコラ哲学とはまったく異質なものが入ってくるのです。インドへの着目です。このときはまだ日本は入っていないのですが、インドに関しては明らかにニーチェとハイデガーへの影響が見られます。このときヘーゲル史観に対して、キルケゴール、ニーチェ、ハイデガー、ヤスパース、それからサルトル、ガブリエル・マルセルの実存哲学が現れると言われるわけですが、その元にあったのはやはり形而上学であり、スコラ哲学を出発点にしたものです。そこからの転換が近代哲学であります。そこで実存哲学は反哲学というふうに定義してもよいかと思います。

イスラーム文明の貢献について、別の具体例を挙げておきましょう。どのくらいイスラームがヨーロッパ文明に入っているかの例証なのですが、例えばフランス語で「数」を表すシーフル(chiffre)という言葉があります。イタリア語では“cifra”ですが、これは一二世紀当時のアラビア語の“sifr”から来ています。アラビア語でつくられた数学が、ヨーロッパの近代科学のベースになったからです。

フランスと言えば、数学の国です。デカルトやパスカルも数学者です。デカルトの方程式は今でも日本の中学校で教えられており、近代数学を形づくっています。パスカルのほうは、気象学で「ヘクトパスカル」という名前まで使われています。そういった国で、基本となる数学の「数」という言葉自体がアラビア語であるのです。ちなみに“Alcohol”や“Algebra”など、「アル」が付くものも語源はアラビア語です。

ある国際会議でアラビアの人と議論をしていて教わったことですが、“sifr”の観念はインドの“Śunya”からきています。「シュンヤ」とはサンスクリット語で「空」です。この空の観念は一〇世紀ころ、インドから導入されたものだと言っていました。

つまり「ゼロ」の概念が入ってきたことによって、十進法の近代数学が可能になります。この「空」を表す「シュンヤ」が「ゼロ」になる。“sifr”という言葉も「空」なのですが、そうすると「数」と「空」が区別できませんので、ラテン語で“zehirum”という言葉が現れます。それが“zehiro”となって“zero”という言葉になっていくのです。ですから「ゼロ」も、いわゆるインド的な「空」の概念から生まれてきているということです。これこそが文明間の対話ですね。

では、これだけの貢献をしたイスラーム文明というものは、なぜ歴史から抹殺されたのでしょうか。それにはやはり十字軍という事件を無視できません。

一つだけはっきりしているのは、十字軍に対する徹底抗戦という意味で「ジハード」(Jihad)という言葉が使われたことです。「ジハード」という言葉自体は、六三〇年、ムハンマドが自分の生誕地でありながら自分を受け入れてくれなかったメッカ(マッカ)を攻略したときに使われた「務め」という意味の言葉です。しかし「徹底抗戦としての務め」、あるいは「聖戦」と訳されるその意味でのジハードという言葉は、十字軍のときに現れたのです。

それから数世紀後、キリスト教の西欧が戦ったオスマントルコ帝国があります。この戦いは、実に二〇世紀まで続いています。こういうことが、今のイスラーム諸国の歴史からの抹殺につながっているのではないかというのが、私の観察です。

「西洋」と「西洋ならざるもの」の近代

植民地主義というのはご承知の通り、一五世紀の末に起こります。コロンブスのアメリカ「発見」は一四九二年です。実に同じ年、イベリア半島のイスラームの最後の牙城グラナダのアルハンブラ宮殿がレコンキスタの手に落ちています。バスコ・ダ・ガマの喜望峰を回ったインド航路の「発見」もほぼ同時に起こり、それから大航海時代が始まります。そして一七世紀に科学革命、一八世紀の末に産業革命が起こりますが、それと同時にヨーロッパを覆ったのは、啓蒙主義という思想です。啓蒙主義とは人間が持つすべての能力のうち、理性だけを取り出して、それに絶対的な優位を与えるという立場です。

この一六、一七世紀は非常におもしろいのですが、ヨーロッパでは宗教から科学への転向がありました。川勝平太さんの言ったことを引用させていただくと、同じころに日本では、宗教から芸術への転向を行っています。ところがそのとき、イスラーム世界は何をしたか。実はむしろ科学を捨てて、宗教に還っているのです。それがイスラーム世界がヨーロッパで言う「近代化」に乗り遅れていく原因になるわけです。

さて、オクシデントというのは西洋であり、理性の光の世界のことです。それに対して、オリエントは神秘の世界です。「西洋の科学」に対して「東洋の神秘」という言い方がありました。キプリングはこう言い切っています。「東は東、西は西、両者は相まみえることなからん」と。

しかし、オリエントとは「東洋」ではありません。それは「オクシデント、すなわち西欧ならざるもの」（“The West and the rest”の“the rest”のほう）の総体です。ですからオリエントは「東のほう」ではなく、ヨーロッパから見るともっと西にあるモロッコのような国までがオリエントです。モロッコ料理のことをオリエンタル料理と言います。つまり、オリエントという言葉は地理的なものではないのです。昔のローマ帝国の分裂時代に使われたオクシデントとオリエントの意味は、こうした一九世紀以来の考え方では失われています。

植民地主義の最大の罪は、経済的な搾取を超えて、「精神の隷属」であろうかと思います。つまり宗主国というものが、先ほどの理性主義によって急速に科学を振興させ、産業革命を成功させ、それまできちんとした文明を持っていたいわゆる“The West and the rest”の“the rest”つまり「その他大勢」の国々を、すべて精神的に下のものと見た。精神的な隷属、これが植民地主義の最大の罪であろうと思います。

そういうことを行った西洋諸国が、このころ、アジア諸国、つまり中国、朝鮮、そして日本の前に現れます。注意しなければならないのは、それは本当の伝統的な西洋ではなかったということです。しばらく前に自らの精神的な伝統を断ち切った西洋が、東アジアの国々の前に現れたのです。しかも伝統を失った民族、つまり西洋列強が、伝統を維持していた民族を精神的に下位に置いたのです。

日本は一九世紀に、そのように変貌した西洋と出会いました。特にペリーの黒船が象徴していますが、日本にやって来た西洋とはそういうものであったのです。日本人は非常に驚き、まさに危機感を抱いて、鹿鳴館的開国を行います。鹿鳴館、つまり急にヨーロッパ方式のパレスを建てて、いわゆる社交界を開いたのです。紳士淑女が夜会服に身を包み、日本女性も着物から着慣れない長いドレスに着替えて、ヨーロッパ風に踊りました。この鹿鳴館は、今は残っていませんが、実はトルコのイスタンブールに行くと、トルコ版鹿鳴館が実在します。日本の開国を模範とした近代トルコの父、ケマル・アタチュルクがつくったイルディス・サライは、まったく西洋風の建物で、鹿鳴館の面影を偲ぶことができます。

「文明開化」、これは皆さんもご存じの福沢諭吉のキャッチフレーズです。ただし、明治時代には同時に「和魂洋才」ということも言われています。ヨーロッパの学問を学びながらも、日本の魂は保持しようという動きがあったのです。

ところで、こうした一九世紀の鹿鳴館的開国が日本の西欧との接触の最初かというと、そうではありません。日本の近代化は、実は一六世紀から始まっていたことに注意しなければなりません。日本はヨーロッパに対する窓をつくっていたのです。

ヴェネツィアは「東方に開かれた窓」という別名を持っていますが、日本にも長崎という「西に開かれた窓」がありました。もう一つ、忘れてはいけないのが堺です。堺もまた、世界に開かれた窓であったわけですが、なぜ堺のほうはそう言われないのかと申しますと、オランダ船がやってきたのは長崎だったからです。長崎にはオランダ船以外のヨーロッパの国々は入れなかったというのはご承知の通りですが、実は中国船は入っています。堺に来たのも中国船ですが、それがヨーロッパのものを持ってきているわけです。つまり日本の鎖国とは本当の「鎖国」ではなく、西欧の情報はことごとく入っていたのです。

もう一つは、梅棹忠夫さんが『文明の生態史観』（中公文庫）で言う通り、西洋と日本は非常に似ていた点があります。封建社会というものが、近代的統治制度の一つの基本になっていた点です。つまり廃藩置県ということがさっとできた基本には、江戸時代における統治制度があったのです。しかしこれを持ち出すと長くなりますので、今日の主題であるイスラームの話に戻りたいと思います。

イスラーム原理主義者の心中にある「恨」

私は一五カ国以上のイスラーム国家の知識人と出会う中で、前々からイスラームの「恨（ハン）」というものを考えてきました。それは先ほど少しだけ例を挙げたような、世界史におけるイスラームの貢献を完全に無視されていることに対する、無意識のうちの恨みがある、ということです。日本の学校でのイジメ問題に「シカト」という言葉がありますが、無視されるということが本当の差別です。これは、忘れてはならないことです。

特に私が胸を刺されたのは、モロッコのペンクラブ会長の家に招かれた時のことです。そこには五〇人ほどの文士が集まっていて、和気あいあいのクスクス・パーティだったのですが、いかにも人格者と見える会長は、隣の私に「文明史にはひずみがある」と言うのです。私はそのことは私自身痛感しており、発表もしている、またユネスコはそのために「世界文明史」の編纂をしていると言いました。すると会長は、「それは知っています。しかしその内容ではまだまだ足りない。そのために我々はアラブ版ユネスコ Aresco を創らねばならなかったのです」と言うではありませんか。私はこの答えに衝撃を受けました。その言葉は、誠に穏やかな口調で、しかも厳粛に発せられたため、かえって胸に突き刺さったのです。

イスラーム原理主義者の心中にはこの無視＝不公平に対する恨（ressentiment）があります。ルサンティマンはフランス語ですが、ニーチェの本でもそのまま使われています。そして、マーディ・エルマンジャラという人が出した本によれば、それは屈辱（humiliation）という感情になるのです。

こうした感情が、テロリストの一番の深いところにあるのではないでしょうか。いわゆる人間の尊厳の無視に対する「恨」です。ですから、本当は貧富の格差でテロを語ってはいけないのです。つまり、文明史を語るにあたって消去法によりいじめてきたことこそが問題なのです。人間の尊厳を損なう正義の欠如、すなわち不公平こそが真の原因である、と私は思っています。

「力の文明」を精神文明の上位に置き、相手を力でねじ伏せるというアメリカのブッシュ・ドクトリンは、ゾロアスター的善悪二元論に帰着すると言えます。自分が善＝文明を守るもの、相手は悪＝文明を壊すもの、と決めつければ、戦争は終わりません。暴力には暴力が、憎悪には憎悪が返ってきます。

対話路線を掲げるオバマ大統領の新しいアメリカに期待しましたが、内実は伴いませんでした。

地球環境問題を直視したグリーン・ニューディール政策も、国際社会との協調の姿勢も、評価すべきものです。今までの「アメリカと世界」という構図を脱し、アメリカが再び真に「世界の一員」となってくれることを期待したのですが、アメリカ一国主義のトランプ政権に代りました。

国際協調のためには異文化理解が必要ですが、その点、私はまだいささかの危惧を持っています。例えば、イラクからの撤退と同時にアフガニスタンに兵力を投入するという外交政策は、この地方に住む民族に対する無知から発したものとしか思えません。この山岳地帯に進攻した者は、ダレイオス、アレクサンダーを含め、一九八〇年代のソ連軍まで、すべて撤退を余儀なくされているのです。

日本とイスラームを結ぶもの

さて、日本とイスラーム世界とでは、何か一致するものがあるでしょうか。モスクを見たときに皆さんが感じる違和感、これはそのまま認めましょう。また、きわめて厳しい超越的一神教の戒律の世界と、八百万の神々の世界、戒律不在の精神風土を持つ日本とでは、およそ別世界の感を抱く人が多いのではないでしょうか。

しかし、実はこの両者には思いがけない一致点があるのです。まず、日本の多神教は、実は「現し身」（表れ）である諸々の神仏を通して一者を透視する、限りなく一神教に近いものです。ここに、イスラームの根本的な概念であるタウヒード（Tawhid）との類似性を見ることができます。

タウヒードの思想は、政俗不二、あるいは政教一致と訳されますが、もとは「一なる神が万物に顕現している」の意です。早くにイスラームが渡来した中国・泉州の回教寺院である清真寺に掲げられた扁額に「萬殊一本」とあるのがそれです。これは「一切即一、一即一切」とする華厳の思想、また、禅の「一即多、多即一」に通じるものです。神が万有に顕現している、とは「草木国土悉皆成仏」を説いた日本の天台密教「天台本覚論」の思想と一致するものです。

ですから、イスラームにおける「一なる神の創造主」という性格を除けば、その思想にはわれわれの世界と通底するものがあるのです。モラロジーの創建者・廣池千九郎も「万有相関」を「相互依存の法則」と表現しています。

日本は欧米に先立ち、二〇〇二年から「日本‐イスラーム文明間対話」を開始しました。これはユネスコの主導した「文明間の対話国際年」の二〇〇一年、中東を訪問した時の外務大臣・河野洋平氏の提唱に、イスラーム諸国がこぞって応じたもので、外務省中東局が事務局となり、東京とイスラーム諸国を結んですでに七回開かれています。私はそのうちの五回に参加しましたが、二〇〇八年、サウジアラビアのアブドラ国王は、この会議の折に自ら考え抜いた「宗教間対話」の決意を発表されました。それが直ちにメッカでの全イスラーム会議、マドリッドでのカルロス国王との共催になる三百名の参加者を集めた世界宗教の対話会議、さらにはニューヨークの国連本部での大々的な「平和の文化」シンポジウムとなったのです。これには十名の国家元首が出席しました。

このようなイスラーム文明との対話は、継続することに意義があると信じます。ラテン語のことわざに“Virtus est habitus”とあります。継続が“Virtue”すなわち力を生み出すのです。

＊　本章は、二〇〇九年五月一三日、モラロジー研究所において行われた講演（初出誌＝『モラロジー研究』第六四号）に手を入れたものである。

第7章　ルネサンスとは何か？

はじめに

ルネサンスというのは、ご存じのように、中世の「暗黒」を脱した輝かしい文明で、イタリアそれからフランスに起こったと、このように言われています。それが科学革命に繋がり、現在のヨーロッパ文明を形成したように、普通は考えられている。しかし私は、ルネサンスを研究していくうちにいろいろな事に気が付きました。これは一般に言われるようなギリシャ的な人間と理性の再発見というだけでは済まされないものがあると。しかもギリシャがそのままイタリアに再生したのではない。いろいろな要因が重なり合って、イタリアの北部だけに起こる。同じイタリアでも南部に行くとそれがないのです。それは一四世紀末から一五世紀、一六世紀にかけて花開いた一つの文明形態です。その現象ですが、物事には因と縁というものがありますが、私が好きな言葉を選べば、南方熊楠の使った「萃点(すいてん)」という言葉です。いろいろな要因が重なる時、ある時、ある場所に結果が集まってくる、収斂してくるのです、その一点が北イタリアでした。そしてそこに輝かしい花が開いたということであります。

ルネサンスの意味

そこで、まずルネサンスの意味。これはフランス語で re（再び）、naître（生まれる）という動詞から生まれた名詞です。Re-naissance、再生ということですね。何が再生したのか。古代ギリシャ的な人間観、ギリシャ的理性の再生、これは一般的な考え方です。

皆さんの中にもイタリアにおいでになった方は多いかと思いますけど、南部イタリアに行きますと、ルネサンスとは別物です。これは北部イタリア、フレンツェ、それからミラノ、そしてヴェネチアに花咲いたものです。ではローマを含めた南イタリアには何故なかったのか、そういうことも考えなければいけない。いずれにしてもここからヨーロッパの変貌が始まる。そしてこれが一七世紀の科学革命というものを準備する。そして科学革命の延長として、一八世紀の啓蒙主義 Enlightenment、その応用編である一八世紀後半の産業革命が起こり、それまでは世界的にみるとむしろ遅れていたヨーロッパが俄然テイク・オフする、というように続いていくわけです。

ヨーロッパはいかにして生まれたか？

ルネサンスに入る前に、一言ヨーロッパそのものの起源について触れておかなければいけないと思います。これについて、ギリシャ神話にはこう書いてあります。オリンポスの神々の最高神、ゼウスはチュロスのフェニキア王の娘、王女エウロペーの美しさに一目ぼれして、自ら牛に姿を変えて誘惑するのです。この娘を背中に載せて海を渡り、クレタ島に至り、ここでエウロペーはゼウスとの間に子を身ごもる。この子がミノス王となってミノア文明の最初の王となります。これはどういうことかと言うと、オリエント、つまり地中海東部のフェニキアの文明、それからクレタ島のミノア文明、そこに繋がるエジプト文明、それからケルト文明、こういうものが出会っていく、これがヨーロッパの歴史だということです。従って、この神話が語っているヨーロッパの歴史を見ますと、オリエントとの関係は切り離せない。ヨーロッパというと西欧と考えられていますが、その出自は「光は東方より」の東方、すなわちオリエントとの出会いなのです。それが神話に表れているということです。

ロゴスとトーラー

それからもう一つ、重要なことがあります。同じオリエントでも、イスラエル／パレスチナの地に生まれたヘブライズムであります。ヘブライズムが非常に大きな力を得てきて、特にその核心である戒律というものが大きな影響を及ぼすようになります。これがロゴスに対するトーラーです。ロゴスの方だけはギリシャ語で、トーラーというのはヘブライ語で書くべきなのですけれども、アルファベットで書いておきました（図1〔九五頁の図の再掲〕）。

『聖書』、皆さんが旧約聖書と言っている『聖書』の最初の部分、創世記から始まるモーゼ五書と言われるもの、これが「トーラー」です。これは実は『古事記』みたいなもので、ヘブライ人のためにヘブライあるいはユダヤ人といわれるコミュニティの成立を描いている。第一章の天地創造から始まります。このトーラーの描いている世界は、理性の世界ではない。神話であり、不条理の世界であります。ただ

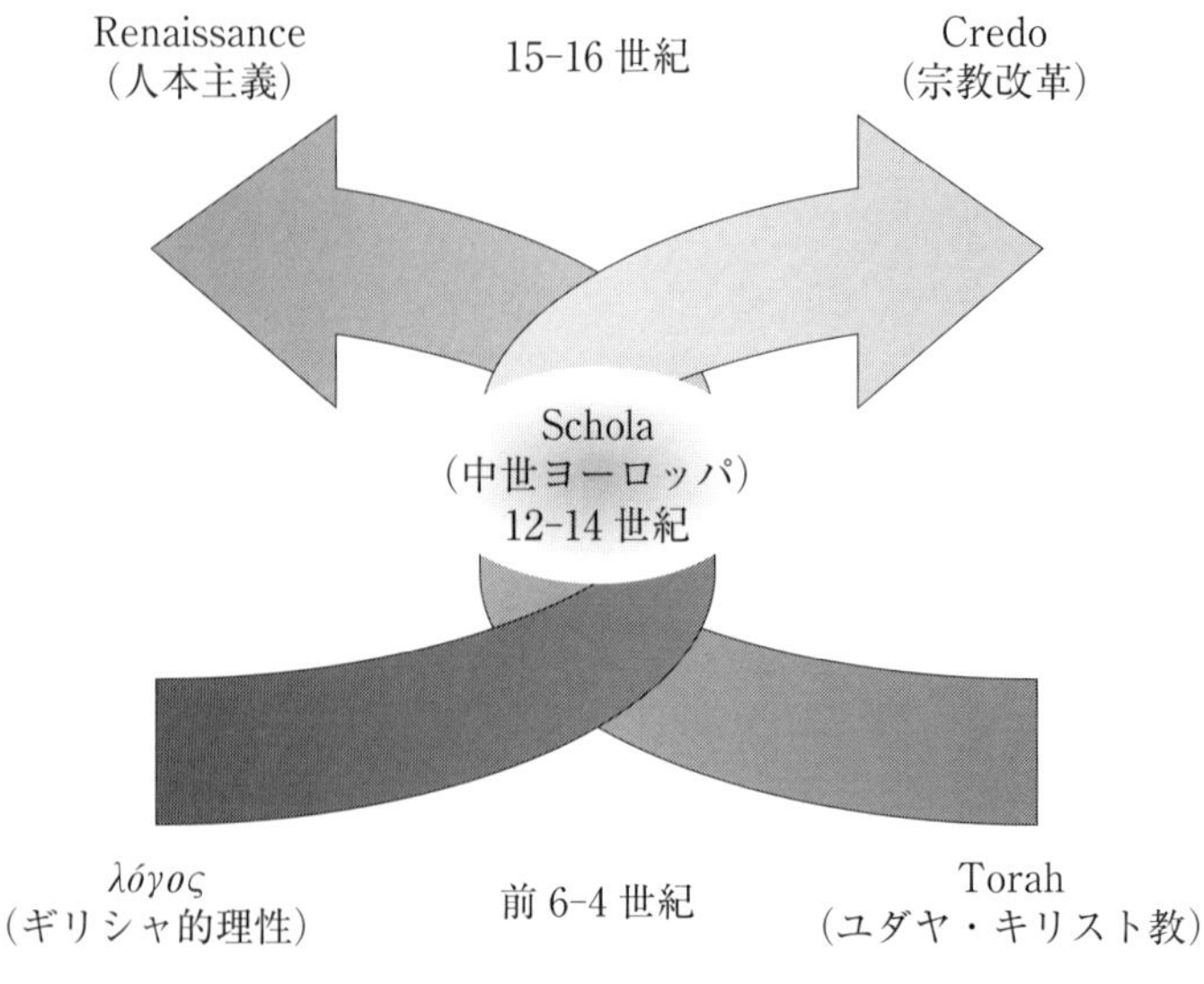

図1　ヨーロッパのイメージ

信じよ、ということですね。超越的絶対神が現れる世界です。しかしこの「トーラー」が、ヨーロッパ理解には非常に重要なのです。これがロゴスと結び付いてくるのが、ヨーロッパです。

前六世紀のころ、ヘブライの民はどうなっていたかと言いますと、その前にネブカドネザル二世の新バビロニアに征服され、バビロンに幽閉されていたのです。「バビロンの捕囚」といいます。それをその後に来たアケメネス・ペルシャのキュロス二世が解放する。この時に私は重要な事が起こっていたと思います。二回にわたり六〇年ほど幽閉されていましたから、この異郷で自分たちのアイデンティティを保持するために、それまで口頭伝承に過ぎなかった自分たちの歴史の編纂に着手するのです。これはヘブライ語という言語の保存にも繋がりました。

そしてこれがEcritura〈書かれたもの〉『聖書』となるのです。ところが盟主アケメネス・ペルシャは、国教としてゾロアスター教を持っていました。ですからこのバビロンの捕囚の時にも、ヘブライの民は必ずやその頃メソポタミアに浸透していたゾロアスター神学の影響を受けたはずです。これが『聖書』にはあらゆる所に出ております。例えば天使の概念です。光と闇の観念もそうです。最後の審判の考えはエジプトから引き継いだものです。

このようにしてEcrituraすなわち書かれたものとしてのBibleが成立します。新訳・旧約と二つあるのではなく、常に単数でThe Bibleと書きます。ちなみにこのバイブルという語を語源的に探ると、先ほどのフェニキアの道に行きます。そこにビブロスという重要な港町がありますが、どうもそこからのものらしいのです。陶器のことを瀬戸物というようなものです。そこからBibleというふうに転化されたと言われております。いずれにしてもここでバイブルが成立する。この書は西暦前二〇〇〇年、三〇〇〇年ころからの民族成立史、詳しくはモーゼが出エジプトを行った前一三世紀を中心とした物語です。それがずっと後で文字になったものということになります。

それでヨーロッパのイメージというのを、ご覧に入れます（図1）。これは何ですか。皆さんが大好きなシャネルのロゴに似ています。これがヨーロッパの象徴的な姿ではないかということなのです。ヨーロッパの成立はこのX型に近いということを、私は感じました。つまり、次のようになります。

ヘブライズムつまりユダヤ・キリスト教の不条理なるものへの「信」と、ギリシャ的「理性」が融合していきます。何故ならば、ローマ帝国が四世紀に、それまで迫害していたキリスト教を公認する。しかも間もなくそれを国教としたからです。ちょうどその一〇世紀前。アケメネス・ペルシャがゾロアスターを国教としたように、ローマはキリスト教を国教としました。砂漠の神が緑のヨーロッパに受け入れられたのです。そのために、それまで全てをギリシャから学んできたローマがトーラーの世界と融合する。そしてそれを融合・止揚せんとして生まれてくるのが、スコラ哲学、つまり中世のヨーロッパの教学です。中世ヨーロッパのスコラ哲学は、ちょうどシャネルの留め金になっています。ところがこの不条理と理性、これは矛盾概念です。水と油のように。それをミックスしていたのが、やはり無理が露わになり分離を始める。フレンチドレッシングを卓上に置いておくと酢とオイルに分かれていきます。あの現象です。私はヨーロッパの歴史をそのように解釈しています。そしてこの一方がルネサンス、もう一方は宗教改革として現れる。だからこれはだいたい同じころに起こるのです。一五・一六世紀に。ルネサンスがイタリア・フランスに起こった頃、ルターやカルヴァンがバチカンに対して抗議します。もともと異質なものの再分裂、これがヨーロッパの基本的な形だと考えています。

フェニキアの道

先ほどチュロスという地名が出ていましたが、ゼウスがエウロペーという美しい娘を見つけたところなのですけれども、それを次のフェニキアの地図(図2)で見てもらいます。

これはフランスの文献から取った前八世紀におけるフェニキア人の勢力範囲ですけれども、Tyrと書いてあるのがチュロスです。フェニキア人というのは、海の民でありまして、海洋貿易で地中海を圧

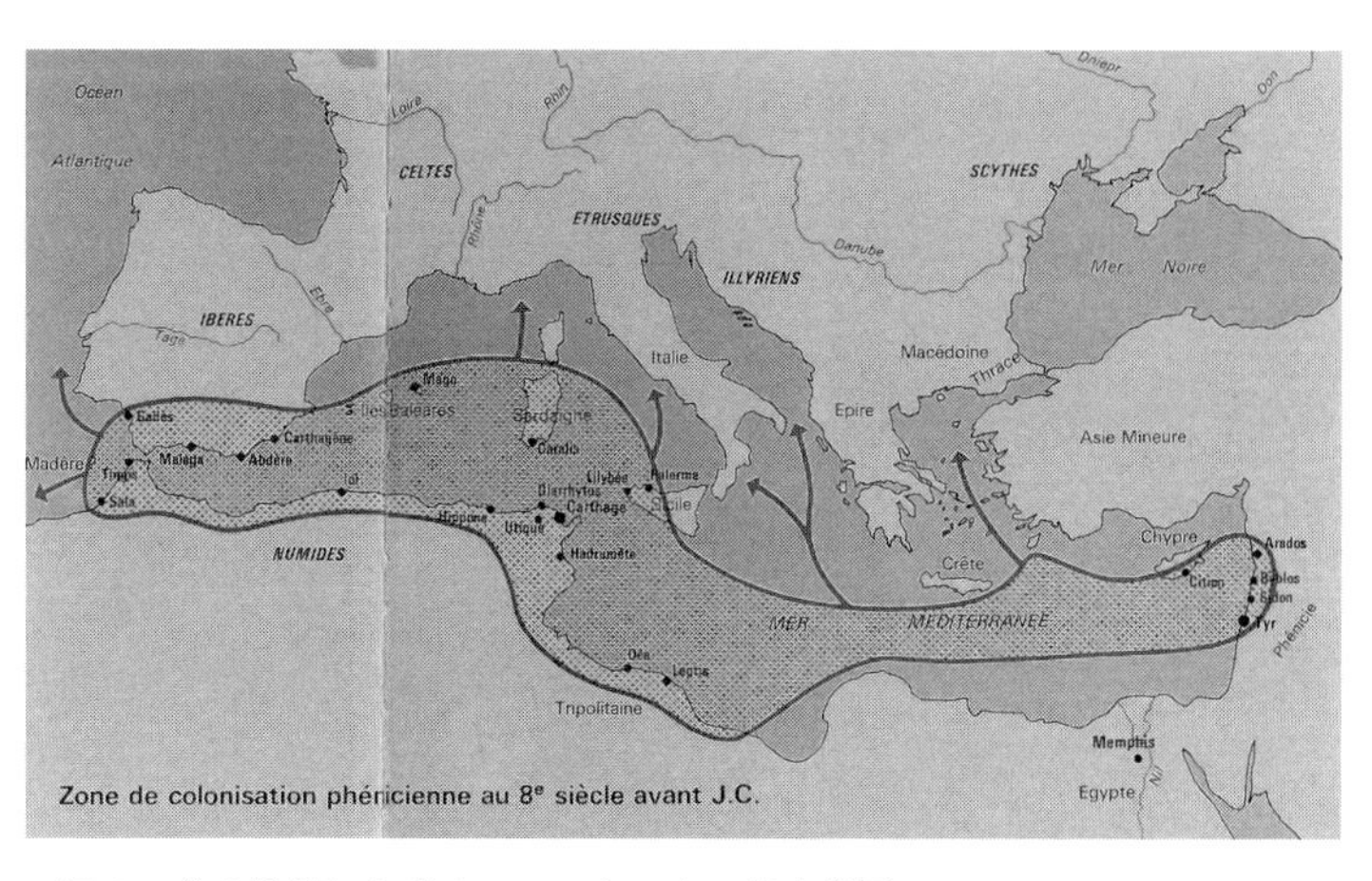

図2　前8世紀におけるフェニキア人の勢力範囲
(Atlas de la découverte du monde, Fayard より)

していた。それがイベリア半島の南部、アンダルシアの方にまで行きました。今はチュニジアとなった場所にその最大の要衝カルタゴができるわけです。ローマと戦ったポエニ戦争で有名なハンニバルのカルタゴですね。これも大帝国でした。この図がフェニキア人の勢力範囲ですが、ほぼ同じ範囲で少し陸地に入ったのがローマ帝国になります(図3)。

ローマはフェニキアを打ち破り、ここにあったカルタゴを滅亡させてこの帝国を作るわけです。フェニキアの勢力範囲それが全部ローマになります。地中海の交易権を握る、こういう形でローマは発展していく。フェルナン・ブローデルの言うように地中海というものは非常に重要な役目を果たしています。

ヨーロッパ文明の基本形　要約

ここまでを簡単に要約しますと、ヨーロッパ文明はヘレニズムとヘブライズムの合体である。そして四世

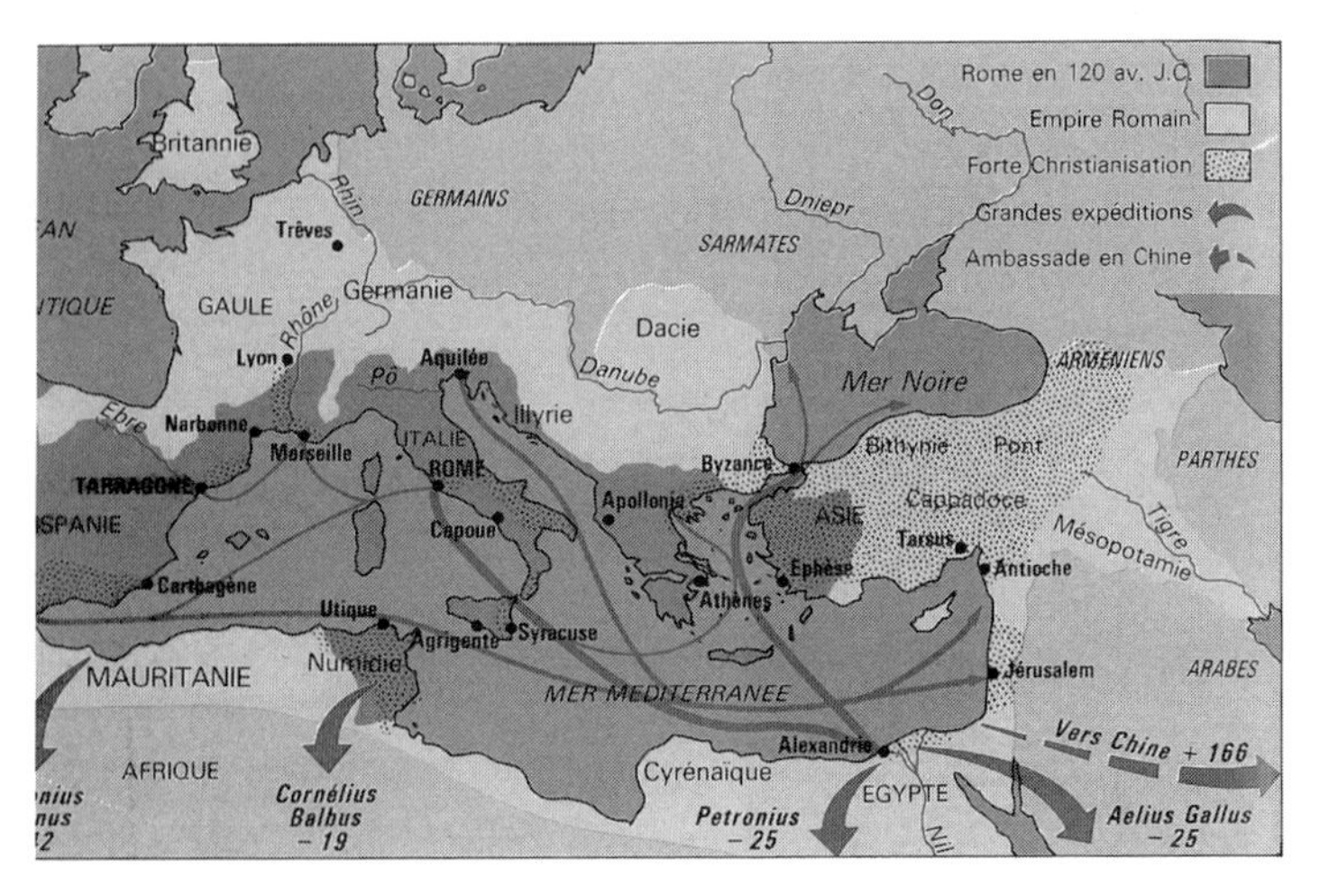

図3　A.D.200年頃のローマ帝国，人口約6000万人
（Atlas de la découverte du monde, Fayard より）

紀、ローマ帝国のキリスト教公認による異質な文化の融合がヨーロッパの本質を形造ったが、異質なものはやがて再分裂を起こす。それが宗教革命とルネサンスを生み出す、ということです。ちなみにこのキリスト教公認について、一言だけ付け加えておきたいのは、ローマが最初ではないということです。その前にアルメニア、エチオピアがキリスト教を公認しております。また同じくキリスト教徒たるコプトとはエジプトのことです。

問題設定――ヨーロッパの出自をギリシャに求める風潮

では、本日の問題設定です。ルネサンスは人間解放の輝かしい時代であったのか？　ルネサンスは人類史をどういうふうに変えたのか？　ルネサンスはどのようにして起こったのか？　ルネサンスとは文芸復興なのか？　これは一般的な問いを羅列してみたのですけれども、今日のお話はどのようにして起こったのか、これが中心になっています。

まずヨーロッパ人の間に蔓延している考え方なのですが、古代ギリシャこそが、われわれの文明の母であるとするものです。それがヨーロッパでは一般的な考えです。少なくとも、私がパリに住んでいた一九九〇年代頃まで、まだ八割ぐらいの人は、このように考えていました。全てはギリシャから始まると。すると輝かしいギリシャ文明はヴィーナスのように地中海の泡から突如誕生するという印象になります。先ほどのエウロペーの神話が語っているようなギリシャ以前の文明交流史を書かないから……。ここではオリエントというものが消去されている。ではビザンツ文明はどうなりますか。ローマ帝国が東西に分裂してできたものです。ところがこれもヨーロッパに入れないのです。ヨーロッパとはOccident、西ローマ帝国の系列である。これが実はヨーロッパ人の自己認識であります。「ヴィーナスの誕生」という、ボッティチェリの有名な絵がフィレンツェにあります。それがヨーロッパの誕生の姿と言ってもいい。

従って、先ほどから私がお話ししているオリエント、つまりフェニキアとかバビロンとかエジプトとか、それから後でまたお話しするビザンツ文明、こういうものもヨーロッパから消去されるのです。ギリシャに素晴らしい文明が突如生まれて、それがシーザーの道によって、ローヌ川を北上しパリに至ると、こういう考え方が最近まで一般的でありました。

幻想の天国

スイスの歴史家ブルクハルトの『イタリア・ルネサンスの文化』(一八六〇)という本がありますが、これは結局、イタリア礼賛なのです。木間瀬精三さんの『幻想の天国』(中公新書)という本は、それに対する反論です。日本人からの反論。これは一九世紀のヨーロッパの市民社会の理想を託した時代的要請であったと。ところがルネサンスの実像はどうであったか？「一四世紀イタリアでのペストの流行、異端審問が理想郷を夢見る風潮を生みだしたのか？」と、こういう問いを木間瀬さんは投げかけているということです。

一方、私が非常に重要視しているのは、ルネサンスは超越神の消去と同時に行われた、ということです。ルネサンス期には豪華なサン・ピエトロ大聖堂が造られたが、実は肝心の超越神が消されていることを後で図像で示します。先ほど申し上げた、X上の交わりと分裂を考えてください。

宗教改革を行ったルターやカルヴァンの方はもちろん神を、超越神を保持して、ただCredo(我信ず)「聖書に帰れ」ということを説きます。カトリックが歴史的に身に付けてきた垢を全部落し、ただ一つ聖書に帰れと説きます。ところがルネサンスの方に行ったものはここでキリスト教本来の神すなわち超越神とは決別しているのです。しかし教会の権威は守られる、というよりそれを守るために異端審問が始まるのです。

異端審問

異端審問と魔女狩りですが、皆さんご存じのとおりジョルダーノ・ブルーノは地動説を説いて火あぶりになりました。ガリレオはどうか。彼も宗教裁判にかかります。そして地動説を実は撤回しています。「それでも地球は回る」というのはこの後です。宗教裁判にかかった教会を出る時に友人につぶやいた、ということです。芥川賞を取った平野啓一郎の『日蝕』はこのあたりの緊迫した世界を描いている。異端審問の世界。いわゆる聖性というもの、サクレというものが崩壊していく、その中世の黄昏を書いたのが『日蝕』です。

聖俗の拮抗

聖俗の拮抗というものを、われわれは見なければいけない。ヘブライ的な超越神の消去が始まる。ギリシャ的理性の再発見は確かにあった。そしてここで重要なのが、個人の確立であります。この理性による個人の確立。個人の確立ゆえに一点からの凝視であるPerspective「遠近法」というものが生まれる。これが今日のお話の一つの中心点になっていて、後で詳しく取り上げます。つまり個人の確立というものは、一七世紀のデカルトの『方法叙説』に非常に鮮やかに書かれているのですが、実はルネサンスに始まっているということになる。

このことを考えますと、もう一つのことに気が付きます。それまで中世のキリスト教の社会においては、人間という存在は神から見られて生きていたのです。神が中心で、絶えず「神から見られている存在」として人間があった。それが今度は「神を見る存在」に変わっていく。神さえもオブジェ、対象になっていくというところがあるのです。主客が転倒している。それが美術の領域でも宗教画への接し方に現れる。Communion というのはミサの聖体拝受も意味しますが、それこそ合体なんです。宗教画の場合まさに自らを没入していく接し方です。今でも東方教会の流れをくむロシア正教のイコンに対する崇拝がそうです。それが Perception という知覚による接し方に変わっていく。あくまでも対象を見る、主観が対象を見る、という接し方になります。だからもう少し突っ込んで言えば、ここでもうすでに科学的アプローチの基礎が成立している、と言えるでしょう。ただし一般の人々にはそれまでに刷り込まれた地獄への恐れだけは残っていたかもしれない。ダン・ブラウンの『インフェルノ』という本は、この地獄への恐れがダンテの後も切実に残っていたという姿を描いております。

文芸復興

つぎに文芸の興隆ということに簡単に触れておきましょう。やはりコジモ・デ・メディチです、彼はプラトンの翻訳を推進した人なのです。メディチ家というのはフィレンツェの名家です。プラトンの哲学が、ここでイタリア語に翻訳された。Academeia Platonica、コジモがプラトン学院を作っています。今ですと孔子学院というのを中国が作っていますけれども、このような政治的なものではなく、もっと真剣にプラトンを学ぼうとアカデミアを作ったのです。これがメディチ家の初代当主なのですね。

そのころに生まれてきた人としてダンテ（一二六五〜一三二一）。皆さんご存じの『神曲』*Divina*

Commedia を書きました。しかもこれはラテン語ではなく、トスカーナ語で書かれているという特徴があります。それからペトラルカ（一三〇四～一三七四）。抒情詩に優れた人です。それからもう一人ボッカッチョ（一三一三～一三七五）。『デカメロン』*Decameron* の作者です。ここではこの三人だけを引いて置きましょう。これは注意してほしいのですが、これらの作家は全部一四世紀の人です。美術家の方はこれより遅れます。文芸が美術に先行する。それを後で見ていきましょう。

図４　「アテネの学堂」(Raffaello Santi)の一部分
1509-10 年｜500×700 cm｜フレスコ｜ヴァチカン宮殿（ヴァチカン）

ルネサンスを惹起したもの

ここで「ルネサンスを惹起した要因」というものを、私なりに挙げてみます。古代ギリシャの再発見ということは確かですから、特にプラトンのアカデメイアのために良い例かと思ってラファエロの画を取り上げてみました。図４は「アテネの学堂」という有名な絵です。

この真ん中にプラトンとアリストテレスがいる。アリストテレスはプラトンの弟子ということで年の差が出ていますけれども、もっと面白いのはラファエロが、この時、この二人の本の持ち方で示唆していることです。プラトンは本を縦に持っているでしょう。アリストテレスは平らに持っているのです。自然学ですから平らに持っている。プラトンはイデア、後にカトリック神学にも取り入れられるイデアへの指向を説いていますから縦なのです。メタファーを入れている。これが、ルネサンス人が理想とした、アテネの学界ということになります。

ただ、ルネサンスというものがフィレンツェを中心に北イタリアに起こってくるということには、理由を挙げねばいけない。そこで私が注目した要因には少なくとも七つある。まず(1)十字軍。そして(2)イスラーム世界。これは一二世紀ルネサンスを起こすイスラーム文明ですね。そして(3)ビザンチン。文明の交差路であったビザンチンは実は一〇〇〇年の間、文化の中心になっております。そしてこれがヴェネチアと結ばれていたことが重要だろうと思います。それから遠くに行きますと、(4)シナ文明というものがあります。これが実はすでにルネサンスに入ってくるのです。このことは普通、ギリシャの復興だけを言っている人には欠落しているところです。それからやはり大きな存在として(5)メディチ家の存在は、挙げておかなくてはいけない。フィレンツェに生まれた大富豪・芸術家のメセナです。本来は薬屋でしたが、銀行も開き大金持ちになると、フランスのブルボン王朝に娘を嫁がせたりして、勢力を拡大していくのです。教皇も複数出しています。メディチ家の家紋は六個の丸薬ですが、ブルボン王朝と結ばれてから真上の一つにブルボンの百合を入れることが許されました。それからやはり、これはルネサンス後期になりますけれども、(6)イエズス会の東方からもたらした情報。これも考えておかねばならないと思います。最後にもう一つ誰も語らない秘められた(7)仏教の影響というもの、欧米では決して語られなかったものですが、これについて今日は図版入りで触れたいと思います。

第四次十字軍

これから今挙げた要因のそれぞれについて、少しだけ詳しく話しましょう。一三世紀初めの第四次十字軍は、実はエルサレムではなく、コンスタンチノープルを占領し、略奪します。大変残虐な十字軍でした。ところがこれが実はヴェネチアの隆盛を支えた一つの出来事だったのです。この時コンスタンチノープルは破壊され、東ローマ帝国そのものがこの時事実上崩壊したといってもいい。この東方キリスト教の最後の都市は一四五三年、オスマントルコ軍の占領により最終的に崩壊します。しかしながら本当は、この第四次十字軍によってあまりにもひどく破壊されたのが原因であろうと思います。現在それはイスタンブールと呼ばれています。

イスラーム世界の貢献

それからイスラーム世界についてですが、一二世紀ルネサンスの主役です。八世紀から一二世紀にかけて、イベリア半島にイスラーム教徒が、先ほどのフェニキアの道を通って入るのです。アル・アンダルス(アンダルシア)です。イスラームはそこからずっと北上して、今のスペインのほぼ全体をイスラーム化します。それをカトリックの方が少しずつ奪回していくのがレコンキスタという運動で、ついに一四九二年、最後の砦グラダナが無血開城という形で落城、イベリア半島はカトリックに戻るわけですけれど、それは一五世紀の話ですから、それまで八世紀から一五世紀に及ぶ、特に一二世紀を頂点とする異文化交流がありました。このイスラーム文明の影響は、美しいモサラベ芸術という混交芸術に残されています。これは後にヨーロッパでも評価され建築等に入ってくるものです。

それからアラビア語で保存されていた古代ギリシャの科学や哲学書がラテン語に翻訳されたことが重要です。主にトレードですね。トレードの図書館に翻訳の拠点があったようです。この時のことをユネスコの文献で調べましたら、Romanと呼ばれたキリスト教徒、それからMoroつまり北アフリカから来たアラブ系のムーア人、それに昔からいたユダヤ人が協働しているのです。一人が一冊を訳したのではなく協働でやっている。中でも語学に長けたユダヤ人は大変な貢献をしている。こういうところが面白い。トレードの丘の上の教会に行きますと、教会自身がユダヤ人の寄贈の賜物なのです。キリスト教の教会の建造にお金を出したのはユダヤ人コミュニティであったということがあって、ちゃんとステンドグラスの薔薇窓の中に、今もその印つまりダヴィデの星が入っているのです。そういう共存共栄の構造を現地で見ました。ユダヤ人は語学の天才だということをご存じですか。ディアスポラを強いられたユダヤ人はあらゆる言葉をすぐに習得する。この時もその能力を発揮したのです。そしてモロすなわちムーア人というのは北アフリカから来たアラブ人ですけれども、彼らとも協力しています。実は八世紀イスラームが渡来した時、それまでキリスト教徒に差別されていたユダヤ人はむしろ安堵したと言います。

この協働の例として挙げたいのが、アリストテレスの著作です。その全集がトレードの図書館にアラビア語版で残っていたのがラテン語に訳されます。全訳されました。私が驚くのは、このラテン語訳がいち早くパリのソルボンヌという神学校に届いたことです。トマス・アキナス、私も研究したこの大学者は、一三世紀、それをいち早く取り入れて、先ほどのスコラ哲学の集大成と言われるものをセミナー方式で編纂しました。*Summa Theologiae* という大部の本なのですが、『神学大全』と日本語では訳しています。この語尾の ae は所有形です。Theologia（神学）の Summa（集大成）というわけです。これが実は、ヨーロッパの中核ではないかとさえ私は思っています。つまり神学を理性で語った。ヘブライ・キリスト教の先ほどの不条理の世界、それさえも理性で語った、のちに「黄金の知」と呼ばれたものです。これが図１の、ちょうどX型に交わる所、シャネルの留め金です。諸々の近代哲学は実はこのスコラ哲学の延長かそれへのアンチテーゼとして理解されなければなりません。

イスラームがギリシャの学問を継承した。これは伊東俊太郎先生の『十二世紀ルネサンス』という本を読んでいただくと非常に詳しく書いてあります。ですから、これはすでに八世紀に始まる。バクダッドで。強力なアッバース王朝のやったことの中に、単なる力ではなく学問があったのです。ギリシャの科学と哲学からの学びです。「広く世界に知識を求めよ」という預言者ムハンマドの教えを実行していたのです。それからコルドバがあります。先ほど話したスペイン南部、アンダルシアです。ケルーアン、これはご存じの方が少ないと思うのですが、チュニジアにある文化都市です。このケルーアンはムハンマドが西進を始めて最初に創った学問の一大拠点です。しかもそのモスクは美しい。カルタゴのずっと南の方ですが皆さんに行ってほしい場所です。モロッコには日本の奈良を思わせるフェズがあります。

それからコンスタンチノープル、これは今のイスタンブールで一〇〇〇年の都。パレルモ、これはあらゆる民族が交わったシチリアの首都です。それからやはり、マドリードからそんなに遠くないトレードの丘。これらの都市は文化センターの機能を持っておりました。こうした文化センターは、同じころ南アジアにも東南アジアにも、東アジアにもあり、日本では奈良がそれに当たりますが、西側を見るとほとんど全部イスラームの世界です。アラビアに触発された一二世紀ルネサンスは、イベリア半島、シチリアからイタリア、フランスへと波及します。今日は簡単に申し上げていますけれども、詳しくは伊東先生の本をご覧ください。

一つだけ強調するとすれば、世界的に見て、八世紀は特に開かれた世紀であった、ということです。

ヴェネチアと結んだビザンチン文明

それからビザンチンにやはり注目しなければいけないと思います。ヴェネチアと常に結ばれているということがあるのです。ヴェネチアは「東方に開かれた窓」といわれますけれども、東方とは何かと言うと、具体的にはビザンチンなのです。ビザンチンすなわちコンスタンチノープルです。コンスタンティヌス大帝が四世紀、東西文明の交差路に開いたコンスタンチノープル、最後に一五世紀オスマントルコに占領されてイスタンブールになる都市です。その間、約一〇〇〇年間、一大文化センターでありました。そこから来たものがヨーロッパのどこに入ったかというと、ヴェネチアであります。

先ほどの第四次十字軍ですが、行先を変えるにはどうやらヴェネチアの商人たちが動いたらしい。行先を聖地エルサレムではなしにコンスタンチノープル、つまり貧しい名ばかりの聖地ではなく、繁栄を極めた中心都市にした、ということです。実際、北イタリアにルネサンスが起こり、南イタリアには起こってないということには、北部の二つの重要な港湾都市が関係していると言わねばなりません。つまりヴェネチアとジェノヴァです。この二つは水軍を持ち十字軍を運んだ港湾都市なのです。従ってそこに海の文明の回廊ができる。そういうところにルネサンスの道があるわけです。

このことと関連しているのが三つの有名建造物の形です。イスタンブールのアヤ・ソフィアは東方の正教会の姿を残しています。キリスト教の教会として作られたものです、このドームも。これが後にイスラームの、オスマントルコの占領時に壊されずにそのままモスクになるのです。ですからこの中に入りますと、ミフラーブという、メッカの方に祈る扉のようなものがありますが、またモザイクのキリストや聖人像を塗りつぶしたということは確かにありますが、壊してはいません。最近それが洗われて元の宗教画を見ることが出来ます。（このモザイク画は、二〇二〇年現在、アヤ・ソフィアを美術館の扱いではなく真性のモスクとしたエルドアン政権により、ヴェールに覆われました。）

ここでサンマルコ寺院を見てみましょう。ヴェネチアの中心のこの寺院はビザンチン形式です。同じドームです。中に入りますと、全部モザイク画です。金色のモザイクの教会です。これとアヤ・ソフィアを比べますと建築の基本的思想が一致しています。ヴェネチアとコンスタンチノープルが結ばれていたということの証拠です。それから同じドームがルネサンス期にヴァチカンにも現れます。サン・ピエトロのこのドームはミケランジェロのデザインとされております。

シナ文明はヨーロッパに届いていた

それから西欧の学者は誰も注目していなかったと思うのですが、私は注目しました。シナ文明の情報も到達しているということです。何故なら、まず、プラノ・カルピーニという人がローマ教皇の特使として一三世紀の半ば、モンゴル帝国の本拠地カラコルムに行っています。その後にマルコ・ポーロが叔父と一緒にシナに行っております。フビライ・カーンの元朝の、今の北京ですけれども、大都に行っています。カルピーニは公式の報告書をローマ教皇に提出しておりますけれども、ほとんど知られていない。マルコ・ポーロは*Milione*という本を出しました。これは口述筆記です。マルコ・ポーロが帰ってきまして、敵であるジェノヴァ軍に捕えられて牢獄に入っていた時に、自分の見たこと、聞いたことを捕らわれ人の仲間たちに話した。それが非常に面白いということで、それを筆記した人がいたのです。フランス語で筆記したのがこの本です。面白いですね、*Milione*というイタリア語の題に関わらずフランス語の本なのです。この本が日本では『東方見聞録』として知られています。

この本については、私もヴェネチアで行われた国際ペンクラブの「紀行文学」に関するセミナーで話したことがあるのですが、何故、これだけが有名なのか、と。このプラノ・カルピーニの他に実はまだ三人いるのですよ、マルコ・ポーロの前にシナ、大都まで行った人は。それなのに彼らは忘れられ、後から行ったマルコ・ポーロが最初の人であるかのように、みなが思っているのは何故かということです。ここにイマジネーションの力がある、というのが私の結論でした。他の人は非常にまじめにファクチュアルな報告をやっているのです。ところがマルコ・ポーロの方は全体的にイマジネーションを交えて話しているのです。人から聞いたことまでも自分が見たかのように話しているのです。例えば彼はアフリカに行っていないのに、アフリカのことまで出てくるのです。こういうことが結局、聴く人の想像力を掻きたてて、好奇心を呼び起こしたということです。ですからこれは文学なのです。レポートじゃなしに小説になっております。文学の力は、そういう意味で大きいということであります。

シナ文明について、もう少し見てみますと、私はイタリアの象嵌で有名なルネサンス様式の家具といわれるものが完全に中国の影響を受けていることに注目しました。それからもう一つ庭園に影響しているのです。これもあまり知られていないことですが、私はフィレンツェで、現地の歴史家に教えてもらいました。このことには後で触れます。

メディチ家の存在

メディチ家という存在は、ルネサンスにとってやはり大きな存在であると思いますけれども、もともとは薬屋でありました。しかしそれが成功して、コジモ・デ・メディチ(Cosimo de Medici, 1389–1464)は銀行家になります。財を蓄えて次々に建造物を建てます。今でもフィレンツェの町はメディチ家であふれていると言ってもいいほど、メディチ家による建造物が多いのですが、次のロレンツォ・デ・メディチ(Lorenzo de Medici, 1449–1492)という逸材が、強力な芸術の庇護者になるのです。彼の庇護の下に色々な芸術家が輩出します。それからもう一つ、こういうことも歴史的には知っておいていいかなと思いますのは、カトリーヌ・ド・メディシス(Catherine de Medicis, 1519–1589)。ここからフランス語風にメディシスと発音します。何故ならば、ブルボン王朝のアンリ二世に嫁いだということがあります。従って、ここからフランス語の発音になりますが、マリー・ド・メディシス(Marie de Medicis, 1573-1642)もそうです。アンリ四世に嫁ぐ。マリー・ド・メディシスがルイ一三世のお母さん、こういう関係になっております。ですから、ルイ一三世、ルイ一四世、一五世にもメディチ家の血が繋がっているのです。メディチ家の紋章はもともと丸薬で、それが六つあるのですけれど、カトリーヌがフランスの王朝、ブルボン王朝に嫁いでから、ここにブルボンの百合を入れることを許される。これが今見る紋章(図5)です。

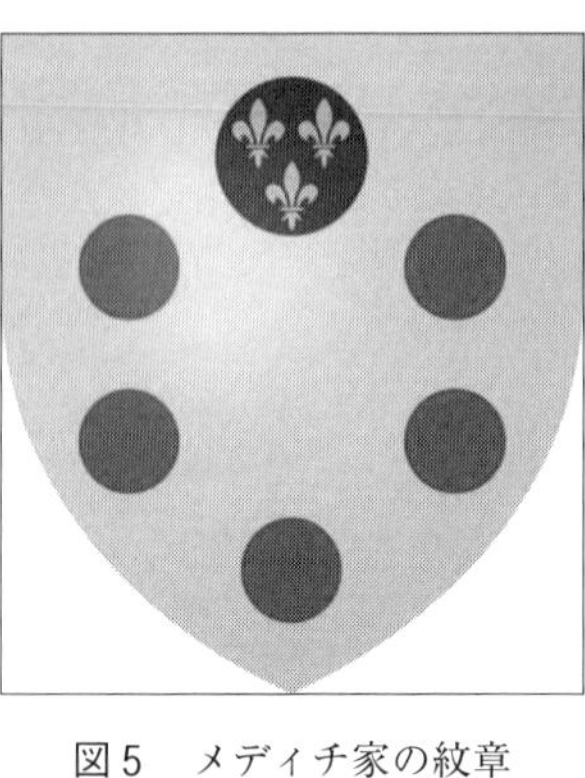

図5　メディチ家の紋章

このころのメディチ家の勢力は、ブルボンと結んだことで急激に拡大し、一大権力となります。メディチ家からはローマ教皇も二、三人出ています。ブルボン王朝に入り込むことで、いわゆる王統を得たということと、このような政略結婚が非常に功を奏したと思うのですが、実はこの二人のブルボン王朝との婚姻が、イタリア・ルネサンスをフランスに運ぶことになりました。当時三つの家族が台頭しています。フランスはブルボン、イタリアにメディシス、それからオーストリアのウィーンにハプスブルク、これらの有力な家族はすべて政略結婚を繰り返しながら成長していく、ということがありました。

イエズス会による東方からの情報

イエズス会における東方からの情報についても触れておかねばならないと思います。イグナチウス・デ・ロヨラは、一五三四年ですから一六世紀ですが、パリ、モンマルトルの丘でフランシスコ・ザビエル等六人とともに誓約を結び、イエズス会を結成しました。そして東方への伝道師となります。このイエズス会の誓いは「清貧・服従・巡礼」ですね。第三の誓いの巡礼とは、本当はエルサレムに行くことだったのです。ところが行けなかった。すでにオスマントルコに占領される直前でしたから。その代わりに東方へ行くということになって、ゴア・マカオを経てザビエルは遂に日本に至る、という事情がありました。一六世紀のこの時点では、中国、日本の情報はイエズス会によるものがほとんどです。この修道会は実際、ヨーロッパにとって非常に貴重な情報源でした。

今日の主題ではないのですけれど、例えば、儒教の思想はイエズス会の仲介でヨーロッパにもたらされたのです。論語の翻訳も行われ、一七世紀にはルイ一四世に届いています。美術面では chinoiserie（シナ趣味）が流行しました。

芸術作品から解くルネサンス

ヴァチカンの中のシスティーナ礼拝堂をご覧ください。これを拡大して細部を見ていきましょう。ミケランジェロが全部これを描いております。ミケランジェロの最大の制作物。天井画も側面もそうですね。天井を見上げますとこうなります（図６）。

図6　システィーナ礼拝堂天井画「創世記」(Cappella Sistina／Michelangelo Buonarroti)
1508-12年頃｜1300×3600 cm｜フレスコ｜システィーナ礼拝堂(ヴァチカン)

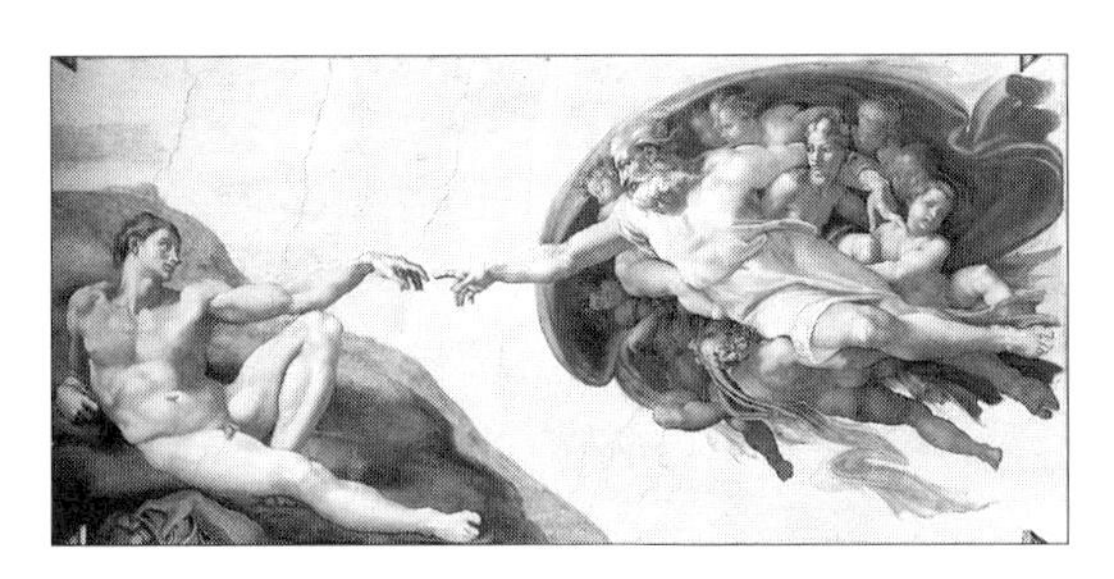

図7　「アダムの創造」(Creazione di Adamo)
1510年｜280×570 cm｜フレスコ｜システィーナ礼拝堂(ヴァチカン)

この真ん中に「アダムの創造」(図7)があります。

神がアダム、次いでエヴァを創り給うた。「創世記」をミケランジェロは描きました。素晴らしい。でもこういうことを考えてください。先ほど私は、ルネサンス期に超越神というものが消去されていくということを申し上げました。まさしくこれがよく表しています。ミケランジェロは巨匠ですけれども、父なる神を描いている。それまで中世ではあまりにも畏れ多くて描かなかった神です。初期の仏教でもそうです。イスラームと神道はいまもそれを守っていますが、本当に尊いものは描かないのです。キリスト教も中世までは十字架がシンボルとされましたが、神は描いていません。ところがルネサンスになると、神さえも描く。

実はここでヴァチカンのコンクラーベが行われる、新しいローマ教皇の選出が行われているということは驚くべきことだと思います。私はここへ行きまして、これは神の殿堂ではなく人間の殿堂だと思った。もう神さえも人間なのです。だからこそこの描き方と、ギリシャ神話の描き方は同じなのです。ギリシャ神話ではゼウスでもアポロンでもこういうふうに描きます。神々も美術の対象としている。ところがそれまでのカトリックの信者たちは、神の子キリストまでは描いても、父なる神、創造主は描かなかったのです。あまりにも畏れ多いということで描けなかった。それがルネサンス期にはこういうふうに描かれる。それはミケランジェロだけではないのです。いろいろな画家がそうしています。

図8が「最後の審判」、これは大きな絵です。

システィーナ礼拝堂の正面の壁画なのですけれど、完全に人間の群像です。これがキリストなのですけれども、若き肉体の賛美といわれてもいいぐらいですね。こういう人間的な群像を描いて、これが一番聖なる礼拝堂になっている。だいたいヴァチカンのサン・ピエトロ大聖堂は、入った時からビザンチンの匂いがするのです。ビザンチンが現存していて、システィーナ礼拝堂に行くと、今度はもうギリシャです。本当にギリシャそのものという世界になっています。

名作を見ていきましょう。これは同じミケランジェロの制作によるピエタの一つで、ヴァチカンにあるものです（図9）。非常に美しい。

図８　システィーナ礼拝堂祭壇画「最後の審判」
(Giudizio Universale／Michelangelo Buonarroti)
1536-41年｜1440×1330 cm｜フレスコ｜システィーナ礼拝堂(ヴァチカン)

次は、フィレンツェのピエタ(図10)。これは私が『文明の交差路で考える』で書いたピエタです。私が訪れた時これはフィレンツェのドゥオモに置かれていましたが、この真ん中の人物は誰かということについて書きました。これは父なる神かもしれないのです。実際にこのころ、神を形象化するということが起こっているからです。私は同じフィレンツェのサンタ・トリニタ教会で全く同じ構造の紋章を見ました。三位一体の図のこの位置に父なる神が置かれています。ミケランジェロは自分の墓標となるべきこの作品の中心に神を置いたのだ、と私は見ています。

図9　サン・ピエトロ大聖堂のピエタ（Pieta／Michelangelo Buonarroti）
1499年｜174×195 cm｜大理石｜サン・ピエトロ大聖堂（ヴァチカン）

フィレンツェのピエタ（第2のピエタ）

パレストリーナのピエタ（第3のピエタ）

ロンダニーニのピエタ（第4のピエタ）

図10　ピエタ

同じミケランジェロ作ですが、私が一番好きなのは、ミラノにあるロンダニーニのピエタなのです。これはすごいですね。これを見た時、私は学生だったのですが、本当に震えました。十字架を降りた死せるキリストが母を背負って立ち上がる。キリストがよろよろと立ち上がって憔悴した母マリアを背負っているのです。驚くべきピエタです。

図 12　モーゼ像(Moses／Michelangelo Buonarroti)
サン・ピエトロ・イン・ヴィンコリ教会(ローマ)

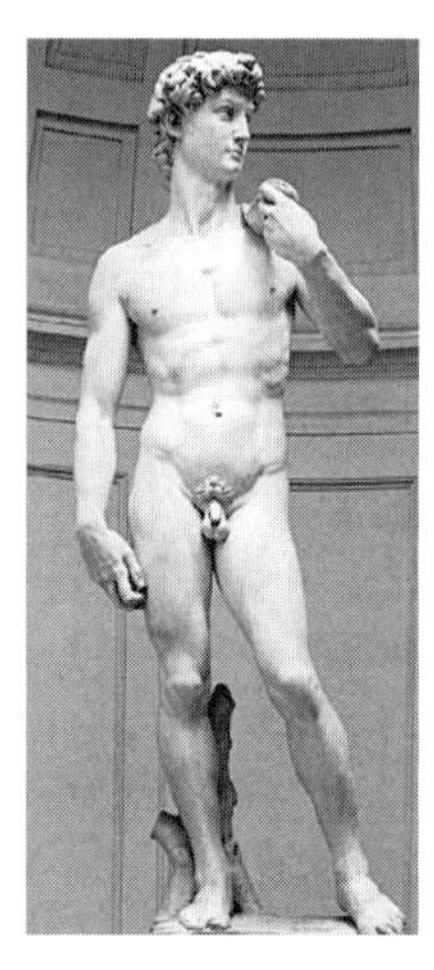

図 11　ダヴィデ像(David／Michelangelo Buonarroti)
1504 年｜434 cm｜大理石｜アカデミア美術館

本当に身震いしたことを覚えております。

それではもうちょっとミケランジェロ作を見ていきます。「ダヴィデ」(図11)です。アカデミア美術館のものです。

今度は「モーゼ」(図12)。これも名作です。モーゼはユダヤの民を率いてエジプトを脱出し、シナイ山に至り、山上でヤハウェ(エホバ)から十戒を賜る。そのために約四週間も山にこもっていたわけです。帰ってきてみると、そこにいた自分の民は何をやっていたか、もうモーゼは帰らない、ヤハウェもいなかったんだ、だからわれわれは、新しい神を創ろうといって、金の仔牛を作って、その周りで踊っていたのです。それを山から帰ってきたモーゼが見た瞬間を描いたのです。右手に持っているのが十戒の石板です。その石板ですが、そのあと、何が起こるかというと、モーゼは怒ってそれを金の仔牛に投げつける。そして大切な石板は粉々に壊れるのですよ。すさまじいシーンです。踊り狂うわが民を見つけたその一瞬をとらえたものとして、ミケランジェロの才能を見ることができます。

ギリシャを越えたもの

塩野七生さんはローマに住んでいる人ですけれども、『ルネサンスとは何であったのか』という本を書いています。その中で私が注目したところだけ取り上げておきます。いわゆるギリシャにおいての三つの基本的な人間の活動、「テオリア、プラクシス、ポイエーシス」のうち、職人、すなわち奴隷が行うのはポイエーシス（制作）であったと彼女は言います。自由市民である哲学者はテオリアつまり観想をやっていたと。そして戦士はプラクシス（実践）をやっていたということです。ところがそのルネサンス期に初めてこの三つが合体するという指摘を塩野七生さんはしているのです。私も、これは面白いと思って取り上げてみたのですが、つまり、レオナルドやミケランジェロ、そういう人たちがはじめ何をやっていたかということですね。みな初めはアトリエ（工房）に入って、いろんな制作をやっている。手を使っているのです。ギリシャにおけるポイエーシスというのは、手を使うということだ、というのが塩野さんの解釈です。手を使う者は卑しいとされてきたが、ルネサンスではそれが破られていると。実際に土をこねたり木を削ったり、大理石を彫ったり、いろいろありますが、いずれにしても、素材・マテリアに触れることを卑しいとみなしていないと。塩野さんのいう三つが合体している。だから知識人がMateria、いわゆる質料というものに、あるいは自然に手を付ける。こういうことが起こっているというわけです。

では、この説を基に日本と中国を比較した時、どこに違いがあるかというと、日本では職人は、絶えず自然と合体しているんです。ルネサンス的なのです。日本の職人は、常に、紙であれ土であれ、石であれ、それを卑しいと思ったことはない。それで日本では、工芸が世界でも一番洗練した形で発達した、ということがあります。

それでは、中国の方はどうかと言いますと、むしろテオリア的で、土に手を染めない、材料をいじらない者が貴人とされてきました。その点を見ると、日本人はむしろルネサンス的に生きていたと言えるかもしれない。これに対し中国人は清朝の皇帝の時代まで、むしろギリシャ型を生きていた、と言えるかもしれません。いわゆる科挙の試験においても、書物から得た知識オンリーの勝負です。そして皇帝は爪を長くして土に触れない、物に触れないということを誇示したと、こういうことがありました。

ちなみにこのMateria（質料）からは遠くForma（形相）に近いほど高尚な学問であるという定義は、スコラ哲学でも完全に生きていました。ただ、ギリシャ語のポイエーシスという語には「詩の制作」という意味もありますから、塩野さんの用法も限定されてくるかもしれません。

「ルネサンスは近代ヨーロッパへの布石を行った」、ということですが、フランシス・ベーコンが「光をもたらす実験」Lucifera experimentaということをいっています。いろいろな機材を持ち込んでの実験、これは中世の大学になかったことです。ところがレオナルドはこれをやっていました。人体解剖までやりました。この実験の重視がルネサンスに起こったことを見れば、これがやはり産業革命につながる思想であろうと思います。

この時レオナルドをめぐって既に、のちに「学際的」と呼ばれる学の形が生まれていたことにも注意しましょう。フィレンツェを失意のまま去り、ミラノに赴いたレオナルドは、イル・モーロことミラノ公、ルドヴィコ・M・スフォルツァに迎え入れられます。モーロとはムーア人のことです。色黒だったからと言われますが、本当にムーア人の血を引いていたのかも知れません。

彼は数々の先進的な試みをした人ですが、レオナルドのために Academia Leonardi という学の場を造りました。芸術の才能は知られていても無学だったレオナルドは、その配慮によって物理学者・数学者・植物学者・建築家等のあらゆる当時の才能に囲まれ、そこで学際的な知識を蓄積していったのです。後に彼が描くことになる数々の発明品はこのアカデミアの産物と言って良いものです。

彼の思考はシステム思考、つまり今で言う Trans-disciplinary な思考です。存在を全体の枠組みで捉える。数学はその核になっています。（この点はデカルトに似たところがあります。）すべてに法則がある、その法則を知らねばならぬ、という考え方です。

このトランスディシプリナリーな探求から「知の爆発」が起こるのです。四〇歳から七〇歳の間にその爆発は数回起こっています。しかし、私が最も心を引かれるのは、生涯を通じて、レオナルド・ダヴィンチの最大の関心事が Aqua、すなわち「水」であったことです。彼の胸中には、水――流れ――渦――血――いのち、という連関が常住していた、と思わざるを得ません。

科学革命は何故ヨーロッパという一地域にのみ起こったのか？

科学革命が何故、ヨーロッパという地域に起こって、他では起こらなかったのかということですが、私の解釈は先ほどのX型の図にさかのぼりますけれども、聖と俗との熾烈なる戦いにあったと思います。理性に即した自然科学と不条理な宗教との間の戦いです。カトリックの宗教的権威は一二世紀、一三世紀までは厳然たるものとしてありました。それが一四世紀ぐらいから少しずつ怪しくなってくるのですが、それはそのころ、自然科学が起こってくるからです。自然科学の見方と、いわゆる神学・教会の立場は完全に矛盾していたということです。そこからさまざまな葛藤をへて、ついに一七世紀に科学の方が勝つ、それが科学革命といわれるものです。そして一七八九年にフランス革命が起こりますが、フランス革命で注意すべきは、王権の断罪と共に教権の断罪であったということです。ルイ一六世に続いてマリー・アントワネットがギロチン台に登ったというようなことばかりが知られていますが、民衆はこの時、教会のほとんどを破壊しているんです。教会を破壊し、略奪している。教権という権威がこの時葬られたと言ってよい。これがフランス革命の大きな特徴であります。フランスが第三共和国以来、推進しているライシテ（政教分離政策）というものも、これと関連しています。

それから産業革命ですが、科学革命の必然的帰結です。これを科学革命と切り離すことは無意味です。事実、フェルナン・ブローデルが言うEconomie=Monde 経済世界システムというものが出現して、産業革命は世界を律していく。ですから、他地域でも産業革命があったのではないかというのは偽りです。そうではなく、ヨーロッパ型の産業革命が世界に波及していくのです。これが一八世紀末から一九世紀ですけれども、そこに出現した形態がいわゆる近代文明と呼ばれるものです。産業革命を語る時忘れてならないのは、それに付随して起こる、植民地主義というもので、これが世界に波及する。全ての価値がここでEtre(存在)からAvoir(所有)へとシフトするのです。価値観のシフトがあり、これは現代に及んでいます。

To be から To have への価値の転換

「存在から所有へ」という、この価値の転移は重大です。つまり、ルネサンスの時から、神さえも対象として見るということ、と関係しています。Avoir(to have)所有とは、自分の外にあるものだから持つのです。所有とはそういう価値なのです。外になければ持てないのです。例えば、ここにビンがあるから私は持ちますが、私の中にあれば持てない。所有というのは外にあるということを前提にした価値観なのです。だから to be ではないのです。先ほどの美術の関係で言いますと、Communion から Perception に替わる、そういうことなのです。

ルネ・デカルトの立場、『方法叙説』の有名な“Maître et possesseurs de la nature”つまり「人は自然の主人にして所有者」という言葉なのですが、これが意味するところは自己が含まれているはずの自然を客体化すること、これが科学の目です。すると自然は機械となり、そして人間(他人)さえも数量化されていく、これが産業の目ということになります。そしてこの当初の姿はルネサンスにあったといえるわけです。それが「個人の確立」と結んでいる、と私は考えています。ギリシャ的理性の再発見と結び付くものでしょう。つまりルネサンスの時代から準備されてきたものがこういう明確な表現でルネ・デカルトによってなされた、ということです。一七世紀ですが、その助走路は、もう一五世紀に始まっているということであります。

個人の確立とパースペクティヴ（遠近法）の誕生

このころ Perspective という美術技法が誕生するのが、それを証明しています。つまり個人は、先ほどのデカルトの立場ですと、完全に Cogito ergo sum「考える故に我あり」の個にして孤なるわれとして定義されていますから、そこで確立したように思われますけれども、ルネサンスの芸術を見ますと、すでに確たる一点から見た対象が描かれている。神さえも Objet になるということがあります。つまり確たる一点から見られた対象、風景が Perspective の技法を生み出すのです。遠近法という技法はこの立場がなければ出てこない。何故ならば、これは一点透視法なので、そこに確たる個人がいなければあの一点に収斂していく線が生まれないのです。一メートルでも横に寄れば、このパースペクティヴの線は動いてしまい、生まれないんです。実際「遠近法」というのは、私はこれしかないと思っておりますす。日本では長谷川等伯の「松林図」等を例として濃淡遠近法ということを言う人がいます。濃淡、遠景をぼかしていく。こういう朦朧体みたいな美術を遠近法という。あれは私は間違っていると思います。奥行とか深みとか他の言葉を使うべきです。何故なら遠近法という言葉自身が Perspective という言葉の訳語だからです。Perspective というのは「見通し」ということなんです。一点からの見通しという線がなければ遠近法ではないと、私は申し上げたい。

ここで一番有名な絵を見ていただきますけれども、レオナルドの「最後の晩餐」(図13)です。これはミラノにありますけれども、私は修復前に見にいきました。これが遠近法で描かれた名作です。どういうふうに線が描かれているか、キリストの頭の上を注目してください。こうなるのです。このようにこの絵は構成されている。この線が生まれるというのは、ここに立っている個人がいるからです。ここに不動の個人が確立していないと、この線は、一メートル横に動いただけでも狂ってくるのです。

次にもっと面白い絵(図14、図15)を作ってもらいました。この絵の置かれた場所なのですが、これは実は僧院の食堂なのです。今はテーブルが並んでいませんけれども、昔はそこにテーブルがあって、修道士たちはそこに並んで座って食事を取っていた。その奥の壁に「最後の晩餐」の絵が描かれたのですが、入口から一歩、二歩入った所から見ますと、この線が今の絵を超えて壁の線まで延長されているのです。一点透視法、いわゆるPerspectiveというものが部屋いっぱいに生かされているのです。壁の線までが、その中に入っています。

イコンからパースペクティヴへ

美術がPerspectiveに移っていくということは急に起こったのではなく、実際にはビザンチン様式からルネサンス様式への移行があるのです。「イコンからパースペクティヴへ」と、書きましたが、この移行を一カ所でご覧になりたいならば、フレンツェではなしに、ヴェネチアのアカデミア美術館を訪れることをお勧めします。そこに行きますと、最初に出あうのがイコンです。すなわち、ビザンチンから渡来した東方正教会の描き方です。

例えば、図16の「聖母子」、または図17の聖母とヨハネです。

図13 「最後の晩餐」
1495-97年｜サンタ・マリア・デッレ・グラツィエ教会壁画

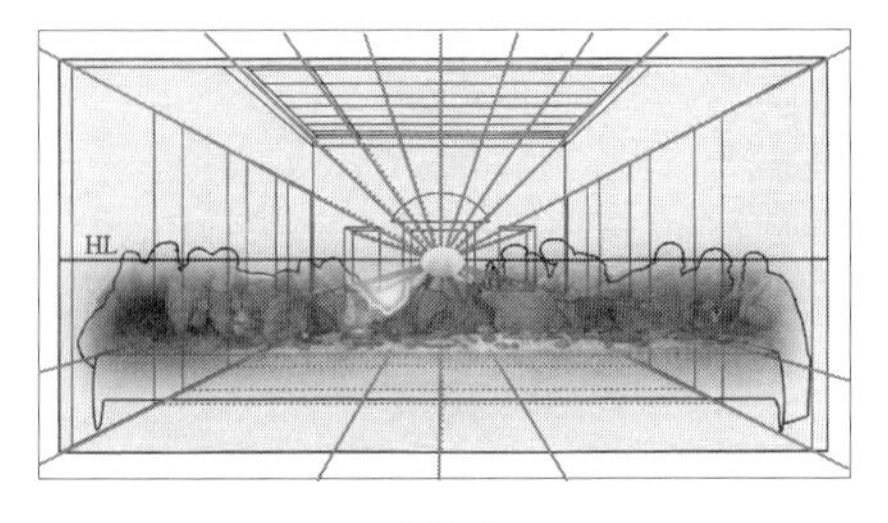

図14

図15

マリアの中にもうイエスがいます。マリアの胸の中にいるのです。ルネサンス以降の外から見る目では、これはおかしいとなります。そんなものが見えるはずがない、これがルネサンス以後の反応なのです。しかし将来キリストとなる幼児が、マリアの胎内にいるという方が正しいわけでしょう。こちらの絵の方が真実に近いと言えるのではないかと思います。

それから、これもアカデミア美術館のものを撮りましたけれども、だんだんルネサンス様式に近づいていくというところをお見せします。少しずつルネサンス期に入っていくのです。絵は立体的になってきます。立体的になり、赤ちゃんはお母さんの外に出ます。

図18はベリーニの「聖母子像」。これもアカデミア美術館ですが、完全にもう人間的な聖母になりました。赤ちゃんは外にいます。ルネサンスそのものです。チチアーノの「聖母子」(図19)、これも一五世紀ルネサンス様式です。

東洋美術のルネサンスへの影響

今日のお話の初めに仏教もまたヨーロッパに影響を与えた、ということを示唆しましたが、シルクロードは双方向の働きを持ち、キリスト教の天国思想もネストリアン(景教)の東進によってシナに至っています。ただ今日の主題はルネサンスなので、そのことは別の機会に譲りましょう。

東洋美術がルネサンスに影響したかどうか。この点ですが、一三世紀に数々の元朝への使節が送られたとはいえ、本格的な東洋美術の評価が行われたのは大航海時代の頃からだと思います。ルネサンス期

図 17 「外套を纏う聖母と洗礼者ヨハネ，伝道者ヨハネ」(Jacobello Del Fiore)
1400-39 年｜34×45 cm｜板｜アカデミア美術館(ヴェネツィア)

図 16 「聖母子」(Paolo Veneziano)
1333-58 年｜57×36 cm｜板｜アカデミア美術館(ヴェネツィア)

図 19 「聖母子」(Tiziano Vecellio)
1488-90 年 ｜50×39 cm｜油彩・画布｜アカデミア美術館(ヴェネツィア)

図 18 「聖母子像」(Giovanni Bellini)
1430-1516 年｜22×30 cm｜アカデミア美術館(ヴェネツィア)

イタリア家具の象嵌、寄木細工、隠し引き出し等の細工、これはもう中国の宮廷家具そのものです。それから道教に基づく洞窟崇拝すなわち胎内への指向も導入されます。このGrotto様式のことをGrotesque(グロテスク)といいますけれども、これがフィレンツェにあるのです。それから、遠景に見る中国の水墨画の影響。重要なのが「光背」の出現です。これを私は具体的に、今日、画像を出して証明したいと思うのです。それから「曼荼羅」があります。特に光背と曼荼羅。この二点に着目してほしいのです。

図20　中国の世界遺産「蘇州の園林」にある，環秀山荘の洞窟庭園

図20は中国の庭園の一例です。蘇州の園林の一つです。洞窟を造園の中心にした山水になっています。ところがこの形式が、フィレンツェに入ります。フィレンツェで私は、その洞窟庭園を訪問しました。地元の若い学者に案内されて。洞窟の趣味というものは、北京でも複数の宮殿で、私は見ています。皆さんもご覧になっていると思います。紫禁城はじめ、色々なところにあります。サマーパレス(頤和園)や、いろいろな所にこの洞窟を象った石組みの庭があります。ところがこれがフィレンツェに、ルネサンス期にすでに入ってきたところに注意したいのです。この間、ダン・ブラウンの『インフェル

ノ』を読みましたら、その中にちゃんとこのフィレンツェの洞窟が出ていました。余談になりますが、この本には、メディチ家の当主が人目に付かずポンテ・ヴェッキョの上を横断する、秘密の「バザーリの空中回廊」(一般には非公開)も出てきます、この人は本を書くときよく調べているのです。

それから図21は曼荼羅に見えませんか。図22が敦煌の曼荼羅です。こういう図柄がどうして出てくるのですか、急に一五世紀に現れたのでしょうか。これは東方への使者がいなければ出ないものです。しかし先ほど二人だけ、カルピーニとマルコ・ポーロを紹介しましたが、彼らはすでに一三世紀に行っているのです、当時のモンゴル帝国、元朝、今の中国へ。こちらは一五世紀です。十分に情報が伝わる時間があります。

図23は日本の阿弥陀来迎図です。鎌倉時代、知恩院ですが、阿弥陀如来が死せる法然を浄土に迎え入れようと、二五体の菩薩とともに前のめりになって降りてくる。こういう図です。これらには相通じるものがあります。

要するにこの時代、ヨーロッパは、もう一つの大きな文明に出会ったということです。それが東洋文明です。一六世紀に本格化する大航海時代は、中国、日本など東アジアの価値観と西ヨーロッパの価値観の邂逅を演出しました。それがルネサンスであったのです。ただしヨーロッパが力をつけた一八世紀以来、特に植民地時代に入った一九世紀以来、ギリシャ以外の影響を故意に隠し、表明しないようになっていきます。恰も西欧以外に学ぶことは恥であるかのように。

ルネサンス絵画の方でも、よく見ると、中国の山水画からの影響や、仏教美術から感化を受けた形跡

図 22 「阿弥陀三尊五十菩薩像」
618-712 年｜敦煌

図 21 「天国での聖母戴冠」
(Michele Giambono)
1420-62 年｜92×70 cm｜板｜アカデミア美術館(ヴェネツィア)

図 23 「阿弥陀二十五菩薩来迎図(早来迎)」
絹本著色｜145.1×154.5 cm｜国宝｜鎌倉時代(13-14 世紀)｜京都知恩院

が感じ取れます。具体的には、レオナルド・ダ・ヴィンチの「聖アンナと聖母子」や「モナ・リザ」の遠景に見られる山水画との類似性であり、光背に見る仏教画との関連性です。

大航海時代前の作品、ミケーレ・ジャンボーノ（一四〇〇～一四六二）の「天国での聖母戴冠」（図21）に見る光背と中国・敦煌莫高窟三三二窟の壁画「阿弥陀三尊五十菩薩像」（図22）の光背の関連は、ヨーロッパの起源がオリエントである事の証しともとれます。

光背の出現

私が特に注目したのは光背の出現です。光背の出現は、一世紀後半から四世紀のガンダーラに遡ることが出来ます。ガンダーラとは、パキスタン西北部、ペシャワールとタキシラを結ぶインダス川上流の一地方です。この地は、まさに「文明の交差路」で、紀元前六世紀のアケメネス朝ペルシャ（ダリウス一世・ゾロアスター教）、紀元前四世紀のマケドニア王国（アレクサンドロス大王・ギリシャヘレニズム文化）、紀元前三世紀のマウリア王朝（アショカ王・仏教）と数多くの文明が出会い、融合された場所です。この出会いが、仏像を完成させ、菩薩を誕生させます。ガンダーラ地方北部のスワット渓谷に、菩薩を描いた二世紀頃からの岩絵が確認でき、ここに光背が描かれています。菩薩の誕生は、大乗仏教の誕生を意味し、それはまた仏教が世界宗教となったことを意味します。大乗仏教が世界宗教へと生成していく中で、世界各地に大きな影響を与えていきます。東に向かった大乗仏教は、パミール高原をへて三世紀にはキジル、四世紀には敦煌に渡り、「阿弥陀三尊五十菩薩像」を完成させます。さらに、朝鮮半島をへて、七世紀には日本に行き着き「法隆寺金堂壁画」(図24)を誕生させました。

一方、インド洋の季節風〝ヒッパロスの風〟は、一世紀に発見されます。エジプト・インド洋航路の始まりは一一七年であり、インドとローマはこの時点で結ばれました。東ローマ＝ビザンツ美術の特徴の一つ、モザイク壁画の宗教画に確認できる光背の起源も、ガンダーラと考えられます。そして、西欧とビザンツ帝国の接点であるヴェネチアにルネサンスが興ると、ビザンツ美術の影響を受けた〝ヴェネチア派〟が一世を風靡し、「聖母昇天」が生まれました。

ガンダーラからインダス川の上流をさかのぼっていきますと、スワット・ヴァレーという渓谷があります。インダス川のずっと上流の方です。ここから先に行きますと、ギルギット、それから更に北に行けばカラコルム山脈近く、フンザという桃源郷に至ります。今は入れません。紛争地帯で入れませんけれども、私が行った時はまだそこまで入れました。一五通もの通行許可証を提出してからでしたが……。この渓谷のチラスというところが一番有名ですが、実はそのあたりの至る所に岩絵が描かれているのです。このスワット渓谷に岩絵が描かれたのが二世紀から七世紀。菩薩像はすでにオーラを発しているのですね。それが光背となります。それには図25のように全身を覆うものもありますが、頭だけのものもあります。

図24　法隆寺金堂壁画

図25　インダス川上流スワット渓谷の岩絵「全身に光輪を放つ観音」

私が撮ったものの中で、この岩絵を見てください。私はこれに特に注目したのですが、図26は「初転法輪図」です。この岩絵を見ると、ここに悟りを得たブッダ、釈迦牟尼がいる。何故、これが「初転法輪」といえるかと言うと、ここに法輪チャクラが描いてある。そしてここに鹿がいます。サルナートのDeer garden、これを鹿で表しています。また五大弟子がいる。影のところにもうひとりいます。私が写真を撮ろうとした時に影になってしまった、ということで、すみません。なかなか撮れない写真ですので見ていただきました。ここでブッダの仲間だった修行僧が五大弟子となるのですが、サルナートの鹿野苑で釈迦が行った初めての説法を「初転法輪、ダルマ・チャクラ」と呼びますが、これがその図であるということは明瞭であります。そしてここにこのように光輪つまり光背が現われています。

もう一つ、面白いのは、図27も非常に込み入った図なのですが、これは聖樹です。背後に菩提樹が描かれています。そしてここに、瞑想するブッダが描かれている。しかしこの岩絵で面白い点はほかにあります。この肩の上に注意してください。炎でしょう、光でしょう。これは肩炎仏と呼ばれるものです。ところがこの形で肩から光が出ているのはゾロアスターの表現なのです。アフラー・マズダーはじめとするゾロアスターの神の形象化では、例えば、前一二世紀バビロンで造られたハンムラビ法典という

図 26 「初転法輪図」

図 27 「菩提樹に包まれた釈迦像」

図28　ハンムラビ法典が記録された石棒(部分)
ルーブル美術館

ルーブルにある石に見るそれは、この形を取っている(図28)。一番上に描かれているのはハンムラビ王に法典を授ける太陽神シャマシュなのですが、それが上の方に浮彫で描かれていて、その下にくさび形文字でハンムラビ法典が彫られている。しかしその太陽神の肩から炎が出ています。まさしくこれなのです。つまりガンダーラ地方はクシャン王朝が支配し、その二代目のカニシカ王が仏教を庇護するのですけれど、クシャン王朝自身の宗教はゾロアスター教だったのです。明らかにその影響がみられます。文明というものは、このように出会い、混交していく、宗教は習合することの例証です。これはゾロアスターの流れを汲むマニ教の光のブッダ、マニに通じるものです。

法隆寺にもこれが現われます。先ほどの光背です。もちろんガンダーラの方が早いです。それが敦煌を経て法隆寺に伝わったのです。それがこういうふうに現われています。先ほど曼荼羅に似た絵がありましたね。あれもちゃんと光背を持っているのです。そういう光輪が描かれるようになるのですね、ヨーロッパでも。聖人たちは全部この光背あるいは光輪と言われるものを持っている。しかしヨーロッパの方がはるかに遅いわけです。ガンダーラのスワット渓谷の二世紀から七世紀の岩絵に現われるのですから。

　レオナルドの「岩窟の聖母」を考えてみましょう。まずは、図29にご注目ください。

岩窟の中に聖母マリア、そしてヨハネとイエスが描かれています。この岩窟の中のシーンは、聖書には存在しない構図です。これも〝洞窟趣味〟の表れと言っていいでしょう。これはレオナルドの名作ですが、これが実は二枚あるのをご存じですか。一つは一四八三年から一四八六年に制作されたもので、ルーブル美術館にあります。もう一つは、一四九五年から一五〇八年に制作されたもので、ロンドン・ナショナル・ギャラリーにあるもの（図29）です。

　図30がルーブルにある方。何が違うのですか。同じものを二回描いたのでしょうか。どこかが違うのです。ディテールを見ていきましょう。ロンドン版。立体的にですが光輪があります。レオナルドに「岩窟の聖母」を依頼したのはミラノのサン・フランチェスコ・グランデ教会です。ところがそれは永らく壁に掛けられなかったようなのです。その行方は定かではないのですが、結局はルーブルに入る。今はロンドンにあるもう一つの方はずいぶん後に描かれたのですが、完全に同じ構図になっています。これも模写ではなく、レオナルドの直筆であると鑑定されています。

　では何故自分で同じものを二つ描かねばならなかったのか？　答えはニーブス（光輪）の有無にあります。

図 29 「岩窟の聖母」ロンドン・ナショナル・ギャラリー版(Virgin of the Rocks／Leonardo da Vinci)
1495-1508 年｜189×120 cm｜油彩・板｜ロンドン・ナショナル・ギャラリー

図 30 「岩窟の聖母」ルーブル版(Virgin of the Rocks／Leonardo da Vinci)
1483-86 年｜199×122 cm｜油彩・板｜ルーブル美術館

つまり最初の「岩窟の聖母」は、光輪が描かれていなかったため、宗教画と見なされなかったということです。光輪を書き加えることは易しい。しかしレオナルドにとっては最初の絵こそ本当に彼が描こうとしたものであった。つまりあくまでも「人間としてのマリアとその家族」だった。そこで彼は加筆ではなく、第二の絵を書く方を選んだ、と私は見ています。

図31は「聖アンナと聖母子」。これもレオナルドがフランソワ一世に呼ばれた時、フランスまで自分で持ってきた絵です。そこで完成した絵です。しかしこういう背景の描き方は中国の山水画の描き方です。それを導入しているのだと思います。

図31 「聖アンナと聖母子」
(Sant' Anna, la Madonna e il Bambino con l'agnllo／Leonardo da Vinci)
1508-1510 年｜168×112 cm｜油彩・板｜ルーブル美術館

最後に「モナ・リザ」です。「モナ・リザ」においても、この背景の山水の描き方は、必ずや東洋美術の影響を受けたもの、と私は考えています。もちろん探せばこれに似た風景はないことはありません。イタリアのヴィンチ村の近くにあります。しかしそれが当時のイタリアの風景画のように描かれなかったという問題がある。

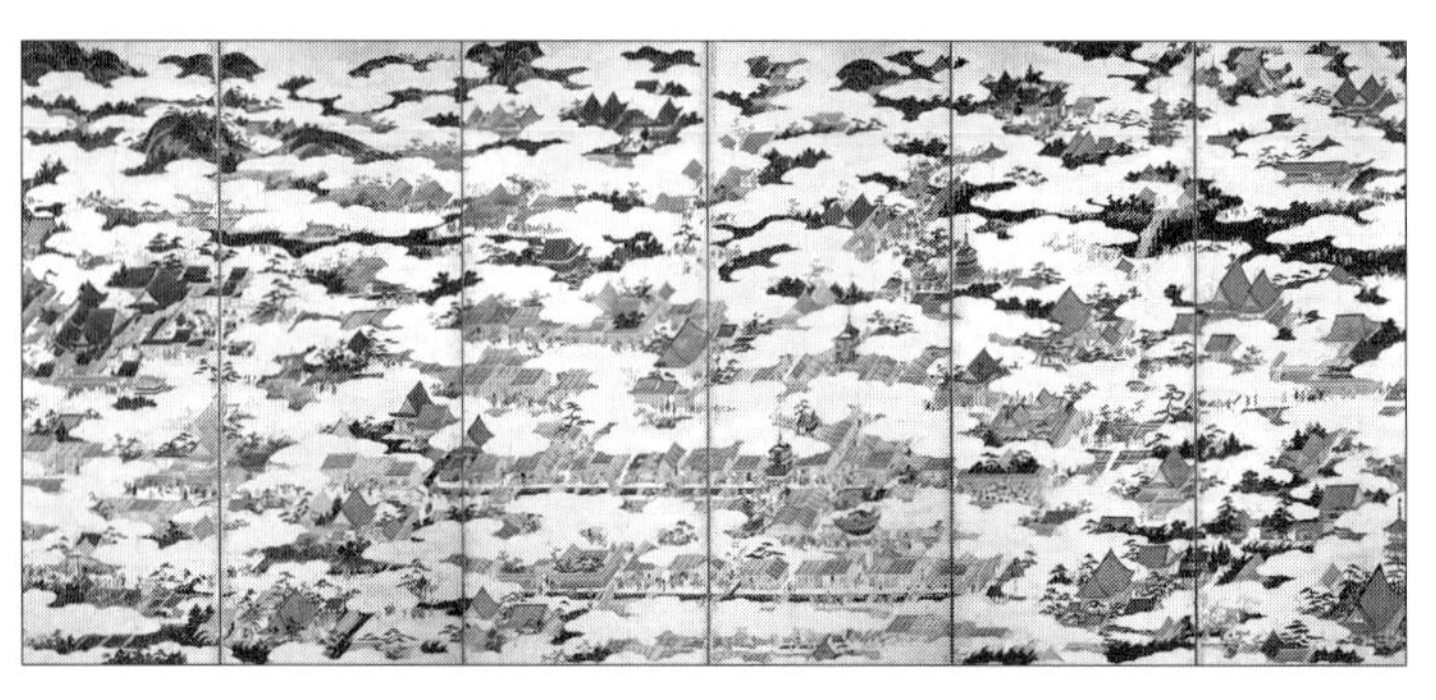

図32 「上杉本洛中洛外図屏風(右隻)」
国宝｜室町時代｜16世紀｜米沢市上杉博物館蔵

日本絵画との比較

ルネサンス絵画を日本の絵画と比較してみましょう。重要なのは先ほどの Perspective の不在です。一点透視法がない。だから Object として描いているのではないということですね。日本絵画の装飾性と同時にその遠近法の不在は確たる個人の不在を示すものに外なりません。

例えば「洛中洛外図屏風」(図32)、Perspective の一点がありません。西洋と出会った「南蛮屏風」(図33)でもそうです。「源氏物語絵巻」(図34)、これにもない。

これらの全てはのちにむしろヨーロッパ美術に影響を与えていくものでありますけれども、これらに Perspective というものは一切ない。逆遠近法と言われるものはあります。物理的ではなく心理的な写実ですね。それから装飾性というのは非常に重要なのです。何故なら日本において美術は生活用品に施された。ふすま、屏風、箱といったものに。すなわち日本美術は根本的に装飾美術から出発しているのです。遠近法と真逆に位置する表現法が、日本の屏風絵や絵巻なのです。日本の屏風絵や

図 33 「南蛮屏風」伝狩野山楽筆
重要文化財｜桃山時代｜サントリー美術館

図 34 「源氏物語画帖」の「桐壺」土佐光吉・長次郎筆
25.7×22.7 cm ｜京都国立博物館

絵巻には一点からの視点はありません。屏風絵や絵巻は写実ではないのです。対象を客体化することなく、心象を描くことに重点を置き、移動する視点から対象を捉える、そして、物語に不要なものは消去していく。移動する複数の視点が、屏風絵や絵巻に見る独特の世界観を生みだしました。この世界観は、実は深い精神性に立脚するもので、「紅白梅図屏風」

図 35 「紅白梅図屏風」
18 世紀(江戸時代)｜各 156.0 cm×172.2 cm｜ MOA 美術館｜ 2 曲 1 双・紙本金地着色，又は金泥着色

(図35)や「動植綵絵」の「貝甲図」(図36)に見られる装飾性の中の精神性は、ヨーロッパでも高く評価されています。

日本の装飾美術は、蒔絵なども含め、生活に使う道具にまで美を施しました。ヨーロッパにおいて、芸術と道具は、まるで別物です。芸術作品として評価を受ける作品と、道具など、生活用品では評価が異なるのです。生活用品の作者の名前が知られることはありませんし、美術館などに展示されることもありません。道具にも美を追求する日本の装飾美術、精神性は、アール・ヌーボーに影響を与えました。エミール・ガレやドーム兄弟の作品がガラス工芸家として、高い評価を受け、世界中に名前が知れ渡る状況は、日常品にも美を追求する日本の文化の影響があって、初めて実現したもので

図 36 「動植綵絵」の「貝甲図」伊藤若冲
1758-66 頃｜142×79.1 cm｜宮内庁三の丸尚蔵館

図38　「那智瀧図」絹本着色1幅｜160.7×58.8 cm｜国宝｜鎌倉時代(13-14世紀)｜根津美術館(東京)

図37　「動植綵絵」の「群鶏図」伊藤若冲　1761-65年｜宮内庁三の丸尚蔵館

す。

　別の絵を見ていきましょう。私の、好きなものを出しているのですが、図37は伊藤若冲です。どれほどPerspectiveが不在か、装飾性というものが豊かかということを見てください。「那智瀧図」(図38)は日本絵画でなくてはあり得ない図です。

　では、何故、日本人は印象派が好きなのでしょう。自然の光を描いた。もちろんそれもあります。Sainte-Victoireの山、これはたくさんの絵があります。セザンヌはこの山が好きでした。しかしここで、セザンヌの静物画(図39)を見てみましょう。見る人はあまり気が付いていないかもしれませんが、実は先ほどの一点からの凝視による Perspective がないのです。セザンヌはこの技法を意図的に崩している。このリンゴとこのお皿の角度、これは、つまり一点透視法ではなしに、七カ所ぐらいの視点からの角度で描かれているのですね。視点が空を飛んでいる。すなわちこの絵は一点透視法の Perspective を破っているのです。こうしたセザンヌの新しい目が無意識のうちに日本人に親近感を抱かせているのではないかと、私は思っています。

最後に記しておきたいのは「文化の多様性に関する世界宣言」、ユネスコが二〇〇一年に採択した非常に重要な宣言です。そこに Creation「創造」というものの定義があります。

「およそ創造とは、自らの文化伝統に立脚し、他の文化伝統と出会うところに開花する。」

これはルネサンスという現象を表すのに正鵠を得

図 39　セザンヌ「リンゴとオレンジ」(Pommes et oranges)
1895-1900 年｜73×92 cm｜油彩・画布｜オルセー美術館(パリ)

た言葉です。この言葉を最後の言葉として、今日のお話を終えさせていただきます。ありがとうございました。

＊　本章は、二〇一四年五月二九日に行われた比較文明研究セミナー講演「ルネサンスの起源」（初出＝『比較文明研究』第二〇号、二〇一五年六月掲載）の論考に加筆修正したものである。

第8章　あわいの智へ

オーギュスタン・ベルクの風土学が語るもの

はじめに

以上の各章で私たちは、人類の文明の発展の最中に一つの大きな誤りが起こっていたことに気づいたはずだ。それは七〇〇万年の人類史から見ると、わずか二万分の一の突出した時代に起こったことで、四五億年の地球史から見ると更に異常な現象であった。だが現代人の多くは、まだ盲目的にその時の価値観を当然のように生きている。その突出した時代とは過去三〇〇年のことである。一七世紀の科学革命と一八世紀の啓蒙主義の時代以後の現代までの時間帯のことだ。

それは人間の「母なる地球への背反」、「自然との離婚」という事件であった。この事件が次のことを引き起こした。

一つは自然が非人格化されたことである。アシジのフランチェスコを尊敬する現教皇さえ、ユダヤ・キリスト教の犯したこの事態を認めざるを得なかった。人間は自然（ピュシス）の一部であるのに、あたかもそれを抜け出た「神のような」存在として自然を律するものとなった。自然は人類に統御されるべき客体とされたのだった。人間の理性的意識は神のごとく自然を外側から見るものとなった。「ホモ・デウス」は未来のことではない。既に一八世紀に生まれていたのだ。啓蒙の時代、人間は神の座に就いたかのように振る舞い始める。そして、本当はそれにより人間は自己の存在の半分を失ったことに気がついていない。

もう一つはユダヤ・キリスト教の神、創造神たる人格神が殺されたことである。神は土塊（アダム）に息を吹き込んで人間を創ったのであったが、その神が殺されるということが、その時代に起こった。その「息を吹き込む」をフランス語ではAnimerというが、文字通りAnimaを吹き込む、の意だ。アニマとはいのちであり、魂であり、霊（たま）である。それなのに、啓蒙時代、理性を神とした人間は霊性を軽んじて行く。霊性を吹き込んだあの神は、果てしないミクロの一点となってやがて消えていく。「神は死んだ」というニーチェの言葉は、既に起こっていたその事実を告げたものだ。

「地球の砂漠化は、人間精神の砂漠化が招来した」とは、私が繰返し述べてきたところだが、精神の空虚さを埋める代替物が所有欲であったのだ。近代文明とは何であったかと聞かれれば、Etre(to be)からAvoir(to have)への価値の転換であった、と私は答える。ところが近代人は、ガブリエル・マルセルが明確に指摘しても「存在と所有は反比例する」ことを納得しなかった。所有を自己の存在とはき違えた人類は、すべてを所有物としようとした。

その結果、地球全体が家畜化された。現にこの惑星では野性は消え、この地上に住む動物(昆虫を除く)の総数の六〇%は家畜なのだ。そして三六%が人間であり、野生動物は四%しか残っていない。生物多様性はこの地球に人間がいなかった場合と比べると千倍の早さで減少しているという。毎日、一二〇種の種が消えて行く。課題の持続可能性 Sustainability は根底から脅かされている。そして自然はその人類の目を覚まさんとするかのように、巨大台風、竜巻、津波、干ばつ、山火事、大洪水、はては新型ウイルスの誕生で人類に報復する態勢を見せている。地球の温暖化の脅威を科学的に立証した二〇一五年のパリ協定は、一八世紀末の産業革命前に比べてあと二度気温が上がれば地球は灼熱地獄になると警告を発したが、それからも気温は上昇を続けており、実際はあと〇・五度の猶予しかない。それどころか、現状では四度の上昇さえ予測される。その恐るべき予兆はすでに見え始めている。
進歩を唱え、バラ色の未来を夢見た人類は、永らく忘却の彼方に追いやっていた黙示録的終末の時が架空ではないことを、今にして知った。

ここで一息つきたい人のために、私のパリ留学時代、一九六〇年代のほのかな想い出を語ろう。

ある女子学生の想い出

一人のソルボンヌの女子学生のことを想い出すのだ。パリで出来た数多くの友人たちの中でもひときわ目立つ英文科の明眸、アンヌ。哲学好きの彼女とはよくカルチエ・ラタンのカフェで議論したものだが、ある時、はなしが道徳律に及ぶと、彼女ははっきりとこう言い切ったのだ。
「私の行動原理は Lucidité（明晰さ）と Respect humain（人間性の尊重）、この二つしかない」、この二つだけで生きられる、と彼女は断言したのだった。

なるほどデカルトはこの二〇歳にまで入り込んでいるのか？　と、私は妙に感心した。

またある日の夕暮れ、一緒にモンマルトルの丘に立ち、眼下に広がる美しいパリの夜景に見入っていた時だった。その光景を眺めていたアンヌのつぶやきは、

「あの一つ一つの窓の光の下に一人の人間の意識があるのよ。千の灯火の下で何千の、私の知らない他人の意識が、今この瞬間、蠢いている。それが私をおののかせる……」

え、おまえはサルトルか！

更にルーヴルのカルーゼルの庭で、私がここの木々は美しいと言った時の答え、

「自然はそのままでは美しくない。人の手が入るから美しくなるのよ！」

そのとき私の頭によみがえったのはNatura est privatio（自然は欠如態である）という、トマス・アキナスの言葉だった。人間が自然の美しさを完成させる。トマスを読みながら、日本でも気になっていた言葉だ。万有をForma（形相）とMateria（質料）の合成とする限り、確かに自然は存在の上位には立てないのだ。

フランスではリセ（高校）の最終学年は哲学級である。この女子学生の頭脳は、やはり哲学史で学ぶアリストテレス以来の存在論で満たされているのだ、とそのとき思った。

聖書の正訳

ロゴス（理性）はピュシス（生成する自然）を切り裂いたのか？　それは不可避であったのか？　それを問わねばならない。

私の注意するのはラテン語訳のヴルガータ版の聖書の訳だ。ヨハネによる福音書の冒頭の「はじめに言葉ありき」であるが、原本のギリシャ語はロゴス（λόγος）である。それをラテン語の正典とされるヴルガータ版ではRatioと訳さずVerbumと訳しているのだ。わざと「理」を避け、「言葉」としているではないか。

言葉とは文字ではなく、音である。更に言えばひびきである。

この冒頭の一文も原意をたどれば、こう訳すべきところなのだ。

「人始の混沌の中に、一つのひびきが起こった。ひびきには法（ロゴス）が伴っていた。ひびきが法（のり）であった。」

ロゴスという「分ける」機能、それは聖書の原意ではない、とラテン語正典は言っているのだ。それは法（のり）に近い。そしてダルマにも近い。

自然を客体化した科学革命、それは自然を非生命化し、フランシスコ教皇の言葉では「非人格化」した。このことを忘れてはならない。単なる自然との離婚ではなく、本来の自然（じねん）という実体概念を殺したのだ。ここから二項背反の論理が生まれ、排中律というアルゴリズムが世界を律していった。自然に宿るアニマと響き合う霊性は消えて行く。

この理性による主客の分離こそが科学と伝統智の乖離を引き起こしたのである。私のユネスコでの

「科学と文化の対話シリーズ」の発足は、この問いに対するものに外ならず、この書で紹介したように、最先端の科学はその問いに一つの答えを出してくれた。しかしそれが世界を動かすにはまだまだ多くの知見の集合がなければならない。

私はその道はまだまだ遠いと感じていた。なぜならお金を神とする市場経済至上主義がこの世界を覆い、その答えを拒否しているからだ。政治は票を集めるため、それに迎合する。分断の世界が生まれた。

オーギュスタン・ベルクの風土学

ところが、この西欧発の近代的存在論を大きく覆す人が現れたのだ。それがオーギュスタン・ベルク（Augustin Berque, 1942-）である。ベルクは、私がこの書で問題にしてきた西欧近代の主客対立の科学的思想を「西欧近代の古典的パラダイム」（Modern Classical Western Paradigm = MCWP）と呼ぶ。そして主客が同時に顕わになる「間」の学を創始した。風土学 Mésologie である。そこでは自然もまたその主体性を取り戻す。

私がベルクに注目したのは、ほぼ二〇年前、彼が大阪での「共生」に関するシンポジウムで、「山が李白を看る」という発表をしたときだ。唐の詩人李白は、「独坐敬亭山」（独り敬亭山に坐す）という詩で、「相看（そうかん）」という事実を詠った。李白が山を看るとき、山も李白を看る、と言うのだ。この時ベルクはアメリカのエコロジストの Thinking like a mountain という表現も紹介し、これらは「非人間中心主義」への移行、すなわち人間からコスモスへの中心の移行を表している、と述べている。李白の相看、そのとき、人はまさしくそこにあり、山がそこにある。一つの交信の中で、人と山が同時に顕わになっているのだ。

私はこの人に自分がユネスコで発足させた知的協力活動に参加してもらわねばならない、と信じた。ヴェニス・シンポジウムから東京シンポジウムまでの一連の研究で、世界の叡智は、最先端の科学は伝統文化の智と対話できることを証言してくれたではないか。主客未分の世界に立ち入り、全が個に個が全に遍照していることを証言したではないか。

それが二〇〇五年のユネスコのパリ本部での「通底の価値」シンポジウムへのベルクの招待となり、和辻哲郎の名を世界に発信することとなった。またそれ以降私は、二〇〇七年の国連大学シンポジウム、日本の地球システム・倫理学会への二度の招待、二〇一一年の東北大震災直後の日仏会館セミナー、藤原書店での中村桂子を含めての鼎談と数々の討論の機会を得た。そして嬉しいことに、ベルクは二〇一八年、自然と人間との共生に貢献した人に贈られるコスモス国際賞を受賞する。このコスモスの語は、花であると共にカオスに対するコスモス(秩序ある宇宙)を意味している。

ベルクは新しい認識論を提唱している。それが奇しくも伝統智とも響き合う人間存在論になっている。デカルトのコギト以来の主体、すなわち理性的意識と機械論的客体の二項離反が最大の問題であったのだ。考えてみよう、カントやフッサールは、何故理性によってモノそのもの Ding an sich の認識が可能かという問いを立てねばならなかったのか？　ギリシャ哲学にはそのような問い自体がなかった。理性がモノを認識できるか、という問い、認識論 Epistemology はすべて、デカルトのコギトから出発するあの根源的二元論の中での格闘であったのだ。だからカントの『純粋理性批判』の解釈をする前に、何故カントはそのような問いを立てねばならなかったのか、を問うことが大切なのだ。新カント派を経てフッサールは、ついにその問いを放棄し、エポケーすなわち「判断中止」をした。彼の現象学 Phenomenology はその判断中止の産物であったのだ。

間という存在

ところがベルクは、主客すなわち人間と自然の「間」に着目する。Milieu はフランス語で「風土」を意味するが、それはまた「中」を意味する。ギリシャ語の meson は「中間」を意味する。中間を問う新しい学が風土学 Mesology なのだ。それ故それは客観的環境 Environment を扱う Ecology とは異なる。

十数カ国語を習得した地理学出身のこの哲学者は、日本語で和辻哲郎の『風土』を読み、大きな影響を受ける。そしてその仏語訳まで出す。人間の存在は風土の産物である。風土がその人間を形成する。モンスーン型、牧場型、砂漠型に大別される風土の中で人は育ち、人と風土の間に相互作用が働く、その交信をベルクは通態化(Trajection)と名付けた。風土性を Médiance と呼ぶ。和辻がその風土性について述べた「この書の目指すところは、人間存在の構造契機としての風土性を明らかにすることである」との主張は重大である、とベルクは指摘している。風土は客体としてあるのではなく、その人の主体を形成している。問題は認識論ではなく存在論なのだ。

ベルクは和辻のみならず、風土性に着目した学者を挙げている。ドイツの自然学者ヤーコブ・フォン・ユクスキュル(Jakob von Uexküll, 1864-1944)である。彼の提唱したUmwelt(環世界)という概念は動物から見た周りの世界だが、人に当てはめれば和辻の風土に近い。更に彼の指摘はプラトンのコーラChôra(場所)にもおよぶ。

生成Genesisはコーラと共に風土性のなかで起こる。プラトンのコーラはアリストテレスのトポスより風土学に近い。西田幾多郎の「場所」、今西錦司の「棲み分け論」も登場する。結論的には今西の方が風土学に近い。

コスモス賞受賞講演の一部を引こう。

「ユクスキュルと和辻の二人は、私の提唱する現代の風土学の創始者である。しかし私は、風土学が単に現象学的生態学に帰する学問分野だとは考えておらず、近代の古典的二元論を時代遅れなものとする総体的な視点で捉えるべきと考えている。近代の古典的二元論は、良く知られているように、主体に関するものと客体に関するものとの間の抽象的で根本的な区別に依存している。風土学では、具体的な諸風土の現実は、完全に客体的でもなく、また完全に主体的でもなく、通態的(trajective)であると捉える。」

ここからベルクは、この存在論が論理の領域に入り込む、と言う。彼が行ったのは近代文明のパラダイムを造ってきた「排中律」の断罪で、これには山内得立の説いたテトラレンマ(tetralemma. インドの四論)が顔を出す。

それは、「AはA」であるという肯定に始まり、「Aは非Aではない」という否定の段階を経て、「AでもなくAでもない」という両否定、「AはAであると同時に非Aでもある」という両肯定に至るものだ。まさに若き日の私がリクール教授にぶつけた問いそのものではないか？　ベルクは、私が一九九三年のロカルノ・セミナー以来「包中律」と訳してきたこの第四の論理を「容中律」の論理（Meso-logics）と呼ぶ。

人間存在論が論理学に反映する、というベルクの認識は主語の論理と述語の論理という京都学派の主題にも関わるものとなる。西田幾多郎はヨーロッパの主語を絶対化する論理に対し、日本の述語を絶対化する論理を説いたが、風土的存在としてベルクが主張し、定式化した記号はr＝S/Pというものであった。r（実在）はS（主語）とP（述語）の交信である、と言うのだ。言い換えれば現実rとは、ある述語Pとして捉えられた主語Sである、ということだ。ここで主語と述語の両論は止揚Aufhebenされている。Trajectivité（通態性）とは、詰まるところ、SとPのinteraction（相互作用）なのだ、と私は理解する。

また先ほどのChôraだが、それが古代ギリシャ語のAstu（城塞都市）に対峙されることにも注意したい。するとコーラはその周辺の田舎になる。このAstuからest（在る）の哲学が生まれる。それに対しコーラからは生成（Genesis）の思想が生まれる、とベルクはいう。

またエリゼ・ルクリュという人が既に一九〇五年、「人間は、それ自身を意識するようになった自然である」と述べていることも紹介してくれた。

ガブリエル・マルセルとの相似

オーギュスタン・ベルクが、現在進行中の第六次生命大量殺戮の元凶として、主客二分の西欧発の「古典的二元論」を断罪したことに、私は我が意を得た思いがした。古典的科学によって主客と二分されたものは、実は分かちがたく交流している。自然は客体ではない。生成する命なのだ。客体という幻想から解き放たれた自然は、私の一部だ。いや私は自然の一部なのだ。この意味で自然は主体性を持つ。また自然は考える、とも言える。

二〇世紀、果てしなく孤独な主体性の哲学、実存主義の流れにあって、実存は単独者ではなく共存在CO-ESSEである、と説いたのがガブリエル・マルセル（Gabriel Marcel, 1889–1973）であった。そのマルセルは二度の訪日のあと、私に語ってくれた。

「日本では人と自然の間にもコミュニオン（合体）が可能だ、と知った。」

キリスト教徒であることを自負してはばからないこの人にして、この感慨。コミュニオンとは、最後の晩餐におけるイエスの言葉の再現、カトリックのミサの秘儀なのだ。そのとき、人はキリストの体に合一する。

和辻哲郎は人間は「間人（かんじん）」であると述べたが、マルセルはIntersubjectivité（相互主体性）を説いている。期せずして一致しているのだ。

これは人と人との関係だが、それが客体とされてきた自然にも及ぶことをマルセルは、現地で、もっと正確に言えば伊勢の境内の静謐の中で体験し、見抜いたのだった。これまた和辻の「風土」を思わす言葉であった。

私がこのような証言をするのは、一つに「東西」という対立概念の無意味さに、この書の読者には気がついてほしいからだ。この対立概念は戦中戦後、アジアのリーダーとしての日本の政治的姿勢を正当化するために使われたが、東西を対峙させる論法は、雑であり、有害である。それは地球に希望を残す対話の姿勢ではない。科学革命による自然との離婚以前・以後を問うのが本当の問いなのだ。

ノルマンディーの思い出

一九七三年の夏、私はノルマンディーのスリジー・ラ・サルで行われた、ガブリエル・マルセルの思想を本人の立ち会いのもとで吟味する一週間のセミナーに、マルセルその人から家族ごと招待された。戦後そのナチスへの協力の責任を問われたハイデガーさえ招かれた、泊まり込みのセミナーだ。その城館(シャトー)の来訪者名簿には九鬼周造の名もあった。

ガブリエル・マルセルの哲学のみならず、その音楽や劇作まで紹介されたこのセミナーの最終日、私はこのような知的サロンの意義を評価すると共に、ソルボンヌの独善性を批判する発言をした。その哲学はヨーロッパという一地域を脱していない、世界哲学にはならない、と。ソルボンヌはぶっ壊すべきだという、この私の発言に対し満場の学者たちからはごうごうたる非難の声が上がったが、それを一瞬にして止めたのはガブリエル・マルセルの一言であった。「私も世界人(コスモポリット)たることを目指している！」

私がそこで言いたかったことは、ソルボンヌの Plato-Christian 的思考法の伝統であった。そこでは

「存在は善」、「無は悪」という凡そ批判されることなき大前提が横たわっている。プラトンのイデア的存在が静止した絶対者となり、生成が消えて行く。

この騒ぎの後、ポール・リクール教授は私を蔭に呼び、「実は私もそう思う。だがあまりにも大きな言語的障害があるのだ。」と打ち明けてくれた。

その言語的障害を乗り越えてくれたのがオーギュスタン・ベルクなのだ。

オーギュスタン・ベルクはS（主語）とP（述語）の絶対化についてこういう。

「西洋では、絶対化された存在（Being）やロゴス（logos）であり、東洋では、絶対化された無（Nothingness）やダルマ（Dharma）である。」

この絶対化は、建設的なものではない、と言いたいのだ、と私は理解した。かれが引用したホレブ山における「なりつつある神」の言葉、さらにヨハネ伝の冒頭の「響きとしての言葉」をもっと吟味すべきなのだ。SとPは響き合っている。Sは同時にPなのである。

オーギュスタン・ベルクを東洋あるいは日本思想の代弁者とみる人は誤っている。「東西」という分け方は嫌いだが、敢えてこの言葉を使うなら、かれはまさしくその「間」に立っているのだ。その意味でも「間の哲学」なのだ。

川勝平太はベルクとの対話（『ベルク風土学とは何か』藤原書店）をこう締めくくっている。「デカルトは主語の絶対化をし、西田幾多郎は述語の絶対化をした。これら両方をアウフヘーベンした地平にオーギュスタン・ベルク先生はいらっしゃる。」

ＡＩ一考

今ここで、最近浮上している万能のＡＩについて一言加えたい。人工頭脳は人に代わるのか？　確かに急成長するＡＩは、多くの部門で人間の仕事を取り上げることになろう。スーパーコンピューター富岳は世界一になった。二〇〇人がかりで一年間かかっていた計算を一分で行うという。まさにホモ・デウスの到来に見える。

しかしコンピューターの言語は0と1なのだ。それ以外はない。いかにその0と1の数列が長くなろうと、やはりオンとオフなのだ。Ａは非Ａではない、という論理を免れていない。数列が無限に長くなると0と1が収斂するように見えるが、そうではない。この書の冒頭に挙げたゼノンのパラドックス、アキレスと亀を想い出してほしい。この論理に立つ限りアキレスは永遠に亀に追いつかないのだ。

これに対して現在研究過程にあり、もし実現すれば、今のコンピューターの能力を数百倍に飛躍させると言われる量子コンピューターは、0と1を同時に成り立たせる論理に立っている。すなわち0は同時に1となる。ＡはＡであると同時に非Ａである。Ｓが同時にＰである。量子コンピューターの論理はテトラレンマの両肯定、ベルクのいう容中律なのだ。近代からの脱却がこの世界でも行われているということに気がつくのである。

日本の姿

私はここで、一つの夢のことを語りたい。二〇歳のころだった、私は日本の姿を見たのだ。それは朝の目覚め前に起こった不思議な体験であった。

何か丘のようなものがあった。その上にぼんやりと人影が見えた。暁の少しバラ色がかった銀白色の光に包まれて、白い着物の人影が丘の上に立っていた。女性のようだ。その口元にほのかな微笑みがあった。何故か知らないが、そのとき私はそれが「日本の姿」だ、との内なる声を聴いた。そのことを同宿の友人にも打ち明けている。いつも夢は直ちに消え去るのに、そのときの夢うつつの光景は、何故か心の片隅で消え去らなかった。

この白昼夢とも言うべき体験は繰り返されることなく、いつしか時は過ぎていった。ところがおよそ二〇年後、この夢の体験が衝撃的な仕方でよみがえることになったのだ。それはフランスの文人であり文相でもあったアンドレ・マルローが来日したときであった。記者団に日本の印象を聴かれたマルローは、言下にこう答えたのだ。

「うっすらとした朝ぼらけ」

Légèrement le jour　レジェールマン・ル・ジュール

なんとそれは、かつて私が見た、あの丘の上に立つ白衣の女性を包んでいた薄明の光ではないか！この人は同じ日本の姿を見たのか！

今は古典的という形容詞がつく近代文明の主客二分の分別性、排中律のアルゴリズムを越えた光が、その薄明の「朝ぼらけ」に現れているではないか。条理と非条理、肉体と霊界の拮抗、それを男性原理の世界と呼べば、その二極を柔らかく包むのが女性原理の世界である。

「日本の起源には女性原理が働いている」とは、かつて司馬遼太郎がドナルド・キーンとの対話で述べたことである。かれは、日本人の原型が「たおやめぶり」にあるとし、それを「ますらおぶり」と対比しているのだ。歴史的には、特別な状況、例えば蒙古襲来のような特殊な状況で「ますらおぶり」が高揚することがあるが、もとに帰れば「たおやめぶり」に戻るという。

男性原理は「普遍的」であり、「客観的」である。それに対し女性原理は「個人的」であり、「主観的」であると司馬はいう。前者では主体が客体すなわち対象から独立しているが、後者では渾然一体となっている。紫式部や清少納言の平安文学はその最たるものだが、古今集から正岡子規に至るまで、日本ではこの女性原理が文学の中枢を占めている、という。本居宣長によれば、それは「もののあわれ」の文学である。

先に述べたマルローは、それを日本の水平軸と捉えた。しかし、彼は、その鋭い直感で日本には垂直軸も存在することを見抜いていた。それは那智の滝であった。そして私が「あなたは何時、日本が中国とは違うことに気がついたのですか?」と問うたときの答えがこれであった。

「切って落とすような、能の鼓の音を聴いた時です。」

あわいの智へ In-betweeness

私は、ここで「あわい」の光、というものを考えたい。

例えばゴッホのひまわり、アルルで画いた糸杉の発している光、その力のすさまじさだ。あれは一色では出てこない。また五色を混ぜ合わせても出てこない。それを混ぜ合わせたら灰色になるのみだ。彼のキャンバスには、いろいろな色がそれぞれ独立しながら、叩きつけたように併置されている。するとそのあわいから光が発する。異なる色がそのまま併置される時、「間」が光を発することを知った画家たちが印象派だったのだ。モネの睡蓮にも、スーラの点描画にも、ルノワールの少女像にもその「あわい」の光がある。しかしゴッホほどのすさまじい命の表現にはなっていない。

ゴッホはやがてタヒチに渡るゴーギャンとの悲劇的共同生活を経て、生きることの意味をキャンバスにたたきつけたのだった。しかし、やがて絶望に陥り、自分の耳を切り落とし、果ては自殺する。その遺作となった絵、オーベールの村の明るい黄色の麦畑、そこに黒いカラスたちが飛び交っている。これほど悲壮な絵を私は見たことがない。

和音もまた「あわいの智」を物語る。コーラスの全員の音階が単音ならばユニゾンにしかならない。ハーモニーとは、音がそれぞれその音を保っているとき、その「間」に生まれるものなのである。またそのとき、大切なのはバランスだ。

人類と地球との共生を可能にするものは何かを問うた一九八九年のバンクーバー宣言がそのキーワードを提示している。肝要なのは「バランス」なのだ。コーラスでもソプラノ・メゾソプラノ・バリトン・バスのどれか一つが飛び抜けて強かったらハーモニーは生まれない。異なった音階が自己を保ちながら、他者と呼応している時それは生まれる。

この国でいまだヘイトクライムを犯すものは知ってほしい。

「異なるものが、異なるままに、助け合い、補い合いながら、共に生きる道」とは鶴見和子の曼荼羅の定義だが、違いが違いであることが大切なのだ。万有は結びついており、すべてがすべてと交信している。違いがそこにあってこそ、あわいは光を発する。これが万有相関の実相なのだ。自己があるのは異なるものの存在のおかげなのだ。そこには他者への敬意がなくてはならない。そして他者への思いやりがなくてはならない。自己とは異なるすべてが自己を活かしている、と知るべきだ。自己とはこの無限の結びつきの中で活かされている萃点（すいてん）なのだ。

「おかげさまで」という言葉は無意識の内に口から出る言葉だが、自己を取り巻くすべてによって自分は活かされているという認識の発露なのだ。

アンダルシアのオリーヴ

私が体験したことを語ろう。

異なる者の存在の大切さを教えられたのは、スペインの最南端アンダルシアを旅していた時だった。見渡すかぎりのオリーヴ林の中で、現地の人から学んだことだ。このあたりでは純粋なオリーヴ・オイルが採れるという。そのために実は、一種類のオリーヴの樹だけが植えてあるのではなく、一〇本に一本くらいの割合で異種の樹をわざと植えている、そうすると最高のバージン・オイルが採れるというのだ。

またシドニーのオペラハウスでも学んだ。あの帆型の美しい屋根は真っ白に見える。しかし近くでよく見ると、白いタイルが張り詰められている中に褐色のタイルが二〇に一個くらいの割合ではめ込まれていたのだ。この異種の色の存在により白が更に純白に輝いているのであった。

もう一つだけ例を挙げよう。カイロで見るツタンカーメンの黄金の仮面だが、あれは純金ではないことを私は知った。二〇パーセントの銀が混ぜられている。それによりあのマスクは純金よりも更に黄金色に輝いているのだった。

免疫学の教え

世界に同時鎖国を引き起こした新型コロナウイルスが猛威を振るう中、他者の排斥の動きが生まれた。しかしそれは自然の法則にも逆らうものだ。他者の拒否はなにをもたらすのか？　免疫学に学ぶべきだ。

多田富雄はImmunity（免疫）という作用を「自己」と「非自己」という表現で説いたことで注目された。「自己」は外部からの「非自己」を拒否する。非自己に対して免疫細胞が闘い、抗体を造り出し、それを排除せんとする。しかしすべての非自己が消滅したときはどうなるか？　増えすぎた免疫細胞は自己の中に非自己を造り出し、免疫細胞の暴走、サイトカイン・ストームが起こる。つまり自己は自己自身の細胞を攻撃するに至る、というのだ。

この免疫学の証言は、自己が生きる共同体の概念にも当てはまる。同一文化を持つ集団社会は心地いいが、その集団智の心地よさに浸っているならば、その共同体以外の世界からは閉鎖社会であることを意味する。エデンの園に始まる「壁の中の社会」の弊はこの書で見てきたが、それは壁の外の社会を非自己として疎外することとなる。この意味で日本は未だに世界に入っていない。スポーツ選手が「世界と闘う」などと言っているのでは駄目だ。君が世界人ならばそのような言葉にはならない。それをメディアにも言いたい。COVID-19の報道にしても何故この国の新聞は世界の統計に日本を入れていないのか？　日本の統計だけが別のページに記載されている。世界は別にあるかのようだ。

「この国もそろそろ世界の組合に入らねばなりませんね」とは、井上靖が司馬遼太郎の語ったことだ。私もこの作家の家に招かれて、シルクロードを時を忘れて語り合ったことがある。井上靖のこころには壁がなかった。

パンデミックが教えてくれるのは、日本はいまこそ国際社会の一員にならねばならないということだ。我々は地球人の一人として思索し行動せねばならないことを極小のウイルスは教えてくれた。

誠は世界語

ではその地球人として世界に通じる言語とは何か？　それは英語ではない。「誠（まこと）」だ、と私は断言する。それが国際社会で私が学んだことだ。英語は実は世界の七パーセントの人だけが話している言葉なのだ。あとの九三パーセントの人とはどうして話せばいいのか？　もちろん多言語教育は必要である。しかし、すべての人に通じるのは、誠の心だ。誠だけが世界語なのだ。

十字架上での死の三日目、イエスは復活する。使徒たちの前に現れたキリストは、この言葉を発した。

「こころの清きものは神を見るであろう。」

こころの清きもの、それを日本語では「誠」という。それは「清明心」である。清明心は自己のIntegrity（清廉さ）からしか生まれない。それは理性・感性・霊性を統合したホリスティックなアプローチである。主客を峻別したアプローチではない。そこではSは同時にPである。その時はじめてWholeness ホールネス（全一性）の認識が可能となる。

では、こころの清きものが見る神とはなにか？　それは宇宙に充ち充ちた愛である、と言いたい。愛は別名を持つ。それがいのちなのだ。

「真の神が発見されないかぎり、人間や民族ないし国家の神聖化は跡を絶たないであろう」とは南原繁の言葉である（『国家と宗教』）。

およそ人間は弱ければ弱いほど形を求める。絶えず縦の構造を創ろうとする。自己が依るべき家を求め、その中で安心を得ようとする。その形は、やがて神に代わるものとなる。この現象が人間の歴史を彩っているではないか。それは人間の弱さを物語るものに他ならない。すべてが一つの宗教となる。ナチスも一つの宗教であった。ナチスを断罪したのは、戦前ヒトラーに陶酔した八〇パーセントのドイツ人ではない。戦後の我に返ったドイツ人であった。

霊性と宗教

ユヴァル・ノア・ハラリの述べたことに注目すべきものがある。

「宗教と霊性の隔たりは意外にもずっと大きい。宗教が取り決めであるのに対し、霊性は旅だ。」（『ホモ・デウス』p. 227）

凡そ「宗教」という、本来日本語にはなかった言葉が表すものは、組織だ。一つの信仰が組織化されるほどに、本当の神仏は形骸化し、果ては死ぬ。取り決めという形すなわち組織化により、霊性すなわちアニマへの道は閉ざされる。信仰は組織となったとき静かに死ぬ。

故にわれわれは旅に出なくてはならない。形を抜け、自己の既成概念の壁を抜けて旅に出る。そのとき他者と出会う。他者との対話が自己を変える。相手も変える。いのちはそうして四〇億年を永らえてきた。

霊性の旅、それは南方熊楠が見入っていた粘菌のようなものかも知れない。あの小さな、ヌルヌルとした、わずかに、わずかに進む粘菌は、時が経つと、やがて固形の枝のような姿になる。人々にはそれが花咲いたように見える。だがその固定した枝のような姿は粘菌の死の姿なのだ。菌とも植物とも言えないこの微妙な生命体は、この世の人間の営みを語っていたのではないのか。

あらゆる組織は大きくなり、固定化し形骸化したとき死を迎える。来る日の再生を待ちながら。

思えばすべての花々もそうだ。一〇日を生きる空蝉の声もそうだ。かげろうの一日の乱舞もそうだ。

花咲く姿がそのまま一つの生物の生涯のフィナーレの姿なのだ。しかしそれはおのれのＤＮＡを次世代の命に託す作業でもある。死と生の絶えざる再生の姿なのだ。

和歌山の南方熊楠の書斎には『方丈記』が置かれていた。「ゆく河の流れは絶えずして、しかももとの水にあらず……」鴨長明が画いた「無常」、熊楠はそこに自然の姿を見た。

そして、その熊楠の蔵書を見たとき、私が想いを馳せたのは、遙か遠く、ソクラテス以前の哲人ヘラクレイトスであった。「人は二度と同じ河に入ることはできない」と、その断片を残した人である。彼は地中海を見下ろすエフェソスの丘でその同じ思いを抱いたのか？　その行きついたところがパンタ・レイ「万物流転」という彼の存在把握であった。イオニアというマグナ・グレーシアの辺境、そこでは柄谷行人が紹介したイソノミアという自由と平等が両立可能な一種の民主主義が成り立っていたという。ハンナ・アーレントによれば、それはNo-rule、権力不在の場所に生まれた。そのコーラ(場)にあってこそ、この哲人の魂は解き放たれ、遙か東方の国との、深みにおける出会いが可能だったのだ。

果てしない旅

哲学とは問い続けることである。

故にわれわれは歩き続けねばならない。果てしない出会いの旅を続けなくてはならないのだ。それは「環境」という「我々を取り巻くもの」、すなわち客観的存在への旅ではない。我々がその一部である地球のいのちへの旅である。Ｓ（主語）がそのままＰ（述語）である実在への旅なのだ。それはまた無分別智ではなく、はっきりした個でありながら、しかもその個が万有と倶にあることを知る、そして光は「間」から発することを知る「あわいの智」への旅なのだ。理性はそのとき、感性と共振する。そして霊性と響き合う。

それは新しい、開かれた理性の旅である。

第3部 アカデミア賞受賞記念講演

結章　「普遍」から「通底」へ

人類文明の危機と日本の役割

本稿は、二〇一〇年二月一二日、京都・新都ホテルで行われた「平成二一年度アカデミア賞授賞式」（社団法人全国日本学士会により一九四九年制定。「わが国及び世界の文化・社会・国際交流の各分野において著しく貢献した者」に授与される）における記念講演の記録である。

（初出誌＝社団法人全国日本学士会『ACADEMIA』第一二一号）

はじめに

このたび、このような歴史ある賞を受賞いたしましたことを、まことに光栄に存じております。

思い返せば、今は半世紀も昔、よく吉田山を散策し、思いにふけっていました。そのころの恩師のお顔が目に浮かびます。西谷啓治先生、高田三郎先生、野田又夫先生、田中美知太郎先生、三宅剛一先生、そのどなたも今やご存命ではないのですが、そうした先生方と私たちの間には、指導教官と学生という

より は師弟関係と呼んだほうがよい雰囲気があったと思います。

昨今の大学の現状を見るにつけ、かつての京大総長、西島安則先生を会長にいただくこの学士会は、一九六八年のいわゆる大学紛争の前の、そのような伝統を残すものと感じています。

私を親しく指導してくださったこうした先生方の期待を、あるいは私は裏切ったのかもしれません。フランス留学ののち大学に帰らず、国際機関に入ったからです。しかし今、自らの来し方を振り返るとき、私に悔いはありません。ユネスコという国連機関でなくてはできないものがあったからです。

ユネスコとは何よりも、国際世論を創出するフォーラムです。そこで生まれた新しい理念は、池に投じられた一石のように波紋を描いて広がっていき、やがて世界の常識となり、すべての民族の生き方を変えていきます。例えば一九七〇年代初頭に提唱された「生涯学習」あるいは「世界遺産」のような考え方は、今や一般の人々の生活の中に定着しています。

文明は「出会い」により生まれる

一九八〇年代、私は「シルクロード：対話の道総合調査計画」を立案し、その核として「文明間の対話」という新しい概念を提唱しました。草原の道、オアシスの道、海の道に出した国際遠征隊にもまして三〇カ国、二千人の学者をこのプロジェクトに惹きつけたのは、この一つの言葉でした。ところが一九九一年一月、海の道調査の最中に湾岸戦争が勃発します。全世界がイラクを非難する中、ただ一人、それを「第一次文明戦争だ」と喝破したのはモロッコのマーディ・エルマンジャラでした。この言葉に触発されたアメリカのサミュエル・ハンチントンは「文明の衝突」論を唱えました。この衝突不可避論がメディアで増幅されていくのに危機感を抱いたイランのハタミ大統領(当時)は、ここでユネスコ・シルクロード・プロジェクトのキーワードを国連総会に訴え、二〇〇一年が「文明間の対話・国際年」に指定されたわけです。以来、この言葉は万人の口に上るものとなりました。

しかし世界の現状を見ると、「文明間の対話」のその真意は、いまだ理解されていないように思われます。なぜならば一九世紀の西欧に生まれた文明一元論は、いまだに根強く残っており、諸々の文明の存在を認め、異なった価値を尊重し、そこに学ぼうとする態度は、一部の人々を除き、いまだ全人類の共有するものとはなっていないからです。文明＝西欧文明＝科学技術文明とする見方が人類史の近代を律してきたことは否めません。

そして人々は、文明とは出会いによって生成するものであることを忘れています。文明は生き物のように動き、他者と出会い、子をはらみ、そこに新たな文明が生まれます。ヨーロッパ文明も、日本文明と同じく、多くの他文明との出会いによって形成されたものですが、近代の一時期、西欧は「他のおかげで」形成された、ということを拒否しました。あたかも一つの啓示宗教が他の影響を認めないように。

優れた比較文明学者である伊東俊太郎氏の人類五大革命説によれば、人類革命・農業革命・都市革命・精神革命が世界各地に「同時多発的」に起こったのに対し、それに続く一七世紀の第五の革命、科学革命だけはヨーロッパという一つの地域で起こっています。それはなぜか、を問わねばなりません。この科学革命がやがて産業革命となり、それがヨーロッパを地上で突出した地域、すなわち世界の覇者と言われるものに仕立てていくのですが、この現象は実は、ルネサンス以来、西欧が体験した自然科学と宗教との闘いと無関係ではない、と私は見ています。この熾烈な闘いは、二重真理説となり、さらに「科学は価値を問わず」(Value free) の立場をつくり出します。真理は科学、倫理は教会という棲み分けです。文化とは価値のシステムですから、ここに科学と文化の乖離が起こりました。そして、これこそが文明の危機をつくり出したものです。この科学と文化の乖離こそが、かつては植民地主義を正当化し、多くの民族を隷属の次元に置き、その希望を奪い去ったのみか、今は、地球そのものを破壊の危機に追いやるに至ったものの根源にある、という思いが、一九九五年のユネスコ創立五〇周年記念シンポジウムとなります。

全は個に、個は全に

一九九五年、ユネスコと国連大学が共催したシンポジウム「科学と文化：未来への共通の道」に参加した世界的科学者たちが、自ら起草し、最終日に満場一致で採択された「東京からのメッセージ」は、次のように述べています。

一九世紀にピークに達した機械論的科学は、非情な観察者をその研究の対象から切り離す立場をとった。これが盲目的な進歩の概念を生み、また物質的な文明観を助長した。その結果、二つのイデオロギーが対立することとなった。一つは文明の画一化(グローバル化)による技術的な〈進歩〉の概念であり、それに対するものは、多様性を尊重し、文化的アイデンティティーと価値を保持せんとする立場である。これら二つの強力な考え方の背後には、〈科学〉と〈文化・伝統〉は相容れないものであり、越え難い深淵によって隔たれているという、検証されないままの思い込みがあった。

われわれはこう信じる。この表面的な相反は、過去三百年にわたって――それは人類史から見ればたったの一万分の一の時間帯であるが――西欧の科学がかつては抱いていた全一論的(Holistic)な自然観から離れていったことに起因している。この科学の動きは、機械論的にして価値を問わないことを特徴としており、それは物質的、技術的な富を生み出したが、ますます専門化と細分化を進めることとなった。

これに続き、驚くべき事実が告げられます。

二〇世紀の間に、実験による諸々の発見を基に、先端の科学者たち――哲学者や神学者ではない――は過去三世紀の間使われていた前提を覆し始めた。この反転は量子物理学者の創始者たちがリードしたもので、彼らは、宇宙にはかつて科学が放棄した昔からの宇宙観に近い、全一性(Wholeness)の秩序が存在することを発見したのである。

そして東京からのメッセージは、最後に、人間の理性が宇宙の全一論的見方に進んでいく、新しい啓蒙の時代の到来を告げるのです。

この新しい啓蒙の特徴の核心は、〈多様性の中の統一〉のまったく新しい角度からの評価である。自然科学と人文科学の学者たちは、長い間、最初は美術に現れる一つの考えを抱いていた。すなわち全体はその部分の総計よりも大きく、またその総計とは違う、というものである。この考えによれば、構成要素が特別の配列で集まり、全体を形成するとき、新しい属性が現れるのである。しかし今日、科学が明らかにしたのは、まったく異なった宇宙の全一的相の存在である。この新しい全一論によれば、全体は部分の中に包まれ、部分は全体に行き渡っているのである。

これを私は「全は個に、個は全に遍照（へんじょう）する」と訳しました。

科学の最先端に位置する人々によるこの言明は、きわめて重要です。ここに引用した最後の文章が明かすのは、彼らの宇宙観が、伊東俊太郎が言う「精神革命の時代」、すなわちヤスパースが『歴史の起源と目標』の中で「枢軸の時代」と呼んだ前八〜四世紀に、世界各地に現れた精神的指導者たちの会得したもの、さらにそれを深めていったその後継者たちの悟りというものに非常に近い、ということです。学問の世界からは遠く、しかし無意識のうちにそれを生きている人々もいます。その口からは「おかげさまで」「もったいない」「ありがたい」という言葉が、ごく自然に発せられます。

この東京シンポジウムを開くにあたって、私はその二年前から、当時日本ユネスコ国内委員会会長であった西島安則先生とご相談を重ねました。そして「東京からのメッセージ」は、仏教を知らない欧米の科学者によって起草されたものであるにもかかわらず、日本側の参加者（西島先生に加え、河合隼雄、中村雄二郎、鶴見和子の三氏）との対話によって、新しい科学の抱く宇宙観は曼荼羅の思想に近い、と明記されたのでした。今、私はこれが、古くはウパニシャッドの「梵我一如（ぼんがいちにょ）」、さらにイスラームの「タウヒード」の概念とも結ばれる、と申し上げたい。なぜならイスラームにおいて根源的なこの言葉は、単に「政教不二」を指すのではなく、「神が万有に顕現している」との遍照の宇宙観を表すものだからです。それは「一切即一、一即一切」を説く華厳経とも通底するものです。

デカルト以来、主客を峻別した科学は自然を対象化し、細分化してきました。なぜなら機械論的世界観では、対象たる自然は部分に細分化できるものだったからです。専門化とはその細部を見、分析することでした。その細分化の過程で、古代の知恵は失われました。しかしながら最先端の科学のおかげで、われわれは再び「万有相関」の実相を、そして主観さえも客体との相互作用の中に位置することを、知ることができるようになったのです。

私自身が関与したユネスコの知的協力活動の中では、すでに一九八六年、世界に衝撃を与えた「ヴェニス宣言」が、「科学はその独自の歩みの中で、世界の文化伝統と再び対話できる段階に達した」と指摘しています。

地球の砂漠化を招くもの

現在、世界の多くの国々は、人類の唯一の住処である地球環境の急速な破壊を食い止めようと立ち上がりました。気候変動と温暖化、森の減少と砂漠化、近く到来する水・食料の不足、化石燃料をはじめとする地球資源の枯渇等が議論されています。『地球との和解』(邦訳＝麗澤大学出版会刊)という最近のユネスコの出版物の中で、前事務局長・松浦晃一郎氏は、「砂漠化は今や世界の陸地の三分の一、四〇億ヘクタールに及んでいる。二〇世紀の終わりの時点で、一一〇カ国、約一〇億人の人々が押し寄せる砂漠に脅かされていたのだが、この数字は二〇五〇年には倍増し、二〇億人が脅かされることとなろう」と述べています。そして、過去の平均値より百倍の速さで生物種が絶滅していく現状に注意を促し、「生命の再生産にとっては多様性が肝要であるのに、二一〇〇年には五〇パーセントの種が姿を消す可能性がある」と指摘しています。

この地球の砂漠化は、人間の「精神の砂漠化」に由来する、と私は申し上げたいのです。科学革命以来、人間像に歪みが生じ、全人性が失われたことが根本にある、と。

自己以外のすべてを客体化するのが近代的思考でした。その結果、人間の関心は「存在」(Etre＝to be)から「所有」(Avoir＝to have)に移っていきます。そして、ヒトさえもモノとして扱われるようになりました。すべてが数量化されていきます。すべてがお金で表示されるもの、すなわち所有の対象であります。この延長にグローバリズムのシンボルたる市場原理主義があります。毎日一兆ドルもの電子マネーが地表を飛び交い、精神の砂漠化に拍車をかけているのです。

現在注目されている多様性の哲学は、人と地球を破滅に導くこのグローバリズムに厳しく異を唱えたものです。

二〇〇一年、ユネスコ加盟国は満場一致で、世界人権宣言に次ぐと評価された重要な宣言を採択しました。「文化の多様性に関する世界宣言」です。その第一条には「自然界に生物多様性が必要である如く、人類の生存には文化の多様性が不可欠である」と明記されました。また、昨年(二〇〇九年)亡くなったレヴィ＝ストロースは、その遺言とも言うべき二〇〇五年の講演で、「文化の多様性と生物多様性は、単に類似しているのではなく、有機的に結ばれている」と証言しています。われわれの文明が単一化に向かえば、それは人類の衰退を意味します。そして現実の世界は、確実にその方向に向かっていると認めざるを得ません。

文化の中核と言ってよい言語をとってみても、現在二八〇〇の言語が消滅の危機にあります。一つの言語の死は、一つの文化の死を意味します。過去一世紀の間に半減した言語は、このままで行くと、あと一世紀でさらに半減する運命にあるのです。しかるに経済至上主義は、英語という一つの言語の世界制覇と共に、諸民族の文化をも画一化しつつあります。

人類の文化の画一化は人類の凋落であり、その終末を告げるものと言っても過言ではありません。私はこのような画一化が、「東京からのメッセージ」が言明しているように、過去三百年というごく短期間に起こっていることに注目したいのです。それは科学技術の進歩を人間の進歩とした時代、理性至上主義の時代に起こった特殊現象です。

「互敬」を実現する「通底」の価値観

二〇〇五年、パリで開かれたユネスコ創立六〇周年記念シンポジウム「文化の多様性と通底の価値」（道徳科学研究センター・ユネスコ・国際日本文化研究センター共催）と、二〇〇七年、東京で行われた「文化多様性への新しい賭け――対話を通して通底の価値を探る」（道徳科学研究センター・ユネスコ・国連大学・京都フォーラム共催）を通じて明らかにされてきた課題の中に、啓蒙時代と「普遍」の概念の見直しがあります。

啓蒙時代とは人間の諸能力のうち、理性のみに至上の価値を与えた時代です。確かにそれは、産業革命を生み、知の領域を広げ、物質文明に画期的進歩をもたらしました。しかし同時にそれは、差別の原理となっていったのです。それは女性・子供を差別しました。理性を完全に使用できない、と見なされたからです。そしてそれは非西欧人のすべてを差別しました。彼らは理性・感性・霊性を渾然一体として生きている、すなわち理性的存在となっていない野蛮人と見なされたからです。

「普遍」universal の概念は、この理性至上主義と呼応するものです。それはしたがって、理性的・男性的・西欧的概念です。「uni＝一つに」「verso＝向かう」が、その意味するところです。一つとは、すでに設定された一つの価値であり、そこに収斂するものが普遍である、ということが前提されています。それは上下関係をつくります。普遍が上位、特殊が下位です。植民地化された諸民族の多様性は、この特殊に位置付けられてきました。

新しく浮上してきた「通底」transversal という考え方は、普遍とは逆に、すべての文化を対等に尊重する立場をとります。それは個人を扱うにあたって、一人ひとりの人間が、人種的・社会的・経済的・性的・年齢的な差異こそあれ、人間の尊厳においては等しいとする、基本的人権の理念にも呼応するものです。

それは反理性主義ではありません。新しい理性主義です。近代において軽視されてきた感性・霊性と響き合う理性、人間の全人性の恢復を目指すものであります。このアプローチによってこそ、異なる文化を生きる人々との間に「互敬」の関係が生まれるでしょう。森羅万象に神が宿るとするアニミズム、すなわちヘーゲル・マルクス史観によって原始宗教とされた宇宙観も、世界的に見直されるでしょう。かつて葬り去られた母性原理はよみがえり、すべての文化伝統の深みに通底する価値が見出されるでしょう。

東アジアの豊穣の三日月地帯、すなわち日本からインドネシアに至る海のアジアは、とりわけ母性原理を生きてきた地域です。その文化とは、水の循環に大いなる生命の循環を見る文化です。人間を自然と対峙させせず、その一部と見る文化、人の和が個人に優先する文化、理性・感性が相呼応する文化を、ここでは和辻哲郎が「命の風」と呼んだモンスーン地帯という風土がはぐくんできました。

しかしこの母性原理は、地球のこの地域だけに特有なものではない、と知らねばなりません。地中海文明・ケルト文明・マヤ文明・インド文明・エジプト文明等、そのすべてに本来は存在していたものなのです。そのことは、各地に残された渦巻き状の文様に見てとれます。ヨーロッパでも、聖母信仰の形で「大地母神」の復活が見られます。

今こそ「生命の文明」を

エデンの園には大切な二本の樹が生えていました。生命の樹と知恵の樹です。文明史とは、知恵の樹の実を食した人類が、蛇の告げた通りに「神のごとく」になり、大地とすべての生き物を支配し、神によってその園に置かれたもう一つの樹、生命の樹を忘れていく歴史であった、と言えましょう。

地球を破壊してきた力の文明に代わる文明、われわれが地上に今、創り出さねばならない文明とは「生命の文明」です。山川草木に仏性を見、いのちの継承を至上の価値とする母性原理を生きてきた日本文化の果たす役割は、きわめて大きいと言わねばなりません。しかしながら、ここで排すべきは、かつて行われたような「東西」という無益な対立概念です。他者という観念を、根底から変えなければなりません。

「文化の多様性宣言」が明らかにした通り、他なる存在、それは今や敵ではなく、単なる「寛容」の対象でもありません。それは自己の存在にとって不可欠なもの、自己を今、ここにあらしめてくれているものです。

欧米もまた、われわれの中に生きています。常に自己批判をいとわない西欧の強靱な知性は、絶えず根源に帰る能力を秘めています。エコロジーという学問を生み出したのも西欧です。ユネスコでも使われる“Co-viventia”という最近の言葉は「共生」の深い意味を表しています。

もし人類が今、自らの過去に学び、本来の全人性を取り戻すことができれば、人類は再び地球と共生し、目前に迫った危機を乗り越えることができるでしょう。われわれが直面している危機は、人類文明の危機です。これを乗り越えるべく、われわれの目指す「知の社会の構築」とは、「知」Scientia ではなく「智」Sapientia の再発見、すなわちソクラテスが体得し、プラトンがアカデメイアで説いた“Sophia”に結ぶものであるのです。

おわりに

人類の文明史とはなんであったのかを再検証したこの書を終えるにあたって、私の思いは、ギリシャ神話のプロメテウスの運命に飛ぶ。ゼウスに背き、天界から人類に火をもたらしたプロメテウスがその後どうなったのかだ。このティタン族の末裔は、天界の火を人類にもたらした、というその罪を背負い、カウカソス山の頂に縛り付けられ、その肝を鷲についばまれる、という刑に処せられた。それで死ねば楽なのだが、彼の肝は夜ごとに再生する。そして翌朝また鷲がやって来る。最後にヘラクレスに救い出されるまで、プロメテウスは、半永久的に、自らの肝を毎日猛禽についばまれるという苦痛を味わわねばならなかったのだった。

天界からもたらされた火とは何か？　それがロゴスであった、と私は思う。ロゴスによって人間は生類の頂点にたつことになる。約七～八万年前、人類の一つであるホモ・サピエンスに、認知革命が起こる。それは、モノの虚構を大脳内に投影し、それに名を与えるという最初の知的作業であったが、それが同類への情報の伝達を可能にしたのであった。そして、ほぼ同時に現人類の祖は「出アフリカ」を果たす。

しかしその言語すなわちロゴスは、はじめは細々とした火であったのだ。以来、ホモ・サピエンスは、そのロゴスを種火のように使いながら、感性・霊性と共に生きてきたのだった。そのロゴスの爆発が起こったのが一七世紀の科学革命であった。それは本来天界からもたらされた火であったため、そのとき人間は神の目を持つことになった。それがデカルトのコギトである。この時はじめて、人類は主体的理性以外のすべての存在を客体、すなわち人間が使うべき被造物と見なすようになる。

ここから人類の苦しみは始まった。本来の人間存在の尊厳とは反比例して増大する所有欲、そして覇権主義が、人々の間に差別を、そして無数の紛争を引き起こし、ついには自然の中には存在しなかった火、すなわち大量殺戮の道具たる核兵器という悪魔的な火まで作り出した。Hiroshima・Nagasakiを忘れてはならない。権力者は、その兵器が、人類の終焉を告げるもの故もはや使えないと知った後もAtoms for Peace(原子力の平和利用)という欺瞞的な言葉により、世界を、放射能の恐怖という出口の見えない袋小路に追いやった。二〇一一年の3・11がその例である。

ギリシャ語のテクネという語は、本来はアートである。だからラテン語ではARSであり、この語は「文化」とも「学」とも訳しうるのだ。Ars longa vita brevisは、「少年老いやすく、学なりがたし」と訳せる。教養学部はFaculty of Liberal Artsだ。このTechneの語が「技術」という意味合いを強めたのは、デカルトとベーコンに象徴される主客二分の科学革命と、それが引き起こした産業革命時であり、それが「自然との離婚」という事態を引き起こしたことを、私たちは見てきた。自然との離婚から科学技術となったテクネの暴走が始まったことも見てきた。

ＡＩの躍進と共に未来形で語られるホモ・デウスは、実は、この科学・産業・情報革命の延長に過ぎない。啓蒙の時代、人間の「ホモ・デウス化」はすでに始まっていたのだ。それが「神の死」とともに起こったことを忘れてはならない。

人類は生存に必要な火を得るために、神々の住まいであった森を食い尽くし、その森のネクロポリスである化石燃料をも掘り尽くし、ついに自然界には存在しなかった火を作り出した。核分裂の生み出す原子力である。

二〇一一年三月一一日、日本を襲った震度九の大地震と大津波は、福島第一原発にメルトダウンを引き起こした。Fukushima 50と呼ばれた人たちのおかげで、首都圏全体の避難命令は免れたが、一〇年後の今も東北の人々は放射能におびえている。完全な消滅までにはホモ・サピエンスが今まで生きてきた時間と同じ時間がかかるというその放射能廃棄物の処理法は、まだ誰も知らない。

プロメテウスの味わった苦しみの最たるものと言えよう。

地球システム・倫理学会が東北大震災直後に三カ国語で発信した「緊急声明」は、我々が直面しているのは、文明そのものの危機である、と説いている。すなわち、力の文明からいのちの文明への転換を訴えたものだ。またそのために父性原理に代わる母性原理の復活の要も説き、脱原発に舵を切れ、と結論している。この緊急声明は世界の識者によって翻訳され、一年を待たずして一〇カ国語になった。その直後私がパリで会談したミシェル・セールは、この声明を強く支持してくれた一人だが、他学会の学術誌、はては単行本にまで引用された声明であった(地球システム・倫理学会HPに掲載)。

「地球は全人類の需要 need を満たしてくれる。しかし人類の強欲さ greed は充たすことが出来ない」とは、マハトマ・ガンジーの言葉である。

新型コロナウイルスの洗礼を受けた我々は、龍安寺中庭のつくばいを見るべきだ。水を湛えた四角を囲んで「吾唯知足」。古人の残した箴言「足るを知る」をいまこそ想いだすべきなのだ。世界中が同時多発鎖国に走り、人々が過越(すぎこし)の祭の如く、息を潜めていたとき、海は蘇り、青空が戻ってきたではないか。地球はその自浄能力を示してくれた。

故に我々も地球に答えねばならない。コロナの警告を謙虚に受け止め、本来の全人性を取り戻す機会が与えられた、と考えよう。ホールネスとしての地球システムを見直そう。

あのプロメテウスには弟がいたのだ。エピメテウスという。その妻がパンドラである。パンドラはこれまた、ゼウスの命に背き、決して開けてはならない、と言われていた箱を開けてしまう。するとその箱から凡そ、ありとあらゆる災いが飛び出してきたのだ。慌てたパンドラは、蓋を閉めようとするが、その箱の底にまだ一片の紙が残っていたのに気がついた。その最後の一片、それは、elpida「希望」であった。

我々は、この一語に賭けよう。我々自身が招いたもろもろの災害に立ち向かうのに希望をもって当たろう。そこに至る姿勢はただ一つ「誠」だ。

この書の出版にあたっては、東大でもその名を馳せた編集者、北海道大学出版会相談役の竹中英俊氏の力が大きかった。また三〇年来、将来世代のための人間形成を目指し、産学協働の知的鍛錬の場、「京都フォーラム」を主宰してきた矢﨑勝彦氏にも敬意を捧げたい。

地球がTipping point(不可逆点)に達しようとしている今、もし、この日本から世界に向けて、何らかのメッセージが発信出来るとしたら、それは私ではなく、私の同行者の方々の人の輪からであろう。

二〇二〇年七月一四日

服部 英二

服部英二(はっとり えいじ)

1934年生まれ。京都大学大学院にて文学修士。同博士課程単位取得後、仏政府給費留学生としてパリ大学(ソルボンヌ)博士課程に留学。1973〜94年ユネスコ本部勤務、首席広報官、文化担当特別事業部長等を歴任。その間に「科学と文化の対話」シンポジウムシリーズ、「シルクロード・対話の道総合調査」等を実施。94年退官後、ユネスコ事務局長顧問、同官房特別参与、麗澤大学・同大学院教授、国際比較文明学会副会長等を経て、現在、麗澤大学国際研究所客員教授、地球システム・倫理学会会長顧問、比較文明学会名誉理事、非営利一般財団法人京都フォーラム至誠塾長、NPO法人世界遺産アカデミー理事、世界ユネスコ協会・クラブ連盟名誉会長。1995年フランス政府より学術功労章オフィシェ位を授与、2010年全国日本学士会よりアカデミア賞を授賞される。
著書に『文明の交差路で考える』(講談社現代新書、1995年)、『出会いの風景——世界の中の日本文化』(1999年)、『文明間の対話』(2003年)、『文明は虹の大河』(2009年、共に麗澤大学出版会)、*Letters from the Silk Roads*(2000), *Deep Encounters*(2009, 共にUniversity Press of America)、『「対話」の文化』(鶴見和子との共著、2006年)、『未来世代の権利——地球倫理の先覚者、J-Y・クストー』(編著、2015年)、『転生する文明』(2019年、共に藤原書店)ほか。

地球倫理への旅路
——力の文明から命の文明へ

2020年10月20日　第1刷発行

著　者　服部英二
発行者　櫻井義秀

発行所　北海道大学出版会
札幌市北区北9条西8丁目 北海道大学構内(〒060-0809)
Tel. 011(747)2308・Fax. 011(736)8605・http://www.hup.gr.jp/

㈱アイワード／石田製本㈱

ISBN978-4-8329-3412-2